本专著受上海市
教师专业发展工程领导小组办公室资助

说理如何更有效

理性思维与议论文写作研究

李建生　著

上海科学技术文献出版社
Shanghai Scientific and Technological Literature Press

图书在版编目（CIP）数据

说理如何更有效：理性思维与议论文写作研究 / 李建生著．—上海：上海科学技术文献出版社，2017（2021.5重印）
ISBN 978-7-5439-7402-9

Ⅰ．①说…　Ⅱ．①李…　Ⅲ．①议论文—写作—教学研究—高中　Ⅳ．① G633.342

中国版本图书馆 CIP 数据核字 (2017) 第 110817 号

责任编辑：张　树　苏密娅
封面设计：周　婧

说理如何更有效：理性思维与议论文写作研究
李建生　著
出版发行：上海科学技术文献出版社
地　　址：上海市长乐路 746 号
邮政编码：200040
经　　销：全国新华书店
印　　刷：常熟市人民印刷有限公司
开　　本：720×1000　1/16
印　　张：20.75
字　　数：286 000
版　　次：2017 年 7 月第 1 版　2021年 5月第 2次印刷
书　　号：ISBN 978-7-5439-7402-9
定　　价：40.00 元
http://www.sstlp.com

目　录

序言 呼唤理性——值得追求“奢侈”

黄玉峰

（一）

我眼前这本关于议论文写作教学的著作，在讨论一个重大的问题。全书一开篇就说道：

> 我们的民族文化土壤中，理性精神的积淀相对匮乏，这一文化特征决定了人们思考问题时理性思维坐标的缺失，因而导致迷信、愚昧、盲从，不尊重客观规律，较多感情用事等消极现象。

这几句话便是作者写这本书的初衷。理性精神的缺失实在非同小可。如果纯粹从“怎样写好应试作文”而言，那么它的害处也许不过是分数低一点而已。而且如今一篇逻辑严谨、有理有据的文章，在高考中也未必可以胜过那些辞藻华丽、拼命抒情的文章。尤其是在目前的阅卷条件下，没有时间去和你细细评卷议论文。

古人说，不愿文章中天下，只愿文章中试官。要给人短时间留下深刻印象，理性思维往往比不上形象思维有力量。从这个意义上来讲，培养学生运用理性去思考和写作，是一件投入多、产出微，不太上算的买卖。

但如果，我们把眼光放得远一些大一些，超越目前的考试，看到它对人的成长的作用，对我们民族发展的意义，那么情况就大不同了。

谈到这一点，得从我民族文风的传统说起。文章是一个人的气质的反映。《文心雕龙》里说："气以实志，志以定言，吐纳英华，莫非情性。"什么样的人写什么样的文章，每一篇文章都是在写自己，充满了你的思维，你的信念，你的人生观、价值观、是非观。

一个少年，在他的文风还没有定型的时候，引导他的文风，也就是在培养他的思维模式，塑造他的性格气质。如果我们用一种理性的文风去引导一大批少年，那也就是在奠定未来一代人理性思维的基调。

而这种理性的思维方式，正如本书作者所说的，对中国人来说，一直是一种匮乏，甚至可以说是一种奢侈。

对议论性质的文章，中国人崇拜的是有力量有气势，而不太关注文章的逻辑性。那种文章，本质上是刀笔吏的文章。这就是人们至今还在津津乐道的"匕首投枪"。其实，所谓刀笔吏本来就不是一个褒义词，那是指古代一群通过拨弄文字来鼓动是非的人。他们善于写文章，不是为了探索真理和真相，也不顾内在的逻辑，只是为了夺人眼球，让读者震动，从而压倒对方。前几年曾流行的唇枪舌剑的"辩论会"，就有这种倾向。

《古文观止》收录了不少这类文章。举个例子吧。鼎鼎有名的唐朝才子骆宾王写的骂武则天的文章，有人赞美它"立论严正，理直气壮"。然而它的"理"在哪里呢？文章一开始就揭发武则天出身低贱，说她做过唐太宗的下等妾婢，还和太子有过不正当关系，等等。整篇文章三分之一都是围绕她的私生活展开。说白了，这和街头吵架的技巧一样，先扣帽子，说你是个"贱货"是个"走资派"！帽子戴上了，接着怎么踩你就都有道理了。

反过来，捧一个人的时候，也可以不顾事实究竟，用许多的排比句，把他夸得完美无缺，把和他意见不同的人全部贬成奸邪小人。这种现象我们在司马迁的《屈原列传》里也能看到。

（二）

这种文风，是根植在我们文化的传统里的一种不讲道理的思维。到了近现代，新文化运动的时候，曾经有人试图把西方文化中重实证、讲科学、崇尚理性的精神引入我国。但最终，理性精神的影响，还是输给了刀笔吏的文风。

再举一个例子吧。当年，五十多岁的鲁迅曾经和二十出头刚从海外归来的青年学子梁实秋有过一场关于文学的阶级性和翻译的争论。这本来是一场学术问题的讨论，不必扣帽子打棍子。然而在争论中有人骂梁实秋是资本家的走狗，梁为文辩解，说了一句自我调侃的话，他说，你们说我是走狗，可“我并不知道我的主子是谁，也不知道去哪里领取赏金”。他的意思是说，我是一个独立的知识分子，并没有投靠哪一个资本家。

然而鲁迅抓住了这句话，离开争论的主题，写了那篇《丧家的资本家的乏走狗》的名文。文章这样写道：

> 凡走狗，虽或为一个资本家所豢养，其实是属于所有资本家的。所以它遇见所有的阔人都驯良，遇见所有的穷人都狂吠。不知道谁是它的主子，正是它遇见所有阔人都驯良的原因，也就是属于所有的资本家的证据。

用现在流行的话说，这叫“神逻辑”。我说你是走狗你就是走狗，不需要证明，你说你不是，那更证明你是走狗！

实际上，这话是不合乎逻辑的，大前提就站不住脚，至少是冤枉了狗：狗本是很忠诚的动物，它只认养它的主人，哪怕主人穷困潦倒，也不会遇见所有的阔人都驯良，遇见所有的穷人都狂吠。鲁迅是把人类中势利小人的缺点，强行按到狗身上，作为大前提，再回过来强行按到梁实秋身上，逻辑上是很混乱的。然而我们多少读者包括笔者都曾为这匕首投枪般的文字所感动，并不加思考地接受了。

鲁迅是不愿意正面和人辩论的，他常常采用比喻、含沙射影的讽刺和漫画式的手法，来丑化对手，置敌于死地。所以虽然仔细推敲后很多话都站不住脚，却让人百口莫辩。

鲁迅自己说过："辱骂与恐吓绝不是战斗。"但他自己恰恰是最习惯用辱骂和恐吓的手法的。而我们读者对这样的文章，却是津津乐道，看得很痛快。我们非常容易被这种文风俘虏和同化。因为这已经是我们长久以来的思维习惯。鲁迅是一位人们崇敬的伟人，他的影响实在太大，强化了国人的文风里不讲逻辑的传统。

（三）

我们希望新一代养成一种不一样的思维习惯，我们要呼唤另外一种文风。

这就是胡适的文风，胡适也被鲁迅多次批判过，但他没有反驳。也许他觉得不讲逻辑的争论没有意义。受过西方文化严格训练的胡适，是十分讲究逻辑的。很多人可能不知道，早在1929年，民国曾经掀起过一阵人权运动的风波，以胡适为首的知识分子写了一系列文章，向国民党政府要民主、要人权，因此受到了国民党政府的封杀，最后也以失败告终。胡适的文章是怎么写的呢？

当时国民党政府的主张是依据孙中山总理的"遗教"，认为中国的国情是广大人民被专制统治得太久了，知识水平和素质都很低下。不能一下子实行民主宪政，要先进行"训政"。就是由政府威权统治一段时间，等人民得到训练受到教育之后，将来才能宪政。

针对这种主张，胡适写了一篇文章，题为《我们什么时候才能有宪法》。他说，民主宪政，不仅人民没有经验，政府同样没有经验，也要学习。大家都是新手，由政府来教育人民，是说不通的。而且，人民政治能力不足，不是剥夺他们宪政权利的理由。这就好比一个孩子不识字，父母要送他去学校上学，这时候却有人跳出来阻止，说，这孩子不识字，怎么能读书呢？这也太荒唐了。正是因为不识字，所以才急需要读书。就是因为被专制的时间长了，才更需要早日实现民主。如果永远都不做，那就永远都不会实现。

这就是胡适的文风。一方面是严谨、真诚。他强调有一分证据说一分话，有七分证据不说八分话。从正面阐述和论证自己的主张，平实地说理，不说反话，不打横炮，不扯开，也不搞人身攻击。另一方面，是勇敢。他说，上帝我们尚且可以批评，为什么不可以批评孙中山？他有批判政府的勇气，但从不给谁扣上反动派的帽子。

在这里，我重提鲁迅和胡适，是因为他们分别代表了两种不同的写作思维。当今社会，也是一个激烈变化时代，各方面矛盾都比较突出，有很多事情值得去思考、去讨论和表达，而文艺作品的力量依然非常的强大。那么，我们现在如何写文章，我们需要呼唤的是怎样的文风？这是时代赋予我们写作教育工作的一个重大的使命。如前所说，思想即人，每一篇文章都是他自己。这使命的意义，远远超过“写作文”，是为了国家真正的现代化，培养现代的公民。这种敢于质疑权威、尊重事实、遵循思维规则的精神，也正是现在很多人在提倡的批判性思维。

（四）

这样的思维训练在今天依然是奢侈的。确实，近年来已经有很多有识之士在这方面作了非常艰苦的努力。李建生老师就是其中的一位佼佼者。

我与建生相识已经十五六年之久了。那是一个春天的早晨，阳光很好，崇明中学的董校长来我家，向我推荐了两位青年教师，要我收为弟子。交谈后，我发现他们都是非常好学非常敬业的好苗子，当即欣然接受了。

几年以后，建生又进入我与荣华的语文基地班，我们的接触就更多了。建生的勤奋刻苦是朋友同事们中有口皆碑的。每次市区有什么活动他都从不缺席。每次要他开课，他都欣然接受，从来不推诿。到金山，到奉贤，到青浦，无论多不方便，他都早早地到达。并且总是到最后才赶回崇明。

后来他担任了崇明中学的语文教研组长，便带领组里的教师，边教学边研究，研究文言文阅读教学，研究作文教学，成绩斐然，我看过他们学校编的文言校本教材，无论选文还是注释、说明，都十分严谨丰满，而且有自己的见地。这次他又把他撰写的作文教学著作请我写序，我感到非常的高兴。

纵观建生这部著作，我最大的体会是两个词：“高度”和“实用”。

关于高度，前面已经说得很多。本书正是针对我们民族所缺乏的理性思维教育，作深入的探寻。这是作文教学最重要的意义所在——即改善我们下一代思维方式。他的努力，其意义远远超越了升学。

关于“实用”，在本书中的体现更为明显。如今，作文教学的书已经出得不少了，但谈理论的较多，往往较为空洞，并不实用。建生的这部书，是他长期探索实践的成果。书的编排、引文都是他自己的教学积累与成果，是他整个教学过程的真实的展示。尤其可贵的是本书所举的学生作文中出现的违背逻辑的现象，都是第一手资料。比如针对以例代议的普遍现象，作者不但指出问题的症结，是以“形象代替理性”“是对例证法的滥用，将‘事实胜于雄辩’奉为议论文写作的圭臬，误以为只要事实论据多，文章的说服力也就越强，而不知议论文是以说理为主要特征的文体，议论文是散发着理性光芒的，堆砌例子，以例代议永远也不可能让读者信服你的观点，也无法最强有力的支撑文章的观点”。

紧接着，本书对举出的大量习作中存在的问题，进行了具体细致的分析。我相信，这样的鲜活的例子以及具体细致的分析，不但会引发一线教师的同感，而且必然会产生引导的作用。

建生这本讲逻辑思维和辩证思维的书，本身就有着严密的逻辑结构。每一章节都环环相扣。比如先是指出教学现状，紧接着是理性思维的回归。先是知识定位，把逻辑知识和哲学知识讲清楚，接着是大量的实践训练，最后又有清晰明白的归纳总结，后面还附有自己的课堂教学实录。在我看来，只有长期在教学第一线，而又勤于研究的人，才能达到这样的境界。

捧着这本著作，我感到它的分量。直觉告诉我，上海语文教育界，又将迎来一位领军人物。

我祝贺建生这本专著的诞生，我期望它受到同行们的青睐，给作文教学乃至人的成长，吹来一股新风。

是为序。

于二零一七年清明前一天

绪论
议论文教学要培养学生的理性思维

一

写作到底是怎么一回事？这个问题似乎很难做出回答，因为写作是难的。马正平教授说，整个20世纪写作学研究的兴趣、热情都是集中在对写作行为的成品——文章——的元素、结构、要求、规范、技法的研究总结上面，雄踞中国写作学界数十年之久的“八大块”写作知识体系和“文章学”的研究思路是最为典型的表现。① 当代写作学研究的重要突破，非常重要的一点，是视写作为一种思维的活动，写作是建立在思维和语言基础之上的创造性活动。

陶振环先生说：“写作教学最终还是要在写作训练中培养学生的思维能力。以思维和语言为核心建立作文训练体系，一方面要给学生一个思维能力、语言表达能力的‘序’，即‘定序’，使学生能循序渐进地提高观察积累、体验感受、联想想象、分析综合、提炼加工、语言表达等能力；另一方面，也要给学生一个思维能力、语言表达能力的‘格’，即‘定格’，给学生的写作和思维训练提供一些切实可行的基本要求，使学生能在写作中‘有法可依’‘有法必依’，最终达到自主地进行学以致用、活学活用的程

① 马正平：《高等写作思维训练教程》（第二版），中国人民大学出版社，2010年版。“八大块”写作知识体系即将写作中的构成因素分为绪论、材料、主题、结构、表达、语言、修改和文风等八点来说明。它源自于20世纪60年代北大、复旦的《写作知识》和《写作基本知识》以及另一些类似的教材。

度。”[1] 由此来看，思维是写作教学的重要目标，而写作思维又是思维在写作中之具体运用方式，是写作过程中不可缺少的环节和重要的条件。

总之，写作是一种将思维成果转化为文字的艺术。思维贯穿整个写作过程，没有思维活动，就没有写作活动，写作是思维的果，是思维的实录，写作离不开思维，思维是写作之本。从这个角度来看，我们可以说，写作是思维的事。

今天，我们从思维的角度来探讨写作，意在揭示思维与写作之关系，思维于写作之重要性，并进而探究何种思维对中学生写作尤其是高中生议论文的写作有重要指导作用，这，或许是议论文写作教学的重心。

二

2007 年，我开始担任学校语文教研组长一职。针对教研组老师在作文教学方面困惑较多的现状，从 2009 年起，我带领全组老师开展了“高中作文教学序列化的实践研究”，我们遵照《课程标准》和《高考考纲》的要求，从学校、教师和学生的实际出发，对高中作文教学的序列进行了全面的探索和梳理，从学理层面初步规划了高中作文教学的序列，作为我们作文教学开展与实施的纲要。在此基础上，我们又具体而微列出了“高中作文教学‘七十点’”，作为我们落实序列的重要载体与抓手。

在理论研究和教学实践的基础之上，我们越来越发觉，培养和提升学生特别是高中生的思维品质是作文教学的根本，抓住了这一根本就抓住了作文教学的核心。特别是针对一部分写作水平较好的学生，亟需通过提高他们的思维品质和思维能力来提升他们的写作水平，以期在作文竞赛特别是高考作文中脱颖而出。

由此，我带领全组老师又开展了“思维训练研究”的攻坚战。特别是经过近 5 年全组老师的齐心协力、合作研究，又从辩证思维的训练中找到

① 陶振环：《写作思维：写作能力的核心》，《新作文》，2010 年第 7、8 期合刊。

了切入点。而且经过近三届高三作文教学的实践训练，效果比较明显，学生的作文中基本能自觉运用哲学思想来分析现象、剖析问题、阐明事理，做到构思完整，行文显出一定的思辨力。

基于以上共同认识，语文组全体同仁投入了“哲学思辨与写作训练”的研究中。我们从近30年的上海高考作文题目中研究、梳理、归纳出了一些规律性的东西，即几乎所有的作文题都或明或暗地包含着事物的某种关系，隐藏着某种事理或哲理。特别是近几年的高考作文，更是从隐性的思辨要求走向显性：2009年的“板桥体”作文，是传承与创新、整体与局部、“不可无一”与“不可有二”的辩证思考；2010年的作文题是对舍与得、当下与长远、发展与可持续的哲学思考；2011年的两句“铭文”，则要求从现象与本质、矛盾的对立与统一的角度揭示生命、历史、文化等过程性事物的特点；2012年“心灵的微光”是天才和普通人、“舍弃”与“认出”关系的思辨；2013年是对“重要的事”和“更重要的事”、自己与世界关系的思考；2014年则引导学生思考如何正确认识对待必然而普遍存在的限制与自由的矛盾；2015年要求学生思考内心的“坚硬”和“柔软”的辩证关系，材料中“如何对待”不仅关乎“知”，更关乎“行”，“和谐的自我”不仅引导学生思考个人的修养，更引导学生意识到个人与社会、个人与自然的关系在构建自我意识这一过程中的重要性。

于是，从辩证思维的角度出发，我们从中提炼出了20对重要的哲学范畴。在具体的训练过程中，我们按照“读文章——悟哲理——知要领——写作文”等环节展开对学生辩证思维能力的渐次提升，力求达到学生在议论文写作中运用辩证思维分析问题、论证观点、阐述道理的目的。校本教材《哲学思辨与议论文写作》也应运而生，几年试用下来，效果明显。

三

前面说到，写作到底是思维的事，写作离不开思维，思维是写作之本。作文难教，难在思维，学生写作之困，也困在思维。表面上，作文好教的知识、方法、技巧，但诸多所谓作文的技巧和方法其实都是思维的外化，没有什么脱离思维的抽象的形式与技巧，甚至语言也是思维的外化，词语的选择、句式的表达和修辞的运用，都离不开思维。正如蒋仲仁先生指出的："学生作文，一般有两大问题，一是言之无物，一题到手不知道该写些什么；一是语无伦次，有点儿想写的东西不知道该怎么组织。这两个毛病何尝仅仅是语言的问题！根源还在思维能力上。"①因此，在作文教学过程中，针对学生的思维障碍，加强思维训练，显得尤为紧迫和必要。

但是，思维的训练又得依据学生不同年龄阶段的心理特征，结合适切的写作实践活动按部就班、循序渐进地展开，如此方能有效提升学生的思维能力和语言能力。皮亚杰认为，儿童心理发展有一定的阶段性，教育必须按照学生年龄阶段特点进行工作。从心理学研究的结果来看，在青少年认知心理发展的六个阶段中，后三个阶段依次为故事期（10—15岁）、纯文学期（16—17岁）和此后的理性思想期。高中学生的心理认知水平已经由纯文学期渐次上升到理性思考期。皮亚杰甚至认为，12—15岁阶段，即为已经接近成人思维的抽象逻辑思维阶段。根据高中学生的这种心理特征，我们在写作教学中尤应重视实证、逻辑、思辨等科学理性的因素，培养其缜密思考、理性分析的能力。②也就是说，在以议论文写作为主要文体的高中写作教学中，如果忽视甚至漠视理性思维的培养，导致的直接后果将是高中学生思想的缺席和未来社会公民理性精神的缺失。

那么，何为"理性思维"？多年致力于议论文写作研究的俞发亮老师是这样认为的："简单地说，理性思维是一种遵循形式逻辑规律的思维。它具有很强的怀疑和批判力，在解决问题和做出判断时运用严密的逻辑（而不是感性、感觉）推理。"③这个定义的确有点"简单"，他把理性思维局限于"一种遵循形式逻辑规律的思维"，也就是说理性思维主要是运用逻辑思维

---

① 蒋仲仁：《思维·语言·语文教学》，人民教育出版社，1988年3月版。
② 任富强：《理性精神，公民基础写作的基石》，《语文建设》，2007年第5期。
③ 俞发亮：《高中语文应重视"理性思维"教育》，《厦门广播电视大学学报》，2012年2月。

来思考问题。这固然没错，以形式逻辑为基础的逻辑思维是理性思维的重要特征，它解决的是写作思维的缜密性的问题；但是，写作思维还有深刻性的问题，它要求思维主体感受事物、对事物本质属性的挖掘和认识程度。一个人的思维是否深刻，主要看他在分析客观事物时，能否用实事求是的态度辩证而全面地进行分析，分析时能否由此及彼、由表及里，不仅看到事物的正面和反面，而且看到这正反两方面在一定条件下是怎样互相转化的，而辩证思维便担负起了这一重任。朱行能先生将写作思维的品质分为广阔性、灵活性、敏捷性、缜密性、深刻性、独创性和批判性。① 对于高中生写作议论文来说，最基本的要求莫过于缜密性和深刻性，深刻性关乎说怎样的话、表达怎样的观点的问题，缜密性关乎如何说话、观点怎样让读者信服的问题。

从以上观点出发，高中生写作议论文如果能运用逻辑思维和辩证思维把自己正确而有一定深度的见解有条理有逻辑地加以证明并让读者信服，我们说，就具备了理性思维的特质。

四

2012 年，我非常幸运地加入了黄玉峰和黄荣华两位老师领衔的上海市第三期名师基地中学语文四组。两位黄老师在语文教育上学养深厚、见地深刻，不断引领着我们在中学语文教学这块田地里“向青草更青处漫溯”。5 年来，在作文教学方面，我们围绕着公民理性精神、批判性思维的培育、写作中的逻辑理性等专题开展了深入交流和研讨。黄玉峰老师认为，作文教学就是要培养有思想的人，思想哪里来，要从多读书来，另外，就是要培养学生的理性思维，让他们说独到的话，深刻的话，有条理的话，严谨的话，这样才是讲理的人，这样才是合格的公民。我们同组的王召强老师和孙彧老师在批判性思维与写作和逻辑思维与写作方面也颇有心得，并有

① 朱行能:《写作思维学》，人民出版社，2007 年 5 月版。

相关著述，这些都给我在议论文写作教学方面的进一步研究以很大启发。

我家住崇明，中学语文四组的学友里，我是离市区最远的，除去市区舟车劳顿，返崇公交还需耗时近 2 个小时。这 2 个小时，既是我卸掉一天劳顿小憩的间隙，也是我把一天学习研讨的内容梳理反刍的时间。很多时候，我第二天回到学校，总是喜欢将这 2 个小时的所得与同组老师一起分享，有时会印发纸质材料在教研活动中与他们一起再交流研讨，尤其是作文教学。因为，作文教学研究是我组近 5 年用心最切最力最勤的。我自己也在不断思考，提升学生议论文的水平，除了辩证思维这一有效抓手之外，还有没有需要再着力研究的点。

直到有一天，王学泰的《先讲形式逻辑，再说辩证法》一文，开拓了我的视野：①

> 形式逻辑和辩证法都是研究人的思维的，前者偏重于静态，后者偏重于动态；前者偏重于思维形式的逻辑构造及其规律，后者还涉及思维的内容和本体论。作一个不太确切的比喻就是，前者好像初等数学，后者则是高等数学。因此要对人的思维和思维所反映的外部事物有个准确的把握，要从形式逻辑到辩证逻辑。不能忽略前者，更不能反其道而行之。可悲的是几十年来，人们忽视了形式逻辑，以为它是“小儿科”，不足道，还有点“形而上学”的嫌疑。人们开口就是“辩证法”，也不管对此有没有确切的理解。……而“辩证法”巧妙运用确实也能征服一些持中立态度和旁观的人们。仿佛真是“辩证法”的威力，他们也会照猫画虎，在现实中广泛运用，这样便造就了一大批“智足以拒谏，言足以饰非”的人们，似乎什么时候和怎么说他都有理。这样的风气会给国家、人民带来些什么？
>
> ……

① 原载《同舟共济》，2003 年第 8 期。

要弘扬科学精神，我想应该从“初等数学”开始，讲求规范，注重事物的规定性、确定性；然后才能进入“高等数学”，进一步研究事物的发展变化及复杂性。不要没有学好“走”，就先学“跑”，这样没有不跌跤子的。

五

何谓理性思维？在俞发亮老师定义的基础上，或许可以这样说，理性思维是指有明确的思维方向、有充分的思维依据，能对事物或问题进行分析、比较、概括和综合，并对问题的发展走向进行客观地预测的一种思维方式。理性思维的构成或许不仅仅是逻辑思维与辩证思维，但就高中生的心理特征和认知发展而言，逻辑思维和辩证思维是理性思维的核心构成。一般认为，逻辑思维是人们在认识事物过程中借助于概念、判断、推理等思维形式能动地反映客观现实的理性思维方式，只有通过逻辑思维，人们才能对具体事物进行最为本质的理解和把握，从而真正认识客观世界。辩证思维则是建立在唯物辩证法基础之上的思维方式，其基本规律是唯物辩证法规律，也即对立统一规律、质量互变规律和否定之否定规律以及现象与本质、原因与结果、必然与偶然、可能与现实、形式与内容等一系列基本范畴，而对立统一规律为核心。

就高中生而言，如果能用逻辑思维与辩证思维武装自己的头脑，进而做到写文章有理有据，让读者信服，在一定程度上说，他就具备了理性思考，也有了较好的理性思维。现在语文教学界所力倡的批判性思维，其基石也无非是逻辑思维与辩证思维。逻辑思维与辩证思维是一种科学的思维，是可以通过概念、判断、推理认清事物本质认识客观世界的思维方式，是可以运用联系的、发展的、矛盾的观点由此及彼、由浅入深、由表及里地分析问题阐明立场的思维方式。

在议论文写作教学中，完全可以将两者能运用于写作中最有价值的内容和范畴提取出来，对学生进行切实而有效地指导。可以从传统形式逻辑体系中选择一些简单的知识——概念系统知识、判断系统知识、推理系统知识和一些基本的论证方法，将这些知识融入写作思维训练，以提升学生的逻辑思维能力；可以借助唯物辩证法的知识，从写作的角度出发，梳理出重要的哲学知识——唯物论和辩证法的知识，尤其是辩证法知识，同时还要梳理出一些重要的辩证思维的范畴，因为范畴与方法相联系，掌握了范畴，就会懂得事物内在的关系，并逐步学会分析问题。

六

2016 年 9 月 1 日，我收到上海市师资培训中心第三期“双名工程”项目组的电子邮件，我提交的专著申请经专家评审，已获通过，并由上海市教师专业发展工程领导小组办公室资助出版。几年来自己在议论文写作教学方面研究的一些心得与成果能得到专家肯定，并能获得出版资助，心情无比激动。

接下来的半年多时间，是提纲的打磨、资料的梳理、概念的澄清、材料的积累和马不停蹄地写作。这半年，我自己还带着两个高三毕业班繁重的教学任务，学校教研组的工作也琐碎繁忙。书稿写作时也碰到了较多问题和困难：有的时候，对相关概念的界定难以深入煞费苦心，于是再查找资料，及时补充；有的时候，章节至半，竟发现前后逻辑不通，或亟作调整，或推倒重来；有的时候，相关内容缺少案例支撑，便抓紧时间备课、上课、反思、总结。不通的原因，我想大概还是自身缺乏扎实的理论储备，对理性思维研究还不够深入，以及对整本书写作的架构能力比较薄弱。但我还是坚信有志者事竟成，今年 2 月，书稿终于杀青，我感觉一身轻松。

书稿能够正式出版，首先要感谢 5 年来黄玉峰和黄荣华两位导师的鼓励和提携，没有他们的影响，我不会在作文教学方面有更深入的思考和研究。还要感谢我工作的上海市崇明中学语文组的全体同事，拙作中“辩证思维与议论文写作”一章的实践研究，是在他们共同研究的基础之上写成的，没有他们的教学实践，此章内容我不可能写得那么顺利。我还要感谢我的可爱而优秀的学生们，他们为我写作此书注入了很多灵感，书中绝大部分习作，都源自他们的手笔。最后，我要感谢我妻子的默默支持、从江西老家赶来一直为我们夫妻分担家务的岳母，还有知道爸爸在“伏案备课”而一直不吵不闹的一对犬子，没有他们，我也不能及时完成撰写的任务。上海科技文献出版社的张树老师也为本书的出版付出了辛勤的汗水，在此一并致谢。

由于学识、眼界所囿，书中还有很多不甚科学和严密的阐述，也必然会存在一些缺点和错误，敬请读者能予以谅解，更期盼不吝批评指正。

李建生

2017 年 3 月

第一章
理性思维：议论文写作教学的重要指向

帕斯卡尔说："人是会思想的芦苇。"笛卡尔说："我思故我在。"思想和精神是人之为人的最核心和最重要的特征，这其中，理性精神更加可贵，诚如梁漱溟先生所言"理性是人类的特征"，人的伟大，就在于理性精神和理性思维。当代著名学者孙绍振先生谈到语文教学时曾疾呼"理性思维的回归"，"高考作文命题呼唤理性思维"。

究竟何为理性思维，学界一般的观点认为，理性思维是理性精神的核心，而理性精神是中国崛起之关键，邱震海先生指出："西方崛起背后的成功因素，特别是从古希腊时代就影响西方的理性精神，才是今天处于崛起期的中国国民所需关注的。"他进一步强调："理性精神与其说是一种精神，还不如说是一种思维方式。这种思维方式归纳起来就是：培养对终极知识的追求兴趣及随之而来的怀疑能力、强调直达问题核心并剥离其周边的情绪化因素、超越并克服自身（包括民族文化上的）弱点、强调实证而非感觉等。"① 广义的理性思维，简单地说是指有明确的思维方向、有充分的思维依据，能对事物或问题进行观察、比较、分析、综合、抽象和概括，并对问题的发展走向进行客观地预测的思维。东方文化推崇直觉思维，西方文化崇尚理性思维。我们的民族文化土壤中，理性精神的积淀相对匮乏，这一文化特征决定了人们思考问题时理性思维坐标的缺失，因而导致迷信、愚昧、盲从，不尊重客观规律，较多感情用事等消极现象。

---

① 邱振海：《理性精神——大国崛起之关键》，《中国新闻周刊》，2006 年第 12 期。

因此，有识之士对理性精神和理性思维多有重视，并提倡语文课程改革应注重理性思维的培育，而高中作文教学尤其是议论文写作教学培养学生的理性思维显得尤为迫切。

第一节　议论文写作教学的尴尬现状

当前的高中作文教学，涉浅水者以高考写作要求为指挥棒，从如何破题，到如何立意、行文，表达等，高考怎么考，平时怎么教，不敢越高考作文雷池半步，严重束缚了学生的写作才能，导致写作训练陷入僵局，走入死胡同，几无成效；涉深水者，思考程序性知识和陈述性知识于写作教学中的重新定位，并权衡利弊，运用于写作教学的过程，从知识体系到能力体系到构建写作教学的序列，细化为若干的“点”，但这些“点”怎样教，以怎样的教学过程去支撑，用怎样的策略去应对“点”的写作教学的路径，似乎难觅专家有效的迷津指点。记叙文教学如此，议论文教学亦如是。

从理性思维于议论文写作教学阙如的现状来看，重知识轻思维、重形象轻理性、重技巧轻逻辑是较为突出的问题，阻碍着学生议论文写作水平的提升。

1. 重知识轻思维

传统的议论文写作教学，往往重视三要素知识的教学，从论点（论点要集中、要有深度、要有新意），论证（举例论证、对比论证、引证、喻证、因果论证等），到论据（要真实，要典型，要有说服力），以为把这些东西给学生了，就万无一失，希冀学生能写出一篇有深度的严谨的议论文来。殊不知，作文既是思想与感情的表达，也是思维方式的呈现，文章要写出深度，要恰当运用各种论证方法，结构要严谨，要有说服力，从外显的结构到内隐的思路，从遣词造句到引经据典，其背后都是“思维”这部引擎在带动。即使是观点普通的文章，也可以通过严密的有推进的逻辑思维使文章写出有深度的思考来，因为文章深刻不仅包含思想和观点的深刻，过程性深刻也是题中应有之义。换句话说，不去研究思维，不去研究思维在议论文写作过程中的作用和运用的策略，议论文写作教学就难有起色，最多只能流于浅表化。

尽管业内人士认为，中学作文教学的目标不是培养未来的少数作家和写作高手（一般认为写作高手和作家是作文教学培养不出来的，主要是自己“长”出来的），而是教给他们掌握适应未来生活实际需要的基本写作能力，换句话说，是教他们作“合格文”。但据此将高中议论文教学仅定位于写出一般合格的议论文，似乎也不利于写作天赋较好的学生的培养。“好样文”同样也是我们语文老师和有一定写作基础的学生所追求的目标。因此，把重点只放在少数具有写作天赋的学生身上肯定不对，只为考试而写作也肯定不对，议论文教学不能仅仅死盯着知识的教学不放，忽视了学生思维品质的提升和理性精神的培育。

2. 重形象轻理性

重形象、感性轻理性的趋向是受中国传统文化重直觉的思维方式所影响。这倒不是说形象思维在议论文写作中无足轻重，而是说一篇以说理为特征的议论文如果形象代替了理性，就很容易造成说理不足、观点不明、论述不深入的问题。

形象代替理性最为突出的表现是对例证法的滥用，将“事实胜于雄辩”奉为议论文写作的圭臬，误以为只要事实论据多，文章的说服力也就越强，而不知议论文是以说理为主要特征的文体，议论文是散发着理性光芒的，堆砌例子，以例代议永远也不可能让读者信服你的观点，也无法最强有力地支撑文章的观点。

下面举一例。

2014 年江苏省高考作文的题目是：

> 根据以下材料，选取角度，自拟题目，写一篇不少于 800 字的文章；文体不限，诗歌除外。

有人说，没有什么是不朽的，只有青春是不朽的；

也有人说，青年人不相信有朝一日会老去，这种感觉其实是天真的，我们自欺欺人地抱有一种像自然一样长存不朽的信念。

2014年6月25日《现代快报》刊登了几篇高考优秀作文，其中有一篇题为《青春永不朽》的文章：

世界繁华如花，人生冷漠如茶。我们都是苍穹下生活的小人物，拥有喜怒哀乐，体验悲欢离合，但这些终会逝去。多少年后，当我们回首往事时，似乎只有那般青春在不断地回放着。因为青春是不朽的，它记录了我们一去不返的年华，书写了我们荒唐的故事，更记载了无数年轻人的梦。

三毛的青春是不朽的。她曾经逃学，离家出走，打架……各种行为都透露着青春叛逆的气息。正是她青春时桀骜不驯的性格，成就了后来在撒哈拉沙漠中勇敢追寻生活的洒脱与随性。就是这个如此刚烈和顽强的女子，写出了许多精彩作品，感动和影响着一个个年轻人，激励着一颗颗追逐梦想的赤子之心。所以，我说三毛的青春永驻。

林徽因的青春是不朽的。她出身名门望族，自幼受到良好的教育和熏陶，年纪轻轻便琴棋书画样样精通。十五岁时，她跟随父亲出国，学习期间遇到了徐志摩；她的出现让徐志摩心动，无数的情诗为她而作。后来，她嫁给了梁思成，两人共同学习建筑，后来参与设计了人民英雄纪念碑。林徽因，这个传奇般的女子，不仅成就了一代诗人徐志摩，更成就了世界著名建筑学家梁思成。她用自己的青春，浇灌了这两位才子的成长，为中国乃至世界成就了如此“人才工程”，所以林徽因的青春常在。

奈良美智的青春也是不朽的。他自幼热爱绘画，父母的宽容教育使他拥有了自己的创作空间。但初中时代，他还是经常逃学，去野外进行创作。那时候，他创作出极具代表性的卡通作品。现在，他仍不改初衷，继续少年时的风格，用独具特色的大眼娃娃影响着无数的青年人。他把自己对青春的感悟倾注到作品中，那些大眼娃娃的眼神中无不透露着叛逆和搞怪。他用青春成就了极具个性的辉煌与成功，当曰不朽。

每个人都有不一样的青春。在每个人的心中，青春都是一个美丽的梦。这是一个勇敢、奋斗的时期。这是一道任何事物都无法取代的风景。青春很美，美到不朽，美到让人神往。

文章在略带抒情的起笔之后，一口气举了三个人物的例子，共同聚焦“青春不朽”，是典型的“以例代议”文。这种结构的文章，只用三个例子来证明“青春不朽”，用的其实是不完全归纳法，全文抒情意味比较浓，淡化了说理的色彩。但是此文仍被判为优卷，自有其过人之处，也即文中的三例分别“点击”了三个分论点：叛逆而求索的青春不朽；智慧激发智慧的青春不朽；审美有创新的青春不朽。这样的“例”，融合了“议”在不断推进，不断在围绕中心论点作诠释和阐发，因而文章也便有了内在的逻辑和理性的力量，尽管全文的逻辑还不够严密，还不能做到前后勾连。当然，例子必须点到事理的“穴位”上，必须“四两拨千斤”，必须由“例”自然生成。这位考生，机智地做到了这几点，所以他从大量的罗列事例的作文中胜出。

当然，话又得说回来，议论文应当凭借其强大的逻辑力量征服读者，但它并不排斥具体形象。生动活泼的具体形象描写可以使议论文质兼美，情理并具，使其逻辑力量得到更大程度的发挥。在这方面，鲁迅的杂文堪称经典范例，如《拿来主义》一文的片段：

所以我们要运用脑髓，放出眼光，自己来拿！

譬如罢，我们之中的一个穷青年，因为祖上的阴功（姑且让我这么说说罢），得了一所大宅子，且不问他是骗来的，抢来的，或合法继承的，或是做了女婿换来的。那么，怎么办呢？我想，首先是不管三七二十一，“拿来”！但是，如果反对这宅子的旧主人，怕给他的东西污染了，徘徊不敢走进门，是孱头；勃然大怒，放一把火烧光，算是保存自己的清白，则是昏蛋。不过因为原是羡慕这宅子的旧主人的，而这回接受一切，欣欣然的蹩进卧室，大吸剩下的鸦片，那当然更是废物。“拿来主义”者是全不这样的。

他占有，挑选。看见鱼翅，并不就抛在路上以显其“平民化”，只要有养料，也和朋友们像萝卜白菜一样的吃掉，只不用它来宴大宾；看见鸦片，也不当众摔在茅厕里，以见其彻底革命，只送到药房里去，以供治病之用，却不弄“出售存膏，售完即止”的玄虚。只有烟枪和烟灯，虽然形式和印度、波斯、阿拉伯的烟具都不同，确可以算是一种国粹，倘使背着周游世界，一定会有人看，但我想，除了送一点进博物馆之外，其余的是大可以毁掉的了。还有一群姨太太，也大以请她们各自走散为是，要不然，“拿来主义”怕未免有些危机。

总之，我们要拿来。我们要或使用，或存放，或毁灭。那么，主人是新主人，宅子也就会成为新宅子。然而首先要这人沉着，勇猛，有辨别，不自私。没有拿来的，人不能自成为新人，没有拿来的，文艺不能自成为新文艺。

姑且不论鲁迅所论之对象是传统文化还是外国文化，这几段文字中“大宅子”的整体设喻，就十分贴切而有创意，尤其是“孱头”“昏蛋”“废物”这三个形象的塑造，给人留下极为深刻的印象，对应了下文“使用”“存放”“毁灭”的三种态度，条分缕析，让人信服，读来不觉诙谐中带着讽刺。当然，鲁迅的杂文自然有他独特的技法，这技法当中，又属讽喻运用最为娴熟，这就要说到下面的重技巧而轻逻辑的问题。

3. 重技巧轻逻辑

这里说的技巧，主要指论证方法。“论证大致可分为两种形式：一种是理论论证，一种是事实论证。”① 有的老师教学只有论证之形而无论证之实。论证之形，是论证方法在行文过程中的具体呈现，比如举了例子，是为例证，引用名言，是为引证，打了比方，是为喻证，作了正反对照，是为对比论证，由个别而及一般，是为归纳，是一般而及个别，是为演绎，等等。课堂上——讲解传授论证知识，写后讲评——化解评析写作得失，可以这样做，但这仅仅是起点，而不是终点。论证方法的终点是什么，就是使论点在逻辑上获得可靠性，懂得概念界定、判断推理，懂得分析综合等。如赫尔曼·黑塞《获得教养的途径》一文的开头：

> 真正的修养不追求任何具体的目的，一如所有为了自我完善而作出的努力，本身便有意义。对于“教养”也即精神和心灵的完善的追求，并非是向某些狭隘目标的艰难跋涉，而是我们的自我的意识的增强和扩展，使我们的生活更加丰富多彩，享受更多更大的幸福。因此，真正的修养一如真正的体育，同时既是完成又是激励，随处都可到达终点却从不停歇，永远都在半道上，都与宇宙共振，生存于永恒之中。它的目的不在于提高这种或那种能力和本领，而在于帮助我们找到生活的意义，正确认识过去，以大无畏的精神迎接未来。

这段一共有四句话，第一句分析了修养的过程性；第二句补充论述了教养（据这段整体来看，“修养”和“教养”应为同义语）；第三句是对前两句的总结性分析，运用了类比法、比喻法，“永远都在半道上”为核心语；最后一句又是对前三句补充分析。总之，四句话层层推进，逻辑严密，

---

① 孙绍振：《孙绍振论高考语文与作文之道》，福建人民出版社，2014 年 10 月版。

富有思辨性，围绕着修养的过程性和指向性作了鞭辟入里的分析。

沈国全老师在《警惕考场作文新三“假”》① 一文中曾列举了 2015 年上海高考作文中的三种“假”作文，其中一种即“文笔好”，如下面的片段：

> 曾感受过诗人辛弃疾“八百里分麾下炙，五十弦翻塞外声”，我为他为百姓立命的“横渠精神”而呐喊鼓舞，但也曾为他“蓦然回首，那人却在灯火阑珊处”的温婉而泪流满面。人心如同夜色，虽是一层层不可捉摸的防护坚硬，但夜空中的点点滴滴繁星闪烁，正是那温情美好的时光的经历。

沈老师接着分析：

> 单看句号前后两个句子，文笔确实好，所谓既深刻又形象。但是，将这两个句子放在一个段落里，阅卷者就糊涂了，作者到底想讲什么？前一句说的是辛弃疾心中的坚硬与柔软分别是什么，大概要表达的是和谐的自我可以呈现出怎样的“坚硬”与怎样的“柔软”；而后一句说的是人心，是指辛弃疾的内心吗？如果是，“夜空中的点点滴滴繁星闪烁，正是那温情美好的时光的经历”尚可以理解为是在分析辛弃疾的“蓦然回首，那人却在灯火阑珊处”，但要说“他为百姓立命的‘横渠精神’”便是“一层层不可捉摸的防护坚硬”，读者便无法理解了，你是在说辛弃疾很假吗？这是一种现象：每个句子都很漂亮，但是放在一起组成段落却不知所云。

读书多，积累多，对于议论文的写作固然是件好事，但文章的积累不能成为写作的炫耀，更不能成为语言表达的俘虏和写作技巧的傀儡。学生

① 沈国全：《警惕考场作文新三“假”》，《文汇报》，2015 年 7 月 3 日。

作文里的旁征博引，当然是件好事，但下面这两段文字，可能就有些过犹不及了：

在这个辛辣宏奇、自我迷失的年代里，我们很难想象川端康成凌晨四点海棠花未眠，而只记得村上春树自己将坚定地站在脆弱的“蛋”的一世，我们读不懂加缪垒山不止的幸福，梭罗垂钓于瓦尔登，却只认得纪德原谅世间一切罪恶，而康德敬畏星空灿烂，道德准则。

在这个诱惑繁多的社会大剧场里，辛辣奇突如电影般刷刷掠过。却使人总记起川端康成凌晨四点海棠花未眠，加缪垒山不止的幸福，梭罗在瓦尔登湖垂钓，仓央嘉措白鹿踏雪，汪曾祺的花花草草、瓶瓶罐罐，周国平的煮豆撒盐给人吃，莎翁的飞鸥与海滔相遇，爱默生关于透明的眼球的譬喻，苏子的一蓑烟雨，王维的清泉石上流。这些人即使在缤纷花瓣中走过，依旧掸衣故清辉，如清露晨流，新桐初引；即使在世事纷纭中，依旧立着清朗心，如明月松间，菩提微暖；即使在举世欲狂时，依旧立着修华意，如阳光清风，和光同尘。他们立了心，世界为之鼓掌。

（网传2014四川高考满分作文《世界为立心者鼓掌》）

大量材料的堆砌，无用知识的叠加，毫无意义的排比，都使这篇文章显得虚胖，略无充实之感，更无逻辑推理可言。

我们要警惕的是，读书多，积累也富足，且语言运用和写作技巧运用都很娴熟的学生写出以上这种不合逻辑的文章，议论文不合逻辑，就没有了站立的可能，只剩下一堆枯骨，也就没有了任何意义。

重知识轻思维、重形象轻理性、重技巧轻逻辑这三大议论文写作教学的趋向长期统率着我们的课堂，使得我们学生的文章知识渊博、文采斐然、技巧娴熟，文艺腔十足，但明显的缺陷是逻辑理性不足。在这方面，西方一些国家做得可能比我们要好，拿我们的高考作文和提倡理性思维的美国学生高考作文一比较，或许可以看出端倪。南京十三中的曹勇军老师和美国佛罗里达大学教授傅丹灵博士在开展“中美写作教学对话”中曾引用过两篇中国学生和美国学生的高考高分作文，文章如下：[①]

（2015 江苏高考作文题为：

根据以下材料，选取角度，自拟题目，写一篇不少于800字的文章；文体不限，诗歌除外。

智慧是一种经验，一种能力，一种境界……

如同大自然一样，智慧也有其自身的景象。

美国 ACT[②] 作文题为：

一些教育者讨论打算把高中变成5年制，因为雇主和大学对高中学生的要求在提高，要求在取得高分的同时还要参加课外活动和社区服务。一些教育者支持把高中变成5年，因为学生需要更多的时间来达到人们对他们的期望。另一些教育者反对这样的观点，认为学生会对上学失去兴趣，在第五年的入学率会下降。根据你的观点，高中应该变成5年制吗?

在你的作文中，请选取一种观点。你可以谈论正反两种观点的一种，也可以陈述你对此事不同的观点。用具体的理由和例子支持你的观点。）

---

① 傅丹灵、曹勇军：《倒影回声里的中美高考作文题》，《语文学习》，2015 年第 7、8 期合刊。

② ACT（American College Test）：被称为“美国高考”，它既是美国大学的入学条件之一，又是大学发放奖学金的主要依据及对学生综合能力的测试标准。和 SAT（Scholastic Assessment Test，美国学术能力评估测试）不同，ACT 考试更像一种学科考试，它更强调考生对课程知识的掌握，同时也考虑到了对考生独立思考和判断能力的测试。

2015年江苏省高考满分作文：

维也纳的智慧

维也纳是个很聪明的城市。

作为欧洲工业的心脏，每天有数以万计的人涌入这个城市，带给这个城市来自世界各地的喧嚣。维也纳没有城墙没有法令，却拥抱着一切。石油输出组织的总部坐落于此，带来的是欧洲各国的大企业，流出的是每日数以亿计的财富。维也纳很聪明，二战后在“马歇尔计划”的帮助下，它迅速恢复经济，并顺应时代，出台各种政策吸引世界各地的投资者和无头苍蝇似的工业企业。在短短数十年间，它发展成了一个拥有百万人口的工业大城市，维也纳真的很聪明。

维也纳本是个小小的欧洲城邦，但在哈布斯堡王朝统治时期，玛利亚女王将所生的十六个女儿送出去和亲。维也纳很聪明，它以和亲的方式不断扩充着自己的领土，并以此成为当时最强盛的国家。

当然，同在哈布斯堡统治时期，维也纳在扩充领土时还接受了莫扎特搅局般的音乐创新和如同雨后春笋般的维也纳学派。维也纳很聪明，它凭借着莫扎特的音乐和自由的学术吸引了成千上万的音乐家和学者。最终，它以音乐和学术上的繁盛再一次征服了世界。维也纳真的很聪明。

维也纳的智慧在于它的政策、律令、音乐、学术……然而，这些智慧或许能成就它的一时之辉煌，却不足以支撑它于世界之巅而不倒。

幸而，维也纳抓住了让城市变为永恒的真正智慧。

当一次世界博览会向它招手时，维也纳客气地拒绝了。就如同一位隐者让世人一睹他的真容后又退回了深山。

有人说，维也纳就如同一个圆。它的工业，它的喧嚣都一直在圆的边缘，从未再往前踏进一步。而圆的中间，是飘扬着优美音乐的小酒馆，是散落在城市各个角落的维也纳大学，是三万四千张音乐会和剧院的每天座无虚席的位子……无论维也纳的石油和金子碰撞发出多么大的声响，你依旧能听到城市中心圣蒂斯芬大教堂日暮时的钟声，依旧能看到弗洛伊德坐在沙发上向你微笑……

或许，正是因为维也纳抓住了其智慧的本质，才没有变得像工业革命后的英国一样肮脏，才让它的维也纳森林永远生机勃勃。

智慧是多种多样的，我们也应该如同维也纳一样能够抓住智慧的本质，创造出永恒光明的未来。

美国一次美国大学入学考试（ACT）中的满分（6分）样卷：

高中之痒

我们都渴望挠无法治愈的擦伤。办法呢？唯有毕业。高中阶段随着我们智慧的增长和成熟，我们都渴望自由。然而我们所渴望的并非是对我们最有益的。虽然一些人不想承认，把高中延长变成5年制对我们将来的影响重要而且有利。现行的4年制高中，对于那些想要在上大学前完成他们各种目标的积极的学生来说是不够的。单是被那些挑剔的学院或大学录取已要求学生提前做许多准备，而这些准备对忙于提高成绩和课外活动的学生而言是无法做到的。

大学在考查申请者如何使用高中4年的时间尤为仔细。那些顶尖学府对扮演过领导角色，对团队具有奉献精神、发展全面、积极参与活动的学生青睐有加。通常，学生渴望在各种课外组织活动中担任领导的角色，但又面临着他们不能同时担任几个组织的工作这样一个数量的规定。即便学校不限制学生参加活动，学生所做的事情已经达到24小时所能做的极限。很多时候因为时间不够，学生不能想参加就参加课外活动，也无法尽可能多的参加各种各样的课外活动。如果高中能增加一年，那些不止参加一个活动的人就能找到足够的时间为每个组织服务，在每个组织活动担任领导工作。大学看到的就是一个更长、更完全的个人简历，包含着个人兴趣发展的各个时间段。各种课外组织也能因学生更积极的参与获益，学生实实在在的努力也能更好地得到认可。

因为学生们争先恐后地去争取领导的角色，想成为全面发展的、大学青睐的人，争取高中阶段不错的平均成绩点数（GPA）对很多学生来说就很艰难了。既积极投身课外兴趣活动又保持很高的分数是很困难的。然而，当大学在申请者中挑选高 GPA 的学生录取时他们并不会考虑积极参加课外活动的人维持 GPA 有多难。延长高中时间，可以让更多的想要兼顾分数和课外活动的学生，花更多时间发展两方面。与其被迫围绕“加权性”高的选修课程来提升 GPA，不如让学生们有更多的时间拓展到更难一些的课程，在每一学年学到更多的东西。更小的压力和更多的时间，可以让那些勤奋学习的学生取得更好的分数，提高学习的乐趣，让所学知识的记忆也能更持久。

除了教育，很多高中生认为 4 年的时间不足以完成他们其他的目标。比如，一个学生除了上学也希望有一份工作，所赚的钱可以付一些大学学费。上大学前短暂的 4 年准备时间里，他们几乎不能准备好足够的钱供他们顺利完成学业。而且，很多学生上大学前对社区服务很感兴趣，但是 4 年的高中阶段几乎腾不出时间去做。大学喜欢那些既有各种各样社区服务经历又在工作中体现出责任感的学生，但学生几乎没有时间来完成这些任务。

高中奠定了我们以后生活的基础。正如在银行里面存钱，当我们尚年轻时多投入一年的时间，会对我们生活起重要作用。有了这一年，那些积极的学生就能更好参加学生活动，提高学习成绩，有时间工作和从事社区服务。因为大学青睐那些品质，为了高中生更好地被大学录取，应该给他们更多的时间去实现。高中生为了将来在认真努力，多一年的时间能让他们更接近成功。

傅丹灵博士对我们学生作文的评价是，“看了这篇文章后，我不清楚作者的性格，他 / 她的 voice，没有想对话的欲望，没有共鸣和冲动……不错，文章很有文采，语言漂亮，知识渊博，但我觉得他 / 她是在做广告，文章中没有自我，无法让人亲近，打动人心……你谈的是智慧，但你自己是怎么看智慧的呢？你自己的智慧呢？你的自我呢？文章反映出一种近乎炫耀的习气，让人觉得虚假。美国人写文章，重视自我。如果让美国老师来给这篇作文判分，他们会觉得作文有知识，有文采，但是没有意思，更没有意义……不知该如何评分”。对美国学生的文章，则认为，作文立场清楚，观点鲜明（“把高中延长变成 5 年制对我们将来的影响重要而且有利”），辩证地讨论了问题（“我们所渴望的并非是对我们最有益的”）。讨论中还回答了相反立场，体现出对问题复杂性的认识（“即便学校不限制学生参加活动，学生所做的事情已经达到 24 小时所能做的极限”）。“论证充分具体，有逻辑性，很多观点探讨深入，指出其后果（‘大学看到的就是一个更长、更完全的个人简历，包含着个人兴趣发展的各个时间段。各种课外组织也能因学生更积极的参与获益，学生实实在在的努力也能更好的得到认可’），紧扣作文题目中的具体问题。文章组织结构清楚，体现出思路的逻辑发展；文中有大量转折（虽然，即使，然而，与其），句子严谨，句式多样，措辞准确，显示出良好的语言能力。你说得对，你们把文采的才华当做第一位，而我们是把逻辑理性和公民素养当做第一位！”①

中美学生的满分作文给我们的启示是，我们作文教学的导向要亟需从为“精英阶层”（脱离现实生活和真实世界）量身定做转向为“普通公民”（与生活紧密联系）实用教学，我们学生作文中的理性思维亟待加强！

---

① 傅丹灵、曹勇军：《倒影回声里的中美高考作文题》，《语文学习》，2015 年第 7、8 期合刊。

第二节　议论文写作教学理性思维的回归

随着课程改革的深入推进，“人文”被提到了前所未有的高度，“限制科学主义，弘扬人文精神”成为一时的流行语，语文教学中的感性思维、形象思维被广泛关注，而理性思维被有意无意地忽视。理性思维是一个人认识世界、改造世界的关键，心理学表明，中学阶段学生特别是高中生的思维由感性向理性过渡、发展，是培养理性思维的最佳时期。鉴于当下议论文教学重知识轻思维、重形象轻理性、重技巧轻逻辑的趋向，有必要将理性思维作为议论文写作教学的重要指向，将理性思维的培育作为高中生思维训练的重点，在高中写作教学和高考作文中突出“理性思维”。

那么，在作文教学中如何实现理性思维这一重要指向呢？我们觉得，至少可以从以下几方面去着力：一是课程标准的明确，二是高考方向的引导，三是写作训练的突出，四是教材编写的侧重。有了这四个方面作为铺垫，理性思维便有了广阔的训练场。

1. 课程标准的明确

吴格明先生说：“理性应当是语文课程改革不应缺失的价值坐标，语文课程改革应当高扬理性精神。”① 他指出，理性特别应当成为语文课程的重要目标，因为理性是语文素养的深刻内涵甚至可以说是灵魂，离开了理性，一个人的语文素养必定是零散的，甚至是凌乱的、肤浅的。《课程标准》无疑在确立理性思维在高中语文教学过程中的重要地位起到了引领作用，应当将理性精神的培育写入《课程标准》。

我们欣喜地看到，近几年《高中语文新课程标准》在这方面做出了努力，“写作时考虑不同的目的和对象，以负责的态度表达自己的看法，激发

① 吴格明：《理性：语文课程改革不应缺失的价值坐标——语文课程改革的深度反思》，《课程·教材·教法》，2012年第2期。

表达真情实感的热忱，培植科学理性精神”，“认识语言与思维的密切关系，学习对语句的锤炼，在表达的过程中，注意思维的条理性和严密性，追求语言表达的创新和思维的创新”，“学习运用科学的思想方法发现问题、分析问题和解决问题，在阅读过程中注重理性的反思，探究论著中的疑点和难点，敢于提出自己的独立见解”。[①] 这些，为我们高中作文教学指明了方向。上海的《课程标准》也明确指出：“高中阶段的选文要有一定的文化含量，注重引发学生的理性思考”，“写作训练应激发学生热爱生活的情感，引导他们观察生活、感受生活、思考生活，并随时记录自己的所见所闻所感所思，表达自己的真情实感。……高中一至三年级要引发学生的理性思考。”[②] 从阅读和写作两方面明确了教学要“引发学生的理性思考”的重要性。但是，课标层面没有将这些理念化为具体的写作知识、思维知识以及可操作性的教学行为和教学要求；教师对理性精神和理性思维的认识还不够深入，还没有将理性精神的培育落实到具体的教学实践中。因此，理性精神培育和理性思维训练的策略和路径是当前语文教育界仍没有很好去研究和解决的问题，理应成为今后努力的方向。

2. 高考方向的引导

课程标准明确“理性特别应当成为语文课程的重要目标”是理性进军语文课程的第一步，也是重要的一步，但这仍然不够，因为仅仅是课程标准的呐喊可能会将提倡理性陷入“口号”的泥淖，要使理性成为切实的目标追求，必须落地生根，要体现在大家都关注的高考试题中，要放在平时的写作训练中，要贯穿于阅读教学的课堂中。

这首当其冲的便是高考方向的引导。高考阅读试题要突出议论类、社科类文本对于逻辑思维的考查；高考作文题要继续突出“思辨”的主旋律，为发展学生的理性思维发挥积极的导向、推动作用。无论怎么说，高考始

---

① 教育部：《高中语文新课程标准（实验稿）》，人民教育出版社，2013 年版。
② 上海市教委：《上海市中小学语文课程标准（试行稿）》，上海教育出版社，2004 年版。

终还是教学的重要指挥棒。

纵观近几年的高考试题特别是作文试题，如孙绍振教授所说的，已经从偏重感性抒情走向理性分析，已经彰显理性思维导向及其对抒情性思维超越。不管是材料作文还是话题作文，都是把多元（大多数为二元）的相互矛盾的因素或明或暗的提供给考生，迫使其进行具体分析，形成自己的观点，并由此展开推理和论述。

以笔者所在的上海地区的高考作文为例，近几年的命题广受称赞，题目呈现简洁明了，材料富于思辨性。

请看 2009—2016 年上海高考的作文试题：

根据以下材料，选取一个角度，自拟题目，写一篇不少于 800 字的文章（诗歌除外）。

郑板桥的书法，用隶书参以行楷，非隶非楷，非古非今，俗称“板桥体”。他的作品，单个字体看似歪歪斜斜，但总体感觉错落有致，别有韵味，有人说这种作品“不可无一，不可有二”。

——2009 年

根据以下材料，选取一个角度，自拟题目，写一篇不少于 800 字的文章（不要写成诗歌）。

丹麦人去钓鱼会随身带一把尺子，钓到鱼，常常用尺子量一量，将不够尺寸的小鱼放回河里。他们说：“让小鱼长大不更好吗？”两千多年前，我国孟子曾说过：“数罟不入洿池，鱼鳖不可胜食也。”意思是，不要用细密的渔网在池塘里捕捞小鱼，这样才会有更多的鱼。

实际上，其中的道理也贯穿在我们现实生活中的许多方面。

——2010 年

犹太王大卫在戒指上刻有一句铭文：“一切都会过去。”

契诃夫小说中的一个人物在戒指上也刻有一句铭文：“一切都不会过去。”

这两句寓有深意的铭文，引起了你怎样的思考？自选角度，自拟题目，写一篇文章。

要求：（1）不少于800字；（2）不要写成诗歌；（3）不得透露个人相关信息。

——2011年

根据以下材料，选取一个角度，自拟题目，写一篇不少于800字的文章（不要写成诗歌）。

人们对自己心灵中闪过的微光，往往会将它舍弃，只因为这是自己的东西。而从天才的作品中，人们却认出了曾被自己舍弃的微光。

——2012年

生活中，大家往往努力做自己认为重要的事，但世界上似乎总还有更重要的事。这种现象普遍存在，人们对此的思考也不尽相同。请选取一个角度，写一篇文章，谈谈你的思考。

要求：（1）题目自拟；（2）全文不少于800字；（3）不要写成诗歌。

——2013年

根据以下材料，自选角度，自拟题目，写一篇不少于800字的文章（不要写成诗歌）。

你可以选择穿越沙漠的道路和方式，所以你是自由的；你必须穿越这片沙漠，所以你又是不自由的。

——2014年

根据以下材料，自选角度，自拟题目，写一篇不少于800字的文章（不要写成诗歌）。

人的心中总有一些坚硬的东西，也有一些柔软的东西。如何对待它们，将关系到能否造就和谐的自我。

——2015 年

随着现代社会的发展，人们的生活更容易进入大众视野，评价他人生活变得越来越常见，这些评价对个人和社会的影响越来越大。人们对“评价他人的生活”这种现象的看法不尽相同，请写一篇文章，谈谈你对这种现象的思考。

要求：（1）自拟题目；（2）不少于 800 字。

——2016 年

2009 年的“板桥体”作文，是传承与创新、整体与局部、“不可无一”与“不可有二”的综合思辨；2010 年是对舍与得、当下与长远、发展与可持续的哲学思考；2011 年的两句“铭文”，则要求从现象与本质、矛盾的对立与统一的角度揭示生命、历史、文化等过程性事物的特点；2012 年“心灵的微光”是天才和普通人、“舍弃”与“认出”关系的思辨；2013 年是对“重要的事”和“更重要的事”、自己与世界关系的思考；2014 年则引导学生思考如何正确认识对待必然而普遍存在的限制与自由的矛盾；2015 年要求学生思考内心“坚硬”和“柔软”的辩证关系，材料中“如何对待”不仅关乎“知”，更关乎“行”，“和谐的自我”不仅引导学生思考个人的修养，更引导学生意识到个人与社会、个人与自然的关系在构建自我意识这一过程中的重要性。2016 年作文题尽管没有包含二元关系，但仔细分析材料，依然隐含了评价他人与审视自己、发表评价与坚守底线、评价他人与个体成长、评价他人与社会发展等关系。这些作文题或隐或显的都包含着思辨性，注重整体性的分析，考查学生对社会现象的理性分析，较好地引导了平时的写作教学对学生理性思维的训练和思辨能力的培养。

放眼欧美发达国家的高考作文，或许对我们有借鉴和启示意义。美国学术能力评估测试（SAT）① 作文题目也总能引发美国教育界的“围观”和热议。纵观美国近 10 年的 SAT 作文题，“辩证关系”贯穿始终：有的涉及精神与物质的辩证关系，有的关乎科技进步与人类文明发展的辩证关系，有的则思考人在固有文化或思维中的突破能力等。美国的教育评论者认为，“SAT 作文题目极具思辨力，提倡启发式教育”，“在当地教育界看来，这样的命题没有标准答案，但由于‘指挥棒’效应，它能给高中课堂输送思辨分量。为了‘应试’，美国高中生从中学起就给自己列出长长的读书计划，涉及妇女运动、黑奴文学、南北战争历史等小说以及人物传记都是他们的‘必读物’，因为作文题目往往摘选于这些作品”。②

在具有深厚哲学传统的法国，每年的高中毕业会考（相当于我们的高考）作文题诸如“人们通过劳动获得什么?”“所有信仰都与理性相悖吗?”“工作仅仅是为做个有用的人吗?”“科学真理可能构成危险吗?”“寻找幸福是否是个体自身的义务?”“思考是否就是对桎梏的解脱?”“欲望是否可以在现实中得到满足?”等，具有浓郁的哲学意味，其注重“文化与思辨”的趋向和发展个体“自我省察能力”的教育目标尤为突出 ③。

看来，把问题放在矛盾的两难语境中，带有“哲思”的色彩，是各国母语教育对写作考查的共同特征；注重思辨力的提升和理性思维的培养，是世界教育的相同价值取向。

3. 写作训练的突出

和初中生爱浪漫、喜幻想、重叙述的心理特征不同，高中生渐渐由一个“自然人”成长为“社会公民”，其心理特征表现为爱思考、喜分析、重论

---

① SAT 是由美国大学委员会（College Board）主办，其成绩是世界各国高中生申请美国大学入学资格及奖学金的重要参考，它与 ACT 都被称为“美国高考”。

② “文汇教育”编辑：《“美国高考”作文，给课堂输送思辨力——看看美国高中生的 SAT 作文题》，《文汇报》，2013 年 6 月 14 日。

③ 韩梁：《法国“高考”为何偏爱哲学》，《文汇报》，2015 年 6 月 20 日。

述，“自学”的意识逐渐增强，思维的特点由感性趋向理性，因此，这一阶段，论述类文章的写作正契合这一心理和思维特征，因为写作论述类文章既需要理性思维，又能够有效地训练和发展这种思维。因此，高中阶段，应着重通过论述类文章的写作来发展学生的理性思维，培育他们的理性精神。

首先，要将理性思维有目的有计划由浅入深地贯穿于论述类文章写作的过程中。要将逻辑思维、辩证思维等理性思维最为核心的内容有机融入其中；同时，正如马克思所言，“语言是思维的物质外壳”，语言是思维的外在的体现或反映，语言表达与思维能力密切联系，因此，要将思维的训练和语言表达的训练融为一体，互相促进。思维训练与语言表达一致性在写作中的体现是，思维如果严密，语言表达就能做到论断准确、概念清晰、条理清楚；思维如果开阔了，写作就能信手拈来、左右逢源，类比、对比、因果等思维开合自如；思维如果深刻了，论证自然鞭辟入里、入木三分，而不会停留在同一个层面上。从文章写作的过程来说，观点的阐述、材料的取舍、论证的展开和词语的推敲、句式的选择、段落的调整无不伴随着思维活动。

另外，理性思维的训练要建立在开展对现实社会生活的感受、思考与评说的基础上，即以公民姿态做理性表达。余党绪老师在“公民表达与写作教学”方面展开过深入研究，他强调，作文教学要让学生能“以公民身份写作，首先要关注生活空间与生活方式，关注现实的社会生活，积极投身社会实践。在时代的脉动中发现表达的灵感和素材，在社会矛盾中抒发真我的感受与思考。”① 关于写作中理性思维的培育与现实社会生活的关系，前苏联著名教育家苏霍姆林斯基也曾指出：“如果学生的抽象的概念、结论、判断是他们在研究和分析周围现实的过程中形成的，那么他们就能养成一种宝贵的脑力劳动的品质——即不仅通过直接观察而且以间接方式去研究、认识和探索事实和现象的能力。”② 理性思维的形成是一个人认识和改

---

① 余党绪：《以公民姿态，就公共事务，做理性表达——基于“公民表达素养”培育的写作教学》，《语文学习》，2013 年第 1 期。

② 苏霍姆林斯基：《给教师的建议（全一册）》，教育科学出版社，2005 年 6 月版。

造世界的关键，如果脱离社会实际，不促成学生关注社会生活、思考现实社会，理性思维的培育就会流于形式，落入荒疏。

4. 教材编写的侧重

教材编写的侧重除了写作部分要设立专门板块训练议论文、同时将思维的训练纳入训练体系之外（目前全国各地的语文教材均设有写作专题，但很多没有系统，即使略有系统也显笼统，没有突出论述类文章的写作要领），还应包括两个方面的内容：一是阅读选文的侧重，二是逻辑知识的介入。

重视经典一直是语文教材选文的重要标准，于是，重文学性，重文化价值的熏染成了重要的皈依，具体的表现就是文学性的记叙文、抒情文较多，而逻辑严密说理性较强的论说类文章略显不足。以上海二期课改新教材（华东师范大学出版社　2006 年版）为例，全 6 册教材共计 36 个单元。（见下表）

表 1　上海现行高中语文教材单元一览表（华东师范大学出版社　2006 年版）

单元 年级	单元一	单元二	单元三	单元四	单元五	单元六
高一上	生命体验	美好亲情	人我之间	诗歌及其欣赏	树木花卉	古代小说
高一下	平民生活	杰出人物	为理想而斗争	小说及其评析	亭台楼阁	古诗及其赏析
高二上	读书生活	书话与书评	科学与艺术	散文及其赏析	山水情思	词曲及其赏析
高二下	感悟自然	名利内外	文化的制约与创造	说明文、应用文阅读	传统美德	古代散文及其赏析
高三上	文学作品中的意境	思想与精神力量	品位与格调	论说文及解读	家园亲情	史传作品及其赏析
高三下	文学作品中的典型	艺术与审美	走向社会	戏剧及其赏析	浩然正气	人生与艺术境界

从表 1 可以看出，全 6 册教材只单独辟一单元为“论说文及解读”，内

含三篇现当代作家论说文作品和一篇知识短文（朱光潜先生的《漫谈说理文》），作为论说文的专题阅读与学习。全6册教材中其他单元还有一些论说文，其中包括现代文《在马克思墓前的讲话》（恩格斯）、《我有一个梦想》（马丁·路德·金）、《白莽作〈孩儿塔〉序》（鲁迅）、《获得教养的途径》（黑塞）、《无韵之离骚》（资中筠）、《爱因斯坦与艺术》（赵鑫珊）、《漫谈散文》（季羡林）、《拿来主义》（鲁迅）、《唐诗过后是宋词》（葛兆光）、《经济全球化和文化多样性》（于沛）、《〈宽容〉序言》（房龙）、《〈激流〉总序》（巴金）、《人因为思想而伟大》（帕斯卡尔）、《谈白菜》（李锐）、《史传文学：文与史交融的时代画卷》（郭丹）、《画说》（张大千）、《你为什么会感到愉快——从生理学观点谈美与美感》（朱光潜）、《青年在选择职业时的考虑》（马克思）等18篇，文言文《谏太宗十思疏》（魏征）、《训俭示康》（司马光）、《过秦论》（贾谊）、《师说》（韩愈）、《劝学》（荀子）、《伶官传序》（欧阳修）、《〈孟子〉二章》（孟子）等7篇。这些文章中很多不像《在马克思墓前的讲话》《劝学》等是规范的论说文，而只是观点比较深刻但缺乏严密的推理论证；许多文章还缺少与时代的紧密联系，与高中生的实际脱节严重，导致他们学习起来兴趣略无。

因此，笔者认为，高中教材增加一些时代感强、内容新鲜的论说文，对于提高高中生的理性思维能力成为切要，当然选文可以进行分专题，或按主题为单元设置若干，或按论证思路、语言表达为单元设置若干。

逻辑思维与辩证思维是理性思维的核心内容，目前高中的思想政治课包含有“哲学知识”的内容（人民教育出版社全国性教材有《思想政治必修4：生活与哲学》和《思想政治选修4：科学思维常识》，上海教材有《思想政治（高二年级第一学期）》），而形式逻辑的课程是高等教育的课程，不经系统地讲解运用，中学生的逻辑思维能力将处于荒芜状态，因此，高中教材有必要引入逻辑知识，这也是当下很多有识之士极力呼吁开设逻辑课程的原因。

20世纪80年代初，因为逻辑知识难教难学，人民教育出版社高中语文教材干脆把仅有的一点逻辑知识短文给删掉了，之后的全国性语文教材再也没有出现过专门介绍逻辑知识的内容。20 世纪 90 年代，上海的高中语文 S 版教材从学生语文学习的实际出发，让逻辑学科的一些基本知识与一些语文素质培养不可缺少的基本知识一起进入中学语文教材，构建起中学语文学科自己的知识体系。（见下表）

表 2　S 版高中语文教材逻辑知识一览表

第一册	一、概念的内涵外延
	二、正确把握词语所表达的概念
	三、概念间的属种关系
	四、概念间的反对关系
	五、概念间的同一关系
	六、概念间的交叉关系
	七、概念间的矛盾关系
第二册	八、概念间的概括
	九、概念间的限制
	十、下判断应注意语言的推敲
	十一、下判断应注意量的限定
	十二、下判断应注意时间、条件等方面的限定
第三册	十三、从一般到个别的推理
	十四、从个别到一般的推理
	十五、从个别到个别的推理
第四册	十六、同一律（上）
	十七、同一律（下）
	十八、矛盾律
	十九、排中律

可惜的是，2006 年进行的二期课改新教材编写，将这一比较好的逻辑知识体系一股脑地删除了。

到目前为止，全国各地高中语文教材依然没有对逻辑知识引起重视，都没有很好地关注逻辑对于提高高中生阅读和写作方面的作用。我们知道，词代表概念，句子代表判断，句群代表推理过程，它们都与逻辑有关。学生议论文写作中常出现的概念不清、语无伦次、层次不清甚至妄下论断的现象，表面上看是一个语言问题，其实是逻辑问题，是由于逻辑知识的缺失造成的。实践证明，中学生不学点逻辑知识不行，学得太多、太深也不行。

因此，笔者认为在高中语文教材中应重新加进逻辑的知识，要从语言表达和写作的实际问题出发，梳理出重要的内容，注重与语言的训练结合，注重与思维的锤炼结合。

第三节　逻辑思维、辩证思维与议论文写作教学

前面说到，理性思维是指有明确的思维方向、有充分的思维依据，能对事物或问题进行分析、比较、概括和综合，并对问题的发展走向进行客观地预测的一种思维方式。其核心的构成便是逻辑思维和辩证思维。一般认为，逻辑思维是人们在认识事物过程中借助于概念、判断、推理等思维形式能动地反映客观现实的理性思维方式，只有通过逻辑思维，人们才能对具体事物进行最为本质的理解和把握，从而真正认识客观世界。辩证思维则是建立在唯物辩证法基础之上的思维方式，其基本规律即唯物辩证法的规律，也即对立统一规律、质量互变规律和否定之否定规律以及现象与本质、原因与结果、必然与偶然、可能与现实、形式与内容等一系列基本范畴，而对立统一规律为核心。唯物辩证法指出世界存在有两个基本特征：一个是世界是普遍联系的，另一个是世界是永恒发展的。

逻辑思维与辩证思维是一种科学的思维，是可以通过概念、判断、推理认清事物本质认识客观世界的思维方式，是可以运用联系的发展的矛盾的观点由此及彼、由浅入深、由表及里地分析问题阐明立场的思维方式。在议论文写作教学中，完全可以将两者能运用于写作中最有价值的内容和范畴提取出来，对学生进行切实而有效地指导。

1. 形象思维、逻辑思维与辩证思维的关系

逻辑思维与辩证思维是属于抽象思维的范围。说到抽象，不能不提到形象以及形象思维。儿童、青少年思维的发展有一条规律，就是他们历经小学和初中，形象思维和初步的逻辑思维得到发展，到高中则走向逻辑思维和辩证思维的迅速发展期（上了大学走向社会则进一步得到纵深发展）。

从写作的角度来看，形象思维就是在写作过程中始终伴随着形象、情感以及联想和想象，通过事物的个别特征去把握一般规律的思维方式。形

象思维始终伴随着形象，是通过“象”来构成思维流程的，同时又离不开想象和联想。

伟大作家的经典作品，往往创造了“这一个”而给人们留下深刻的印象，读者也正是通过对“这一个”具体形象的感知与把握去透视生活和社会。创作过程往往是先通过形象的分析和综合把表象转化为意象，再通过联想和想象展示意象的丰富内容，尤其是经典人物形象的塑造就是经过了反复的分析、比较、综合、概括最终定型，如鲁迅作品中的阿Q、孔乙己，契诃夫小说中的别里科夫、奥楚蔑洛夫等形象，均堪称文学史上的经典。在文学创作中，似乎形象思维占据了上风，起到至关重要的作用，它使作家的创作臻于自由挥洒的境界，但是，形象思维并非天马行空，不受任何约束与制约，只有接受逻辑思维和辩证思维指导的形象思维才能具有反映事物本质的力量，从而为读者所接受。阿Q之所以为广大读者所接受，正是因为阿Q是辛亥革命前后被压迫、落后、不觉悟农民的缩影与典型，是鲁迅对辛亥革命前后中国社会的分析与综合的抽象的结果；孔乙己之所以成为永恒的形象，正是因为孔乙己代表了封建科举制度的受害者和封建文化教育的牺牲品，这也是鲁迅通过对社会的深入剖析而达到的深刻本质认识。

在创作过程中，形象思维、逻辑思维、辩证思维合力作用才能产生好文佳作，这三种思维相互配合、相互融合，并各司其职，才能将作者的意图与情感诉诸读者。如马丁·路德·金的《我有一个梦想》一文，作者对争取权利过程的长期性、艰巨性和斗争的方式的清醒认知体现了辩证思维的力量，同时作者也能用辩证的普遍联系的观点全面地看待斗争过程，认为白人与黑人的紧密联系才能保证斗争始终在正确的方向上向前推进。而行文上则以“提出问题——解决问题——展望未来”架构全文，符合人们对事物的认知逻辑。同时文章使用了大量的比喻和排比，使作者要表达的思想浅显生动，易于理解，这当属形象思维之功效。

形象思维在小学和初中阶段的写作中得以发展，进入高中，学生的思维渐渐生长并发展，在写作尤其是议论文的写作中，需要切实而有效的理性思维的训练与指导，尤其是逻辑思维与辩证思维要得到强化与训练。

近几年全国各地高考作文题的总体趋势是，通过一段极富形象思维的材料呈现，让学生通过对形象的把握与分析，抽绎出一个普遍的有一定深度的观点和道理，同时运用概念、判断、推理的逻辑思维方法和归因分析、矛盾分析、辩证分析等辩证思维的方法，写一篇有说服力的文章。由此看来，议论文的写作，逻辑思维和辩证思维充当着相当重要的角色，是构筑议论文的血肉和基石。

2. 逻辑思维、辩证思维对写作教学的介入

从青少年的思维发展规律和近几年高考作文对学生思维能力的要求来看，高中议论文写作教学迫切需要介入逻辑思维和辩证思维的训练。

杜威说：“思维需要细心而周到的教育的指导，才能充分地实现其机能。”① 如何培养学生的逻辑思维和辩证思维，是目前高中议论文写作教学中亟待解决的问题。

首先，要从高中生议论文写作教学的实际出发，找到议论文写作与逻辑思维、辩证思维训练的最佳结合点。

温儒敏教授曾评价当下的学生作文呈现两大病灶，即套路化和文艺腔，而不见思想。这类作文通常一味追求文辞，堆砌例子，全文看似内容丰富，但细读会发现段与段之间缺乏关联，等同于东拼西凑的片段文。孙绍振先生也批评这种作文的模式是先写一个论点，然后举三四个例子，再引几个名人轶事，接着引几句名言，最后得出结论证明论点。这样的写作状态其本质是缺乏逻辑，不讲道理，最后导致文章立论片面荒谬、结构松散甚至混乱。看问题不能有效利用辩证思维的利器深入而全面地分析，证明观点又不能巧借逻辑思维的工具做到鞭辟入里、以理服人，这样的“病灶”如

① 杜威：《我们怎样思维》，人民教育出版社，1991 年 3 月版。

果不根除，学生的议论文写作只会在低水平徘徊不进，这样的文风不能有效抑制和纠正，学生日后的思维与表达将会严重受到扭曲变形。可见，在写作教学中加强培养学生的逻辑思维能力和辩证思维能力迫在眉睫。

近几年，上海高考作文阅卷中提倡对“一类文”（70 分总分得 63 分以上者）的评判分两类，一类是结论性深刻，一类是过程性深刻。结论性深刻即有思想，观点本身就很深刻，作者能敏锐地透过语言文字的表面挖掘出深层的内涵来；过程性深刻即能通过逻辑推理多角度、多侧面地分析论点，有条理有层次有逻辑有推进地证明观点的合理性与正确性。结论性深刻即辩证思维作用的结果，过程性深刻即逻辑思维作用的呈现。

其次，逻辑思维、辩证思维的训练要构成系统，避免东一棒槌、西一榔头式的零敲碎打。

逻辑思维的训练要求掌握形式逻辑的基本知识，包括概念、判断、推理和论证的知识。概念、判断、推理是形式逻辑的三大基本要素。概念又包括概念的内涵和外延两个方面；判断从质上分为肯定判断和否定判断，从量上分为全称判断、特称判断和单称判断；推理是思维的最高形式，概念构成判断，判断构成推理，从总体上说人的思维就是由这三大基本要素决定的。逻辑思维同时要求思维满足同一律、矛盾律和排中律这三条规律，要求思维必须具备确定性、无矛盾性和一贯性。同时，又要求做到论证充足，论据和论题之间有必然的逻辑联系，论题应当是合乎逻辑地由论据必然推出。

怎样培养学生的辩证思维呢？研究“语文思维培育学”的卫灿金教授建议，应该根据高中阶段的特点，“重点让学生多掌握一些哲学上所讲的辩证思维的范畴，如对立和统一、质和量、肯定和否定、运动和静止、内容和形式、一般和个别、根据和条件、原因和结果、整体和部分、本质和现象、绝对和相对、必然性和偶然性、可能性和现实性等。因为范畴反映着事物内在的关系和规律，范畴又与方法相联系，所以掌握了这些范畴，就会懂得事物内在的关系和规律，逐步学会用矛盾分析法去分析问题。学生面对问题不会分析，根本原因就在于他们不能将所要认识的问题归入一定的范畴”。[①]因此，有必要结合议论文的写作将辩证思维的重要范畴系统传授与训练。

① 卫灿金：《高中生要学会辩证思维》，《语文教学通讯（A 刊）》，2008 年第 5 期。

第二章
实践研究：逻辑思维与议论文写作

逻辑思维是人们在认识事物过程中借助于概念、判断、推理等思维形式能动地反映客观现实的理性思维方式。只有通过逻辑思维，人们才能对具体事物进行最为本质的理解和把握，从而真正认识客观世界。逻辑思维是确定的，而不是模棱两可的；是前后一贯的，而不是自相矛盾的；是有条理、有根据的思维。在逻辑思维中，要用到概念、判断、推理等思维形式和比较、分析、综合、抽象、概括等思维方法，而掌握和运用这些思维形式和方法的程度，也就是逻辑思维的能力。

逻辑思维要遵循形式逻辑的基本规律，这主要是形式逻辑的同一律、矛盾律和排中律。之所以称它们为“基本规律”，是因为人们在运用概念、做出判断、进行推理时必须遵守的各种具体规则都依据于它们并受它们制约。在写作文章时，如果违背这些基本规律，思维就会发生偷换概念、自相矛盾、模棱两可等逻辑错误，认识问题就会发生混乱和错误。学习逻辑并正确地运用形式逻辑，有助于我们写作时做到概念明确、判断恰当、推理有效，从而使我们的思路更为清晰，论证更具说服力。

那么，在议论文写作过程中，学生到底需要掌握哪些重要的逻辑知识？思维的逻辑训练应该以怎样的方式呈现，用怎样的方法落实，才能更为有效地指导学生运用逻辑规律和逻辑思维进行写作呢？本章我们作重点探讨。

第一节　知识定位：议论文写作教学需要怎样的逻辑知识

1. 议论文写作教学要不要讲逻辑知识

语文教学中有“八字宪法”的说法，指的是“字、词、句、篇、语、修、逻、文”八种语文基本知识，其中的“逻”指的是逻辑。20 世纪 80 年代，中学语文教材中曾经有逻辑知识内容，但 20 世纪 90 年代中期，有人认为在基础教育中讲逻辑知识枯燥、难学又看不到明显效果，于是从教材中删去了逻辑知识短文。

逻辑是不是语文教学不可或缺的内容？上海师范大学李海林先生认为，因为语文课以“语言”为核心，所以逻辑对语文课的意义“不可或缺”，“在语文课中，由于语言的关系，‘思维’有逻辑问题，‘语感’‘文感’‘情感’也有逻辑问题。因为‘语言’的特性，逻辑实现了对语文课程内容的全覆盖。”① 他建议逻辑作为“教学性知识”进入语文课，学生能用即可。首都师范大学的周建设先生认为：“作为一门学问或理论体系，不一定非要不可，但是作为按照规律进行思维的逻辑训练，应该是必需的。在中学阶段学习逻辑，可以从逻辑理论体系中选择一些简单的知识，重点应该放在通过认知规律进行逻辑思维训练上，让学生从事物的逻辑规律角度，而不是从逻辑知识的角度认识世界、分析问题、表达思想。”② 将这个问题放到写作教学的情境中去考虑，也就是说，写作教学可以从逻辑体系中选择一些简单的知识，通过具体的思维训练去引导学生进行符合逻辑规律的议论文写作，进而正确深入地分析问题、表达思想。

对于议论文的定义，学界一般比较认同詹姆斯 · A. 雷金和安德鲁 · W. 哈特的说法：“议论文是以逻辑为基石、以证据为结构、以说服读者接受

---

① 李海林：《从课程论的角度讨论逻辑知识问题》，《中学语文教学》，2014 年第 12 期。
② 李节：《语文课与逻辑思维能力培养——周建设教授访谈》，《语文学习》，2016 年第 6 期。

观点或采取行动（或者两者兼而有之）为写作意图的文章。”[①]从这个比较完整的概念中可知，逻辑性是议论文的“基石”，没有逻辑作基础的议论文不可能达到“说服读者接受观点”的目的，更不要说让读者“采取行动”了。

因此，注重议论的逻辑力量应该成为高中议论文写作教学的一个重点。从这个角度来说，学一点逻辑知识，掌握运用逻辑知识进行有效地议论文的写作，应是议论文写作教学的题中应有之义。

2. 议论文写作教学需要怎样的逻辑知识

既然议论文写作教学需要介入一定的逻辑知识，那么，需要哪些逻辑知识，这是一个重要的问题。

我们认为，议论文写作教学可以从逻辑体系中选择一些简单的知识，将这些知识融入写作思维训练，以提升学生的逻辑思维能力。可以从传统形式逻辑或普通逻辑体系（按：逻辑知识有辩证逻辑、数理逻辑、普通逻辑三个分支，我们日常说的学习逻辑指的是学习传统形式逻辑或普通逻辑）中抽取基本的概念系统知识、判断系统知识、推理系统知识和一些基本的论证方法。

著名逻辑学研究专家吴格民先生曾专门撰文《语文课程需要哪些逻辑知识》[②]，对目前中学语文教学中需要的逻辑知识作了较为细致的梳理，现就吴先生的这篇文章，从议论文写作的角度出发，加以阐述。

（1）需要概念的知识

概念是通过揭示对象的特点或本质来反映某个对象的思维形式，概念是思维的细胞，也是思维的起点，只有概念明确，才能判断恰当，推理和论证严密。

首先要掌握明确概念、运用概念的逻辑方法，以提高在思维过程中正

① 叶黎明：《写作教学内容新论》，上海教育出版社，2012 年 12 月版。
② 吴格民：《语文课程需要哪些逻辑知识》，《中学语文教学》，2014 年第 12 期。

确理解概念、准确使用概念的能力。“定义”和“划分”都是明确概念的逻辑方法，“定义”是揭示概念内涵的逻辑方法，具体来说就是“属加种差”，所谓“属”，就是属概念，所谓“种差”，就是同一属概念下该种概念和其他种概念的区别。例如写“小议现代公民意识”这类作文，我们首先可以这样界定或明确“公民”和“公民意识”的内涵：公民指具有某一国国籍，并根据该国法律规定享有权利和承担义务的人；公民意识指一个国家的民众对社会和国家治理的参与意识。在这里，“人”就是“公民”的属概念，“具有某一国国籍，并根据该国法律规定享有权利和承担义务”就是“公民”的种差。

“划分”是揭示概念外延的逻辑方法。简单的例子如“生物可以分为动物、植物、微生物”。“划分”在议论文中的运用如恩格斯《在马克思墓前的讲话》一文中：

> 人们首先必须吃、喝、住、穿，然后才能从事政治、科学、艺术、宗教等等。

在这个判断里，吃、喝、住、穿是按照不同的生活方面的目的，对“物质生活”划分的结果；政治、科学、艺术、宗教等是按照不同的活动内容、目的和方式，对“精神生活”划分的结果。又如鲁迅的《中国人失掉自信力了吗》一文中这样论述“中国的脊梁”：

> ……然而，在这笼罩之下，我们有并不失掉自信力的中国人在。
>
> 我们从古以来，就有埋头苦干的人，有拼命硬干的人，有为民请命的人，有舍身求法的人……虽是等于为帝王将相作家谱的所谓“正史”，也往往掩不住他们的光耀，这就是中国的脊梁。

在这个判断里，埋头苦干的人、拼命硬干的人、为民请命的人、舍身求法的人，就是按照“并不失掉自信力”，对“中国的脊梁”划分的结果。

其次是要理解概念和语词之间的关系。概念作为一种思维形式是看不见、摸不着的，它必须借助语词这一物质材料才能存在和表达出来。要做到概念明确，首先词项对概念的表达必须是明确的，不能是有歧义的或者是含糊的。另外，概念与语词的关系并非一一对应，同一个概念可能用不同的语词表达。懂得这个道理，可以在语言表达时选择恰当的语词。如《在马克思墓前的讲话》一文的开头：

> 3 月 14 日下午两点三刻，当代最伟大的思想家停止思想了。让他一个人留在房里不过两分钟，当我们进去的时候，便发现他在安乐椅上安静地睡着了——但已经是永远地睡着了。

这里“停止思想了”“安静地睡着了”“永远地睡着了”与“死”“逝世”表达相同的概念，但在这一特定语境中却感情凝重，意味深长。

（2）需要判断的知识

逻辑中的概念是用词或短语表达的，判断是用句子表达的。判断就是对事物情况有所断定的一种思维形式。判断的分类较为复杂，其中较为重要的是复合判断，复合判断又包括联言判断、选言判断和假言判断。判断的运用和复句的知识密切相关，并列复句其实就是联言判断，选择复句其实就是选言判断，假设复句和条件复句其实就是假言判断，组成复句的分句与分句之间的关系，实质上就是逻辑关系。以假言判断为例，假设复句“如果……就……”所表达的是充分条件假言判断；条件复句“只有……才……”所表达的是必要条件假言判断。在语文教学中，可以不出现“充分条件假言判断”和“必要条件假言判断”这样的术语，但必须向学生讲清什么是充分条件、什么是必要条件，才能帮助学生正确理解和使用假设复句和条件复句。

因此，充分把握复句中关联词语的含义，有助于我们理解判断的逻辑意义。如联言判断的逻辑联结词“并且”与选言判断的逻辑联结词“或者”，是非常重要的连词。“高等学校应当多出人才并且要出高水平的人才”，如果说成“高等学校应当多出人才或者出高水平的人才”就降低了高等学校的要求。在议论文的写作中，灵活运用这些关联词，有助于我们更为准确地表达思想，更加细密地阐述观点。如下以学生作文片段：

① 拒绝平庸**并非是**一味地盲从时代潮流的脚步，也**不是**故意地与大众的认识相忤逆，**而是**清醒地活着，认识到自己的内心，保持独立的人格，保持自由的精神。

② **如果说**传统社会，强调的是同质性文化，**那么**现代社会，更容易培养出异质性文化。中国正在走向多元文化的过程中，新一代的价值观，将会越来越表现出其鲜明的个性差异。

③ 浮躁的当下，有太多人急功近利，他们渴求离成功近一些，于是便开辟捷径，因而走得太快，而忘记当初为什么出发。但事实证明，**只有**脚踏实地，肯下笨功夫，**才**能更稳当地获取自己想要的，不至于在半路上跌倒甚至一蹶不起。

片段①包含联言判断，片段②和片段③包含假言判断，均体现了分析的严密细致。

判断需要通过语句来表达，但并非所有语句都表达判断。陈述句表达判断，而疑问句、祈使句、感叹句一般不直接表达判断。同一个判断可以用不同的语句来表达，同一语句可以表达不同的判断。

（3）需要推理的知识

逻辑中的概念是用词或短语表达的，判断是用句子表达的，推理是用因果复句或具有推断关系的句群表达的。推理是从一个或几个已有的判断推出一个新判断的思维过程。推理所依据的已有判断称为推理的前提，推出的新判断称为推理的结论。依据个别与一般的认识关系，通常将推理分为三类：归纳推理、演绎推理和类比推理。归纳推理是从特殊性前提推出一般性结论的推理；演绎推理是从一般性前提推出特殊性结论的推理；类比推理是从一般性前提推出一般性结论，或从特殊性前提推出特殊性结论的推理。演绎推理是必然性推理，能够从真实的前提“必然地”得出真实的结论，归纳推理、类比推理是或然性推理，从真实的前提可能而“非必然”地得出真实的结论。

要想正确地使用一种推理，以保证从真前提能必然推出真结论，就不仅要求推理的前提是真的，而且要求推理的形式是有效的，即合乎该推理的规则。如运用三段论推理（即演绎推理中的直言推理）必须遵守这样的规则：必须有而且只能有三个不同的概念，不能多，不能少；多了，就将不只有构成三段论所必需的三个命题，少了，则构不成三个命题。

（4）需要论证的知识

论证就是以论据的真实性来确定论点真实性的思维过程。推理是用因果复句或具有推断关系的句群表达的，论证是由推理组成的。论证和推理的区别主要在于：论证的重心在于论点的真实性，而推理的重心在于推理形式的正确性。其联系主要在于：第一，论证三要素“论点、论据、论证方式”对应推理三要素“前提、结论、推理形式”，论点对应结论，论据对应前提，论证方式对应推理形式。第二，论证的分类依据是论证所用的推理：演绎论证使用演绎推理，归纳论证使用归纳推理，类比论证使用类比推理。

吴格民先生将论证的知识分为三个层面加以梳理，一是“论证三要素”的知识，强调论点、论据、论证方式是议论文三要素，论证方式是论据与论点的联系方式，分为演绎论证、归纳论证和类比论证；二是“论证方法”的知识，论证方法是指演绎论证所用的方法，又分直接论证和间接论证，间接论证又有反证法和选言证法；第三是“反驳”的知识，这是出于驳论的需要。笔者认为，从高中议论文写作教学的实际出发，论证的知识宜简不宜繁，最为主要的是演绎论证、归纳论证和类比论证。中学生掌握并能运用这三种论证方式，在论述中就能够做到合理而比较充分。

演绎论证是必然性论证，论证强度高、说服力强。归纳论证和类比论证是或然性论证、论证强度低，说服力弱。演绎论证往往用理论论据，归纳论证和类比论证往往用事实论据。归纳论证所用事实论据的分布范围越大，论证强度越高，说服力越强。类比论证类比事物相同属性越多，论证强度越高，说法力越强。上述论证的知识对于学生议论文阅读的指导意义在于，根据其所使用的论证方式了解其论证强度，从而确定其对论点的信服度。对于议论文写作的指导意义在于：第一，学会尽可能地使用理论论据进行演绎论证，因为演绎论证是必然的，论证强度高，说服力强；而归纳论证是或然的，论证强度低，说服力弱。第二，如果使用归纳论证，就要注意事实论据分布范围的广度。如果使用类比论证，则应当注意类比事物已知的相同属性应当尽可能多些。这两个意义正好对应于学生议论文写作的主要缺陷：一是学生往往习惯于使用事实论据而进行归纳论证，二是不注意事实论据的分布。

第二节　实践训练1：准确把握概念

1. 概念：逻辑思维的起点

每一事物总有许许多多的性质和关系。如人，有口、鼻、眼、耳四肢，又有男女之别、老少之分；人与人之间有师生关系、亲属关系、朋友关系等；人与其他事物还有许多关系。事物的性质和关系统称为属性。事物的属性可分为本质属性与非本质属性。本质属性是事物成为自身并使该事物同其他事物区别开来的内部规定性。概念就是反映事物本质属性的思维形式。

为了更好地说明概念在写作中的运用，我们先看下面一篇文章：

工匠精神不只是严谨细致

王　多

现在社会上多数人对工匠精神的理解，就是兢兢业业做事、踏踏实实干活。不是还有人说么：工匠精神其实就是一种做事文化。我觉得认认真真做事，是工匠行为，不是工匠精神。这两者不能画等号。你可以说工匠精神中包含认真做事的态度，但倒过来说认真做事就是工匠精神，可能就不太准确了。

为什么？很多人愿意拿德国人的严谨、日本人的细致来作范例，说那是工匠精神的典型代表。这不，前几天微信上流行一篇文章，说一个80多岁的日本老人，一辈子只做一件事，那就是每天亲自烧饭，而且一烧就是65年。故事听起来很煽情、很励志，目的是让我们深刻体验一下日本的工匠精神。但我总觉得烧了65年的饭，再怎么精益求精，最多不过是把饭烧得更香而已，但绝对搞不出制造业强国。

2500年前，古代巴比伦的杰出工匠造出了令人叹为观止的空中花园，可是然后呢？今天，空中花园早已荡然无存，只存在于人类的记忆中。埃及的金字塔，牛吧，可埃及现在是个什么情况呢？其实，德国和日本的强大，是制造业的强大，背后起重要作用的也许有认真严谨的工作态度，但还有我们经常忽视的，那就是人家科技创新能力的强悍。

大家知道，上海中心是上海的新地标建筑，高度上是中国第一、世界第二。进入上海中心参观游览，可能都要乘坐超高速观光电梯。这种电梯在不到1分钟内，以每秒18米的速度，把人从1层送达119层观光厅。在此过程中，你不会有不舒适感，更不会恶心呕吐。然而你知道吗，上海中心一共只有3部这样的电梯，全部是日本进口。为什么呢？因为国产电梯的技术水平、材料应用、工业设计，还达不到这个高标准应用要求。所以，不要只看到日本电梯的精致舒适，还要看到人家背后的高端技术。

我想，如果没有附着在勤奋能干之上的科技创新因素，德国和日本的工匠精神或许早就成了“空中花园”。从这个角度看，不难理解李克强总理提出的那个问题：偌大的中国，钢铁产能严重过剩，圆珠笔芯却要靠进口？

所以，工匠精神一定是在工匠行为之上，还有一些我们所忽视的东西。除了实干、除了精致地干，是不是应该加上“创新”二字，尤其是科技创新。否则，实干就是傻干，甚至可能导致蛮干。根本上说无益于转型和发展。这样的教训，我们以前不是没有过。

话说到这，我还想提一个问题，作一点深入探讨：工匠精神，只有实干加创新，就够了吗？了解科技史的人知道，中国古代科技曾领先世界2000多年。我们曾产生无数鲁班式的能工巧匠，但在近代却落后了，没能产生科学与工业革命。这就是著名的李约瑟之问。学术界有一种通行的看法，认为中国古代的科技太注重实用、太强调功利。我们的九章算术是丈量田间土地用的，我们的天工开物只是技术百科……一句话，实用理性占了上风，孕育不出科学理性。

过于功利、过于实用，影响到社会层面，会形成一个非常不好的价值观引导。大家可以想一想，现在社会的浮躁之气是怎么来的？追逐功利、目光短浅、物质第一、金钱至上，不正是功利理性畸形发展的结果么？中国工业设计之父柳冠中曾直言不讳：如果一个民族的幸福论就是房子、票子，那么这个民族真的很悲哀。因此我觉得，理想、情怀和超越世俗功利的哲学思考，兢兢业业扎实奋斗的实干精神，再加上自主创新的不竭动力，共同构成当代中国工匠精神的实质。

对于我们社会上的多数人来说，理想情怀是一种深入骨髓的价值担当，是一种抛弃短视的挑战。没有这种认识高度，恐怕难以真正领会“工匠精神”的真义。

（选自 2016 年 6 月 14 日《解放日报》）

什么是真正的工匠精神？在文章中，作者先否定了工匠精神“就是兢兢业业做事、踏踏实实干活”的做事文化的理解，然后结合历史与现实一步步地阐发论述，先是为工匠精神增添了“创新”之内涵，再通过“工匠精神，只有实干加创新，就够了吗”的追问，为工匠精神注入了“科学理性”的新内涵，由此得出结论——“理想、情怀和超越世俗功利的哲学思考，兢兢业业扎实奋斗的实干精神，再加上自主创新的不竭动力，共同构成当代中国工匠精神的实质”。作者对工匠精神的内涵实质作了深入透辟的分析，可谓揭示了“工匠精神”这一概念的本质属性，眼光独到而深邃。

概念只有通过语词才能表现出来，但并非一个语词在任何场合一定表达同一概念。不同的语词可以表达同一概念，如“妈妈”“母亲”“娘”都可以用来表达“对生育自己的女子的称呼”；同一个语词在不同的场合可以表达不同的概念，如“讲”这一语词在不同场合语境中就可以表示“说”“就某方面来说”“商谈”“解说”“讲求”等意义。如果不区分，就容易引起概念混淆。

任何概念都包含内涵和外延两方面，内涵是事物的本质属性在概念中的反映，说明概念所反映的事物究竟“是什么”，外延是指具有概念所反映的本质属性的事物的范围，它说明概念所反映的事物“有哪些”。对于议论文的写作，关键是要揭示概念尤其是核心概念的内涵，这对于作文的分析与思辨特别重要，因为概念分析是逻辑思维的起点，也是写作中分析论证的前提和基础。

概念如何界定？一要定性，二要定量。

定性即分析概念内涵，弄清词义，确定概念中最适合自己写、最有价值的某一内在属性，如上文对“工匠精神”的探讨即从分析内涵入手，辨析了什么是真正的工匠精神。定量就是分析外延，选择特定的对象写作，使文章有具体的适用范围，如学生习作《好奇心》中这样分析，“好奇心”是“对自己不知道的事物表现出的新鲜感觉，它可以表现为对科学、未知世界的探索，也可以表现为对他人隐私的窥探和好奇”，如果将第二种表现作为写作重点，批判人性的猥琐和阴暗，或许能写出很有思想分量、冲击力强的文章来。

2. 运用：概念要明确

概念是思维的起点，没有概念便不能形成判断和推理。因此，议论文写作必须界定概念，明确其内涵和外延，然后在此基础上展开分析、论证、辨析。

概念界定的基本要求是概念要明确，不能发生概念模糊不清甚至混淆概念、偷换概念的错误。概念明确，所作的判断才能明确，才能合理，才能由此进一步作出推理。议论文写作中概念究竟如何界定？前面只讲到定性和定量，这是最为基本的要求。从议论文写作的本质要求来说，我们所谈的概念界定不同于科学概念的界定，不要求唯一，反而有时可以是多义的，正因为多义，才体现写作者的个性化思考和深入独到认识。

具体来说，概念界定有如下几个方法：

一是直接揭示。

直接揭示最为常见的方法是“作诠释”，即对概念的性质、特征、成因、功用等进行分析，诠释只需大体接近内涵。例如命题作文《请保持一颗童心》对“童心”可以这样界定：

> 童心，是不会被外物所扰的单纯，是遵循心底善念的执著，是做事不多加顾虑的直接。孩子的童心是天性，与生俱来，而成人的童心靠的是坚守，更弥足珍贵。

这段文字一连用了三个判断句来揭示“童心”的内涵，简洁明了，清晰明确，也为后文的论证明确了方向。

另外，我们也可以用“化虚为实”的方法来界定解释核心概念。如《拒绝盲从》一文：

> 何为盲从？顾名思义，盲从就是指那些对某件事缺乏亲身感受，没有自己独立见解，从而盲目跟从别人的行为。盲从心理在我们很多人身上都存在着，我们总认为与大多数人在一起会更安全，不会犯错，带着这种心理，我们的生活就变得“人云亦云”起来。

这里把文章的核心概念抽象概念“盲从”化虚为实，明确并界定了论证的方向、内容，有利于避免可能出现的“偷换概念”。

二是概念辨析。

有时候，我们可能觉得议论文中有些概念的内涵很难直接界定明确，这时，我们可以转换角度，用与核心概念相似或相反的概念进行比较分析，在比较辨析中揭示出概念的本质内涵。还是以上面《请保持一颗童心》为例，有的学生这样展开分析：

> 我们总期待自己能成熟像个大人那样做自己想做的事，却不知道：成熟是知世故而不世故，成熟不等于丢弃童心；相反，拥有童心的人才真正懂得成熟的魅力。

这里将“成熟”与“童心”作比较，指出看似相反的两个概念之间有相通之处，表达了对“童心”独特深入的见解：童心是一种真正的成熟，成年人的童心其实是一种生活态度的选择，只有真正成熟的人才能体会“童心”的可贵。

又如学生习作《率性》在解释什么是“率性”时这样写道：

> 率性而为并非不知深浅地张扬个性，也不是无所顾忌特立独行，更不是任凭喜好地胡作非为，而是坚持基本的准则，守住做人的底线，遵循社会的道德。在率性的背后首先应是思考斟酌，明辨是非，然后才是不顾世俗的释放自我。

这里，作者引入了“张扬个性”“特立独行”“胡作非为”等相似概念与“率性”作比较，用“不是……而是”的句式先排除相关内涵，再强调指出“率性”的真正内涵实质。

需要指出的是，引入的相似或相反的概念与所界定的概念要有相关性，否则会弄巧成拙，造成思维的混乱。

三是动态分析。

概念一旦界定，就要明确、清晰而稳定，基本内涵保持不变，但这并不意味着概念是僵化而一成不变的，而是在行文论述过程中，可以对既定概念不断质疑，不断发现新的矛盾，使概念的阐发走向丰富深刻。

如上面所举《工匠精神不只是严谨细致》一文，便是在作者得出结论——“工匠精神”除了实干、除了精致地干，应该加上“创新”二字，尤其是科技创新——的基础上，又生出疑问，发现了新的矛盾，对“工匠精神”作了更为严密的补充——“超越世俗功利的科学理性”。由此，文章对“工匠精神”的分析走向丰富细致：“理想、情怀和超越世俗功利的哲学思考，兢兢业业扎实奋斗的实干精神，再加上自主创新的不竭动力，共同构成当代中国工匠精神的实质。”

3. 实践训练

（1）“磨”既有磨擦、磨合的意思，也有研磨、打磨的意思，还有磨炼、磨砺的意思……有时候，“磨”能带来精致；有时候，“磨”代表一种慢生活；有时候，“磨”意味着没有效率……

请以《磨》为题，写一篇不少于800字的文章。

（2）生活中，有的人对规则不以为然，认为它束缚自由，是用来找麻烦的；还有人认为，只要财富充分丰富了，矛盾就会自然解决；还有观点提出，“规则越严、文明程度越高”是误读和曲解。

对此你如何思考，请写一篇不少于800字的文章，表达你的看法。

（3）请以《缓慢而优雅的成长》为题，写一篇不少于800字的议论文。

附【点拨指导及学生习作】

题（1）写作提示：

这个作文题需要对围绕以“磨”为核心的相近概念进行辨析。“磨擦、磨合”“研磨、打磨”“磨炼、磨砺”三组词语有三个层面的意思，每一层面的两个词语意思又不尽相同，因此要进一步区分每组内部两个词语之间的异同，比较辨别后才能准确地使用。如“磨擦”的意思不同于“磨合”；“打磨”强调人主观上对意志进行磨炼或对目标追求高，“磨砺”更侧重在人面对客观遭遇时的积极态度。写作时，要根据自己的对“磨”的界定来展开思考进行辨析，从而使论证走向具体和深入。

题（2）参考例文：

文明催生规则，规则呵护文明①

谢京辉

一般而言，有什么样的社会文明就有与之相适应的规则。规则是文明的成果，也是文明的保证。只有学会规则，才能开启文明这扇大门；只有执行规则，才是文明的开始；只有全社会实行了规则，才算真正进入文明社会。

规则是文明社会的基石。文明是社会进步的状态，与野蛮相对应，是具有进步价值取向的人类求生存、求发展的创造活动过程和成果，具体包括物质文明、精神文明、制度文明等。文明伴随着克服野蛮而不断完善，文明的标志是冲突的减少、社会的和谐。纵观人类社会历史，迄今为止都在探寻什么样的制度使社会更加文明。制度是调节器，正是制度的作用形成了西方文明、阿拉伯文明、东方文明、印度文明。制度是要求大家共同遵守的办事规程或行动准则，也是在一定历史条件下形成的法令礼俗等规范或一定规格。换言之，文明是对制度认同的结果。

制度与规则是相通的。规则作为文明社会的基石，是构筑文明大厦的基础。这种基础越巩固，对文明社会作用越大。而脱离规则，将导致一个无序社会。在物欲的诱导和不良风气的影响下，人性容易陷入野蛮，其疯狂的程度比动物有过之而无不及。这几年发掘的贪腐案，无不例外都是违反规则的典型。

规则必须顺乎民意、符合时代特征。《大革命与旧制度》探讨法国大革命时指出，社会动荡愈演愈烈，是因为没能找到适合的规则所致。规则在一定程度上反映社会物质、精神、制度发展总体水平。有任何逾越，规则将不能发挥应有的作用。此时，对规则的态度不是作假，就是形同虚设。规则必须符合社会发展的规律，不能脱离社会实际。任何背离实事求是原则制订出来的规则，都将会有损社会的良性运行。规则设计者要充分了解国情民意，制订出符合实际情况的规则，切莫站在道德制高点上设计那些

① 本文摘自 2016 年 6 月 28 日《解放日报》，有删改。

不切实际的规则；需要具备既符合社会道德水准、又能推动事业发展、还能使社会文明前行的规则设计本领，而不是做看客。

实践证明，设计不出行之有效的规则，会成为一个严重的社会问题。一方面，这样的规则无法减少冲突，也保护不了文明，反倒不得不放纵不文明现象横行；另一方面，在违反规则而未被惩罚的影响下，难免产生“法不责众”的社会心理暗示。规则应为社会发展提供不竭动力。事物发展千差万别，规则可能挂一漏万、不能穷尽。因此，规则就存在三种形式：明规则、潜规则、无规则。明规则是有明文规定的规则，存在需要不断完善的局限性；潜规则是无明文规定的规则，约定俗成无局限性，某种意义上可在一些“空白地带”发挥弥补作用；无规则实质上是一种以暴力竞争解决问题的规则，是非道德之道。对于这三种规则，我们不能一概而论，而应当趋利除弊。

要不断完善明规则的局限性，并及时调整规则。同时，要限制潜规则，尽可能通过文化建设、制度建设，使其成为明规则。应厘清边界，通过一定的程序授权解决问题，不能让潜规则成为暗箱操作的托词或是寻租的借口。无规则不符合法治精神，必须加以限制。

总之，规则是把双刃剑，用好了可以产生强大的文明发展动力，反之则会成为文明社会的绊脚石。

题（3）学生习作：

缓慢而优雅的成长

上海市崇明中学　张琲钰

郭橐驼说“顺木之天，以致其性”。我想，这不仅仅是种树之道，更应该是今天的养生之道。人的成长应当是缓慢而优雅的。缓慢是人成长的过程，顺应成长的规律，性情才能得到培养，人格才得以养成。而优雅，是一个能独立面世的人在精神修养和处事能力上呈现出的一种厚度。

冰冻三尺，非一日之寒。这种厚度亦不是一天便能养成的。孔子有云：“吾十有五而志于学，三十而立，四十而不惑，五十而知天命，六十而耳顺，七十而从心所欲，不逾矩。”优雅只有在人生道路上渐渐积累，而这种成长的过程注定是自然而缓慢的。在古代，有多少文人墨客不是在漫长的磨砺而后成就属于自己的优雅，在文学历史上独树一帜？苏东坡虽早中进士，但却很是担心自己将因此止步不前，羡慕还未及第的同窗好友。显然苏轼并不认为少有所成有利于优雅的形成，反而觉得会阻碍自己培养优雅之气。可见缓慢的成长更有利于优雅的积累。

可以说自古及今每个人都是以“优雅”为灯塔，以之为引导，向它靠近。然而现在，似乎有些变了味。

曾听过这样一个故事：有个渔人有着一流的捕鱼技术，被人们尊为“渔王”，他为了让三个儿子学到一流的捕鱼技术，一直手把手教他们，然而他三个儿子的渔技却很平庸，使渔人苦恼不已。是渔人自己的技术本就没有那么出色吗？并非如此，他和当今的许多家长一样，忽略了缓慢在达成优雅上起的重要作用。望子女成龙凤的迫切在家长心理的催化下转化为“早”“快”“多”，以为填塞式的教育可以替代长久的积累与实践成为“优雅”。他们像渔人一般细心、耐心，却一不小心落入了“愚人”的陷阱。“早教班”“提升班”披着“达到优雅”的羊皮层出不穷，处处打着“优雅”的招牌，却都是“庸俗”的私塾弟子。早有评论家言：中国的孩子已输在了起跑线上。成长的过程不能以获名收利来标注，优雅的积累也不能只用学识的增多来替代。早教如同揠苗助长，只待人趋而往，苗则槁矣。

没有了缓慢成长过程中的千锤百炼，又怎能延伸出有厚度有深度的优雅？失去了时光与阅历的淘洗和打磨的成长，犹如一杯速溶咖啡，空有芳香，细品却无味。亦像是熟读武功心法的武者，若没有深厚内功的积累和丰富的经验，在真正的武场之上，恐怕也难敌强手。正因为性情在缓慢中得以培养，才孕育出了处事不惊的优雅，这是背诵《三字经》《弟子规》不能轻易达到的高度。

中国孩子们渴望缓慢而优雅的成长，也许现在缺少的是一如苏东坡的思想。渔人们也只有放手让孩子在一次次错过中积累经验，才能成就新一任“渔王”。

第三节　实践训练2：恰当运用判断

1. 判断：逻辑思维的重要形式

在我们的日常生活中，经常要对事物的性质、特点、关系等进行阐述，或者肯定它们是什么、相互之间有什么关系，或者否定它们是什么、相互之间有什么关系。在作出肯定和否定的认识活动中，就使用了判断。判断就是对事物情况有所断定的一种思维形式。

判断的分类较为复杂。依据“判断本身是否包含其他判断”，分为简单判断和复合判断。简单判断包括性质判断和关系判断，性质判断就是断定认识对象具有或者不具有某种性质的简单判断，这些断定是直接的、无条件的，所以，又称为直言判断。复合判断包括联言判断、选言判断和假言判断。

依据不同的标准，又可以把直言判断分为多种。依据判断的质（即判断所用的断定方式是肯定还是否定）划分，直言判断分为肯定判断和否定判断；按判断的量（即判断对象的数量范围）划分，直言判断分为全称判断、特称判断、单称判断。从质和量结合上来划分，直言判断有六种基本的判断形式：全称肯定判断、全称否定判断、特称肯定判断、特称否定判断、单称肯定判断、单称否定判断。

判断需要通过语句来表达，但并非所有语句都表达判断。陈述句表达判断，而疑问句、祈使句、感叹句一般不直接表达判断。同一个判断可以用不同的语句来表达，同一语句可以表达不同的判断。

为了更好地理解上述关于判断的基本知识，我们就教材中的经典课文《在马克思墓前的讲话》来谈谈议论文中的判断：

① 3月14日下午两点三刻，当代最伟大的思想家停止思想了。让他一个人留在房里不过两分钟，当我们进去的时候，便发现他在安乐

椅上安静地睡着了——但已经永远地睡着了。

② 这个人的逝世，对于欧美战斗着的无产阶级，对于历史科学，都是不可估量的损失。这位巨人逝世以后所形成的空白，不久就会使人感觉到。

③ 正像达尔文发现有机界的发展规律一样，马克思发现了人类历史的发展规律，即历来为纷繁芜杂的意识形态所掩盖着的一个简单事实：人们首先必须吃、喝、住、穿，然后才能从事政治、科学、艺术、宗教等等；所以，直接的物质的生活资料的生产，从而一个民族或一个时代的一定的经济发展阶段，便构成基础，人们的国家制度、法的观点、艺术以至宗教观念，就是从这个基础上发展起来的，因而，也必须由这个基础来解释，而不是像过去那样做得相反。

④ 不仅如此。马克思还发现了现代资本主义生产方式和它所产生的资产阶级社会的特殊的运动规律。由于剩余价值的发现，这里就豁然开朗了，而先前无论资产阶级经济学家或者社会主义批评家所做的一切研究都只是在黑暗中摸索。

⑤ 一生中能有这样两个发现，该是很够了。即使只能作出一个这样的发现，也已经是幸福的了。但是马克思在他所研究的每一个领域，甚至在数学领域，都有独到的发现，这样的领域是很多的，而且其中任何一个领域他都不是肤浅地研究的。

⑥ 他作为科学家就是这样。但是这在他身上远不是主要的。在马克思看来，科学是一种在历史上起推动作用的、革命的力量。任何一门理论科学中的每一个新发现——它的实际应用也许还根本无法预见——都使马克思感到衷心喜悦，而当他看到那种对工业、对一般历史发展立即产生革命性影响的发现的时候，他的喜悦就非同寻常了。例如，他曾经密切注视电学方面各种发现的进展情况，不久以前，他还密切注视马赛尔·德普勒的发现。

⑦ 因为马克思首先是一个革命家。他毕生的真正使命，就是以这

种或那种方式参加推翻资本主义社会及其所建立的国家制度的事业，参加现代无产阶级的解放事业。正是他第一次使现代无产阶级意识到自身的地位和需要，意识到自身解放的条件。斗争是他的生命要素。而他进行斗争的热烈、顽强和卓有成效是很少见的。最早的《莱茵报》(1842 年)，巴黎的《前进报》(1844 年)，《德意志—布鲁塞尔报》(1847 年)，《新莱茵报》(1848—1849 年)，《纽约每日论坛报》(1852—1861 年)，以及许多富有战斗性的小册子，在巴黎、布鲁塞尔和伦敦各组织中的工作，最后，作为全部活动的顶峰，创立伟大的国际工人协会，作为这一切工作的完成——老实说，协会的这位创始人即使别的什么也没有做，也可以为这一成果自豪。

⑧ 正因为这样，所以马克思是当代最遭嫉恨和最受诬蔑的人。各国政府——无论专制政府或共和政府，都驱逐他；资产者——无论保守派或极端民主派，都竞相诽谤他，诅咒他。他对这一切毫不在意，把它们当作蛛丝一样轻轻抹去，只是在万分必要时才给予答复。现在他逝世了，在整个欧洲和美洲，从西伯利亚矿井到加利福尼亚，千百万革命战友无不对他表示尊敬、爱戴和悼念，而我敢大胆地说：他可能有过许多敌人，但未必有一个私敌。

⑨ 他的英名和事业将永垂不朽！

我们首先来看这 5 个句子：

a. 马克思首先是一个革命家。

b. 斗争是他的生命要素。

c. 马克思发现了人类历史的发展规律。

d. 马克思还发现了现代资本主义生产方式和它所产生的资产阶级社会的特殊的运动规律。

e. 他对这一切毫不在意，把它们当作蛛丝一样轻轻拂去。

ab 两句直接明确地表达了马克思对待革命的积极、坚定的态度，是直言判断。cd 两句是叙述性的陈述句，主语是“马克思”，谓语回答“怎么样”，即马克思在无产阶级革命理论方面的重大发现，因此它是有所断定的，是判断。e 句属于描写性的陈述句，谓语回答“是怎么样”的，它说明马克思对反动派的迫害和诅咒的轻蔑态度，是对马克思这种态度的断言。在议论文中，描写句一般也属于判断，它能把人或物的情态表达得更生动，更深刻。

这篇文章的判断还有很多。例如第②段话包含的两个句子为使判断的内容更加准确、透彻，在主语和谓语的前后，加上了修饰、限制和补充成分，第一句中两个“对于”和第二句中“这位巨人逝世以后所形成的”，一个为谓语前的限制成分，一个为主语前的修饰成分，指出这一损失的巨大和不可估量。

这篇文章还多处运用了复合判断。如第⑦段“他毕生的真正使命……意识到自身解放的条件”是个二重联言判断，联言判断在复句中的表现形式主要是并列复句，这个句子即是一个二重复句。再如本段最后一句“协会的这位创始人即使别的什么也没有做，也可以为这一成果自豪”，这是一个条件复句，意思是只要有创建协会这一条件，就可以达到“自豪”的结果，从判断的角度看，这是一个充要条件的假言判断，“即使别的什么也没有做”是前件，“为这一成果自豪”是后件，前件是后件的充分必要条件。

2. 运用：判断要恰当

议论文的写作，经常要遇到运用判断这一思维形式的问题。牛顿说：“没有判断能力的人，往往对一件需要做的事无法开始，即便开始也无力进行。”将之用于议论文的写作，我们可以说，不会围绕核心概念作出思考、形成判断，便无法展开议论文的写作，推理和论证也无从下手。

判断的基本要求是要恰当，议论文写作中判断如何做到恰当？从形式逻辑的角度来说，主要有三个方面的问题。

（1）概念要明确准确

判断是概念的展开，没有判断，就不可能揭示和说明概念。概念的界定和分析是逻辑思维的起点，也是议论文写作的出发点。概念要通过判断来揭示说明，为使判断做到恰当，首先就要做到概念明确。概念不明确，判断则失当，所谓“名不正，则言不顺”。

王开东老师以他学生写的一篇《位卑未敢忘“守望”》为例，说明了下判断中概念明确的问题。①作文所据材料为：

> 能看到一个社会的凶兆，以预言未来的危险来促进当下的改过革新，这样的人，有知识，有胆识，往往置个人的功利甚至生死于度外，是一个时代的心灵与眼光。在《圣经·旧约》里，这类人被称为“守望者”，他们负责指出一国或一人的罪错。任何一个听不到凶言的大寂静时代，有可能是守望者失职了，有可能是守望者死光了，活在其中的人，虽然有各种声调的吉言，但往往不能如意吉祥、长命百岁。守望者之于一个时代、一个社会或一个团体乃至一个人，都是如此。

学生的审题过程采用了概念切分法，然后对切分后的概念再作界定分析：

第一，“守”。指的是守护、守卫某种价值观。不管这种价值观在现实中的处境如何，从长远来看，其对于时代、社会、团体乃至一个人来说意义重大。

第二，“望”。近曰看，远曰望。望，指看得远，能见微知著，“能看到一个社会的凶兆”。

第三，“者”。指某一群体。这一群体是社会的中坚脊梁，是时代的精

① 王开东：《论人生豪情，破文辞之限——议论文写作的五大判断》，《求学》，2016年第15期。

英或普通民众中的佼佼者。

通过判断界定概念后，写作中首先要做的工作便是用恰当的语言表达上述判断了。如果没有概念判断，你如何把你的审题认识传达给阅卷者？你如何准确地界定你的论题？如果连论题都没搞清楚，以其昏昏，岂能使人昭昭？一旦论题界定清楚了，后面的论证思路往往就清楚了。

且看小作者的论题界定：

> 何为守望者？
>
> 守望者，不是守旧者的裹足不前，不是自得者的自满自足，也不是空想家的凌空蹈虚，而是预言家的放声呐喊，啼血高歌！守望者需要具有犀利的眼光，穿越未来的迷雾，洞察时代的风险，进而置个人生死于度外，挺身而出，振臂高呼，拨乱反正，开启民智。

作者先是对守望者单独设问，引起注意。再用“不是……也不是……而是……”的联言判断，在与守旧者、自得者和空想家的比较中，鲜明揭示出守望者的特征。然后点出哪些人具有守望者的特质，以及守望者对一个时代的意义。

（2）准确运用量词

从判断的量上划分，判断有全称、特称和单称判断三种形式。由于单称判断的主词是周延的（指一个判断的主词或宾词所包括的是其全部外延），所以，单称判断一般被当作全称判断看待。因此，从量词的运用来看判断的恰当问题，主要就全称量词和特称量词来谈。

我们先看上海高中教材中赫尔曼·黑塞《获得教养的途径》中的两个片段：

> ① 为获得真正的教养可以走不同的道路。最重要的途径之一，就是研读世界文学……这条路永无止境，**任何**人也不可能在什么时候将

它走到头；任何人也不可能在什么时候将哪怕仅仅只是一个文化发达的民族的全部文学通通读完并有所了解，更别提整个人类的文学了。然而，对每一部思想家或作家的杰作的深入理解，却都会使你感到满足和幸福——不是因为获得了僵死的知识，而是有了鲜活的意识和理解。……这，归根到底是一切生活所赋予的意义，如果活着不仅仅为了满足那些赤裸裸的需要的话。读书绝不是要使我们“散心消遣”，而是要使我们集中心智；不是要用虚假的慰藉来麻痹我们，使我们对无意义的人生视而不见，而是正好相反，要帮助我们将自己的人生变得越来越充实、高尚，越来越有意义。

② 世界文学的辉煌殿堂对每一位有志者都敞开着，谁也不必对它收藏之丰富望洋兴叹，因为问题不在于数量。有的人一生中只读过十来本书，却仍然不失为真正的读书人。还有人见书便生吞下去，对什么都能说上几句，然而一切努力全都白费。……没有爱的阅读，没有敬重的知识，没有心的教养，是戕害性灵的最严重的罪过之一。

片段①中运用了“任何”“全部”“每一部”“一切”等全称判断量词，强调了研读世界文学是获得真正教养的最重要途径之一，研讨世界文学意义在于使我们的人生变得充实、高尚和有意义。片段②中运用“有的”“还有”两个特称量词，将喜爱阅读哪怕是一生只读过十来本书的人和广泛阅读但仅是生吞的人作对比，强调教养得有一个可教养的客体作前提，那就是要有爱的阅读、有敬重的知识、有心的教养，否则阅读便成了戕害性灵的最严重的罪过之一。

在形式逻辑中，全称量词一般用“所有”来表示，特称量词一般用“有的”或“有些”来表示，但是在实际的运用情况来看，又不可拘泥于此。全称量词是很丰富的，比如还有“一切”“凡是”“任何”“每一个”；特称量词也是多种多样的，常用的还有“多数”“大多数”“绝大多数”“一部分”“大部分”“若干”“一些”“许多”“很多”“不少”“百分之一二”“百分之九十以上”“广大”“千百万”“个别的”等。在实际的写作中，要根据语义表达的需要，恰当选用量词，使之符合实际情况。

总之，量词运用得恰当与否，直接关系着判断是否准确恰当，因此，我们在议论文的写作中，要从准确理解题词的意义入手，理解每一个判断所断定的范围，根据客观实际情况，精心选用量词，进行恰当判断。

（3）学会运用复合判断

复合判断一般由复句来表达，但复句不一定都是复合判断（对判断对象没有断定的复句就不是判断，另外，有的复句不表示判断，而表示推理）。复合判断有联言判断，由并列复句、递进复句和转折复句来表达；有假言判断，由假设复句和条件复句来表达；有选言判断，由选择复句来表达。

正确运用联言判断，学会用并列复句、递进复句和转折复句来表达，有助于我们对事物的多种情况综合起来进行考虑，帮助我们多方面分析和把握事物的情况，从而使思考更加周密，判断更为恰当。

如学生写 2016 年上海高考作文题《评价他人生活》时这样分析：

> 当评价成为一种围观，以封喉见血的方式，“两肋插刀”，再站在道德的立场上谈道德，那没有什么意义。而如此评价的可怕之处**不仅仅**是在于妄评，**更重要的是**，每一句话，都是真的，没有污蔑，没有诽谤，可正因为如此，才更伤人。天纵奇才的林嘉文很大一部分原因成为了“人言可畏”的牺牲品，始知我并非是夸大其词。高举范仲淹“宁鸣而死，不默而生”的口号显然**不是**正确的评价方式，**也不是**人人可以成为有如司马迁一样的“伟大评论家”的要素。

第二句“不仅仅……更重要的是……”是个递进复句，由浅入深地强调了围观式评价的可怕；最后一句“不是……也不是……”是个并列复句，以否定判断的形式对“宁鸣而死，不默而生”这一评价方式作了思考。两者均属联言判断，较为深入细密地分析了围观式评价的后果，为下文进一步阐发何为正确的评价作了铺垫。

假言判断关键在于判断所揭示的事物情况之间条件关系能否成立，如果存在某种条件关系，这样的判断就是真的。如另一学生写 2016 年上海高考作文的片段：

> 如果一夜之间，超过一千个人知道了你的名字、你昨天做过的事、去过的地方，你会有什么样的感受？一万个人呢？十万人呢？“为人所知”大概是一种很危险的状态，这是一种被监视的状态，“监视”之后的评价也会使生活充满了不确定的因素，你会遇到各种各样的别人对你的看法，**即使**你选择去“无视”，也难以真正再重新获得自己的生活。外界的过高评价、过多的关注便成为压垮“史学奇才”的林嘉文的最后一根稻草。他人的评论大多是自己的观点，却会有奇妙的社会感在里面，仿佛他人之语就代表着这个社会的一致看法。**如果**评价持肯定态度，也许会给你正面的激励，但是**如果**带上了浓重的负面意味，就很有可能将人带到自我怀疑的深渊。

这里，作者运用了多个假设复句，深入思考了评价和导致的后果之间的关系。

正确地运用选言判断，不仅能够准确地表达关于对象的各种可能的情况，而且能够指明解决问题的范围和途径。如可以在归因分析时列出多种可能的情况，然后作比较分析；还可以在对策分析中列举解决问题的各种办法，看何种为合理对策，等等。

3. 实践训练

（1）阅读下面的文字，根据要求作文。

人，只有在自己站起来之后，这个世界才能属于他。

这句话引发了你哪些思考？请自选角度写一篇不少于800字的议论文，标题自定。

（2）阅读下面的文字，按照要求作文。

中国自古有“学而知之”的说法，这里的“学”，通常被理解为从师学习。韩愈就说过：“人非生而知之者，孰能无惑？惑而不从师，其为惑也，终不解矣。”随着时代的发展，我们获取知识、掌握技能或懂得道理的途径日趋多元。

请结合你的心得和体验，在“____而知之”中的横线处填入一字，构成题目，写一篇文章。

（3）请以“有些痛苦是幸福”为题，写一篇不少于800字的议论文。

附【点拨指导及学生习作】

题（1）写作提示：

南开大学的徐江教授分析此题说①，材料的这句话是“假言判断”中的“必要条件判断”。“只有……，才能……”这个句式，是标准的“必要条件判断”标志。“只有”是全判断的前件，“才能”是全判断的后件。在这里，没有“只有”的相关条件，就不会有“才能”的相关判断。但是，有了“只有”的相关条件，却不一定有“才能”的相关判断。“只有”就是“才能”的必要条件。人，只有在自己站起来之后，这个世界才能属于他。但是，在他自己站起来之后，这个世界并不一定属于他。比如，俗话说“在哪里跌倒，就要从哪里爬起来”。这里所说的“爬起来”就是“站起来”，是指受挫人从挫折中醒悟过来，精神上坚强起来，但是他并不一定能重新开辟出一个新世界来。然而，没有从跌倒的地方再“爬”起来的精神、意志以及对受挫的认知，永远不会有出头之日。作文中的这句话是“必要

① 徐江：《学逻辑，教学生做人做事做文章》，《人民教育》，2014年第20期。

条件判断”。明白前件与后件的关系，那么这个“必要条件判断”提醒着我们怎样去论证。“站起来”是“必要条件”，没有这个条件，就没有“这个世界才能属于他”这个判断。当然接下来阐明“这个世界”能够“属于他”与“他”的生存关系，这也就明白了“站起来”对于“他”的生存是多么重要。

题（2）写作提示：

此题可用选言思维来审题立意。选言思维就是针对某一个问题，列出种种可能，然后根据确切的事实或理论否定其中若干可能，留下来的就是我们所需要的可能。如“读”和“做”之比较，诗人陆游《冬夜读书示子聿》所言“纸上得来终觉浅，绝知此事要躬行”就隐含着“读”与“做”的比较，倘以陆游诗为纲，可以《做而知之》为题作文。再如从“乐”“闻”“看”“游”“辨”等概念中选择，针对同学中普遍存在的一种盲从迷信的不良学风，可以选“辨”字，“辨而知之”就是对事物进行深入的分析、辨别，唯有如此，才能知其智愚，知其得失，知其然、知其所以然。

题（3）学生习作：

有些痛苦是幸福

上海市进才中学　贺含莼

痛苦与幸福，看似非常矛盾，甚至是两个意思相反的名词，可在某些特定的环境下，它们存在着一种奇妙的辩证关系。它们就如同一对孪生兄弟，又如同一枚硬币的两面，幸福的终点有时是痛苦的起点，而痛苦的结果有时又会使人觉醒，奋力前行，最终变成幸福的源头。

力克·胡哲，一个与奇迹相连的名字，他将痛苦与幸福联系得如此紧密，又如此自然。

他出生在澳大利亚，天生没有四肢，这种罕见的现象在医学上被称为

“海豹肢症”。如果这个真实的故事在这里就画上句号，人们也许所能想到的就是他的人生是多么不幸，人生刚开始就注定是一个痛苦的结局，大家会带着同情的眼光看待伴随这个孩子而来的所有经历。

可是，真正有信念的人，是不甘心仅仅得到人们的怜悯和救助的。正如挪威作家温塞特所说的“如果一个人有足够的信念，那么他就能创造奇迹”，力克·胡哲就是这样的人。他是澳大利亚第一批进入主流学校的残障儿童，也是高中第一位竞选学生会主席的残障者。他学会了冲浪、潜水，他爱上了踢足球、溜滑板、打高尔夫……从17岁开始，他成为一名成功的演说家。21岁大学毕业时，他取得了会计及财务规划双学位，并创办了自己的公司。在一项项令人瞠目结舌、不可思议的成绩背后，是力克·胡哲一颗永远乐观且永不放弃的心，他希望活得像正常人一样精彩，甚至比他们更加出色。

以我们世俗的眼光看来，力克·胡哲是痛苦的，他做任何事情都要付出比别人多几十倍，甚至上百倍的努力，所有的收获都是建立在痛苦之上的。可是，他自己却庆幸有一只畸形的左脚，脚上只有两个脚趾，他非常感恩这只被他称为“小鸡爪”的脚。因为就是这点小小的惊喜，让他完成了许多事情，他的痛苦由此演变成一幕幕幸福的片段。

在家里，他叼起碟片放进DVD播放器，再用“小鸡爪”操纵遥控器看电影，体会常人的喜怒哀乐；在电脑前，他用两个脚趾在键盘上飞快地码字，并用它操作鼠标浏览网页，感受精彩的世界；在足球场上，他依靠“小鸡爪”快速移动，带球，接球，或用头冲顶，用腰腹带动“小鸡爪”射门，瞬间的满足让他看到存在的价值；在游泳池里，“小鸡爪”变成了“螺旋桨”，凭借它他可以自由遨游；在高尔夫球场，他则展示他的另一种“神功”——脖子功，他用下颌和脖子将球杆牢牢夹住，瞄准后完成颇有难度的推杆，目标就是他所期待的一种幸福……

这些技能不是上天恩赐给他的礼物，是他用坚定和执著创造出的一个个奇迹。他的人生由痛苦开始，之后他凭借自己的毅力，把痛苦不断地演变成一种种幸福，最终闯出属于自己的一片天空，成为名副其实的成功者。他还凭着自己的魅力收获了属于自己的甜美爱情。

他的外表看上去与我们的如此不同，可他强大的内心又与我们的追求如此相同。除了四肢，他“一无所缺”。他用自己由痛苦走向幸福的经历有力地证明了“一切皆有可能”！

第四节　实践训练 3：学会归纳推理

1. 归纳：或然性推理的重要形式

南宋诗人翁卷有一首题为《山雨》的诗："一夜满林星月白，亦无云气亦无雷。平明忽见溪流急，知是他山落雨来。"全诗无一句正面描写雨，而是由"满林星月白""无云无雷""溪流急"等景象引出"知是他山落雨来"的推测。显然，"他山落雨来"是靠作者已有知识而被推断出来的，这一推断的过程就是推理。由此来看，从一个或几个已有的判断推出一个新判断的思维过程就是推理。推理所依据的已有判断称为推理的前提，推出的新判断称为推理的结论。

依据不同的标准，可以将推理进行不同的分类。依据个别与一般的认识关系，通常将推理分为三类：归纳推理、演绎推理和类比推理。归纳推理是从特殊性前提推出一般性结论的推理；演绎推理是从一般性前提推出特殊性结论的推理；类比推理是从一般性前提推出一般性结论，或从特殊性前提推出特殊性结论的推理。在现代逻辑学中，通常从前提与结论之间是否要求有必然联系的角度将推理分为必然推理和或然推理。归纳推理（除完全归纳推理外）和类比推理是或然推理，演绎推理则属于必然推理。

我们认识事物，总是先通过观察、实验和社会调查等途径搜集有关对象的事实材料，对它们进行整理和加工，得到一些个别或特殊性的知识，然后，以这些个别性或特殊性知识为前提，推断出一般性的结论，因此，归纳推理是很重要的一种推理形式。归纳推理可以分为完全归纳推理和不完全归纳推理。

为了更好地理解这两个概念，我们先看已故作家徐迟在《哥德巴赫猜想》一文中的一段话：

1742 年，哥德巴赫写信给欧拉，提出了每个不小于 6 的偶数都是两个素数之和。例如，6 = 3 + 3，24 = 11 + 13，等等。有人对一个一个偶数进行了这样的验算，一直验算到三亿三千万之数，都表明这是对的。但是更大的数目，更大的数目呢？猜想起来也应该是对的。

《哥德巴赫猜想》的提出是基于对于部分偶数的考查，发现它们都是两个素数之和，于是提出猜想：每个不小于6的偶数都是两个素数之和。很显然，这一猜想是运用了不完全归纳推理，即根据某类中部分对象具有（或不具有）某种属性而推出某类对象的一般性结论。

相反，完全归纳推理就是指根据某类中每一个对象都具有（或不具有）某属性而推出某类对象都具有（或不具有）该属性的归纳推理。德国有个著名数学家高斯，他小时候有一次上算术课，老师给孩子们出了一道题："1 + 2 + 3 + 4 + … + 97 + 98 + 99 + 100 = ？"老师题目刚刚说完，高斯就报出答案是5050。他告诉大家，他发现1到100这一百个数有一个特点，那就是挨次把头尾两个数加起来都等于101，而这样的数正好有五十对，于是"101 × 50 = 5050"。在这里，高斯自觉不自觉地运用了完全归纳法。

完全归纳法的优点是"完全"，因为"完全"因而结论带有必然性。但是完全归纳法的缺点也在于"完全"，因为它只能适用于那种对象不多的类，而不能运用于一个具有无穷分子的类。不完全归纳法的缺点在于"不完全"，因为它不完全，结论不必然可靠，也正因为它不要求完全，所以适用范围较广，在发现新规律、新知识的过程中作用很大。对于议论文的写作，我们不可能也没必要将论述对象所包含的所有情况（事例）拿来分析论证，因此，不完全归纳推理更适合用于议论文写作的推理过程。

不完全归纳法主要有简单枚举法和科学归纳法两种。

我们观察到某类中许多事物都具有某属性，而又没有观察到相反的事实，我们就作出结论——某类事物都具有某种属性，这就是简单枚举法。简单枚举法是一种初步的简单的归纳推理，因为它只是根据一个一个事例的枚举，对于这些事例没有进行深入的分析，它的可靠性，完全建立在枚举事例的数量上。当枚举事例的数量不断增大时，其可靠性也随之增加。科学归纳法是根据对于某类事物中部分对象与其属性之间的必然联系，推出该类事物的全部对象都具有该属性的推理方法。科学归纳法不停留在事实的简单重复上，它还对事物与其属性之间的必然联系进行科学分析，实际也运用了演绎法，所以推出的结论一般来说是可靠的。

从写作的角度来说，简单枚举法即列举事例、归纳结论，在列举几个事例的基础上，自然而然得出结论。科学归纳法即列举事例、分析论证、归纳结论。和简单枚举法相比，科学列举法多了分析论证的过程，在分析过程中，给事例和结论搭建一座桥梁。

2. 运用：讲求归纳推理的合理性

基于完全归纳法与不完全归纳法优缺点之比较，从议论文论证过程的特殊性出发，一般认为，不完全归纳推理在形成论点、论证论点中发挥着重要作用。

具体来看，首先，要区分不完全归纳法的梯度效应。

前面说到，不完全归纳推理主要有简单枚举归纳推理和科学归纳推理两种，两者含义不同，在议论文写作中的表现也不一样。科学归纳推理又有两种形式：复合前提的科学归纳和单一前提的科学归纳。具体区别如下结构图：

- 不完全归纳推理
  - 简单枚举归纳推理：列举论据 + 归纳结论
  - 科学归纳推理：列举论据 + 科学分析 + 结论概括
    - 复合前提的科学归纳：列举多个论据 + 科学分析 + 结论概括
    - 单一前提的科学归纳：列举一个论据 + 科学分析 + 结论概括

从论证的梯度效应来看，简单枚举归纳推理是较为“简单”的列举论据再归纳结论，相比之下，科学归纳推理因为有了科学的分析而更有了说服力，体现了议论文的“论证”色彩。而复合前提的科学归纳相较于单一前提的科学归纳由于论据的充分性则更易彰显论证的力度。当然，论证的深入性又不可以论据的多寡论，有的时候一个典型的论据加上精要深入的分析也可以起到“以一当十”之效，多个论据有时反而是累赘是拖沓。抓住了不完全归纳法这一梯度效应，就可以在写作过程中灵活运用，从而达到论证观点的目的。

其次，在审题过程中要用归纳法产生思想。

归纳推理是从特殊性前提推出一般性结论的推理，这一推理过程反映在审题特别是现象类材料作文的审题过程中，要求我们把“个别”上升为“一般”，即要学会从现象归纳出规律性的认识。这种归纳推理能力对于高中的语文学习非常重要，对于阅读，它可以帮助我们有效理解作品的深刻主题和象征意义，对于议论文写作，它可以帮助我们有效确立论点进而展开论证。有如美国艺术理论家阿恩海姆所说：“一种真正的精神文明，其聪明和智慧就应该表现在能不断地从各种具体的事件中发掘出它们的象征意义和不断地从特殊之中感受到一般的能力上，只有这样，我们才能赋予日常生活事件和普通的事物以尊严和意义，并为艺术能力的发展打好基础。”①在学会归纳这一点上，艺术欣赏之道与写作之道是相通的。

我们以一道作文题为例来说明这一问题。请看以下作文题：

> 生活中经常听到这样的对话：
> “你为什么闯红灯啊？”“又不是我第一个闯红灯的！”；
> “你为什么要插队啊？”“我又不是第一个插队的！”；
> “到了高三你为什么不好好做操了？”“又不只有我一个人这样！”；
> “你是未成年人不能上网吧？”“又不是只有我一人这样的啊！”

① 阿恩海姆：《艺术与视知觉》，滕守尧、朱疆源译，四川人民出版社，1998年3月版，第623页。

……

从这些对话中你读到了什么？你有什么感受？请把它写成一篇不少于800字的文章。

材料说的是生活中常见的一些现象，“闯红灯”“插队”“做操”“未成年人上网吧”等是特殊的个别现象，省略号表明这种现象生活中还有很多，很明显，题目要求我们由生活中的这种现象读出一些规律性和普遍性的思想来，由此才能确定写作这篇文章的立意。材料由四个一问一答构成，答问者面对发问者“为什么”的质问和责问，总是用诸如“不是我第一个”“不是只有我一人这样”之类的说辞来推脱，如果我们把答问者的“个”上升为“类”的话，材料说的是“我不是第一个”现象，而对答问者的共性我们或许可以这样思考：他是跟从者，他跟从别人犯了错；他有知错意识；面对质问他极力逃避、推脱责任。据此，我们对答问者的心理可以作如此归纳：犯错或违规后，面对责问，有人抱着法不责众的侥幸心理推脱责任。由此得出结论：盲目从众犯了错误，切不可抱着法不责众的侥幸心理推脱责任，而要敢于担责、勇于改正。如学生习作开头如此分析：

生活中，我们常遇到这样的逻辑或者说借口——闯红灯是因为别人也闯了，插队是因为又不是我第一个这样做，高三不做操也是因为不是只有一个……姑且总之为“非魁逻辑”。

假设这种逻辑正确，那么推而论之，岂非杀人放火等枉法之事也可因其“非独创性”而获得荒谬的正当性？然而，这种逻辑在当今社会却有蔓延之势而成怪象，从“中国式过马路”诸事上可见一斑。而“非魁逻辑”的可怕之处在于，假使社会上哪怕只有少数人怀着这种心态，而围观者都是“沉默的大多数”，又没有强有力的可执行的制约措施，那么即便是“闯红灯”这类小事只要一出现便触动了整个多米诺骨牌，扇动了蝴蝶的第一下翅膀——而源头早已永远无法知晓，没有人是那“第一个”，每个人都是“第一个”成了“恶”的参与者。

作者将答问者的心理归纳为“非魁逻辑”，很有概括力，接下来分析“非魁逻辑”的可怕之处，对此进行驳斥，也就为下文论述的展开作了强有力的铺垫。

再次，要注意因果关系的探究。

原因和结果之间存在着必然的联系，有了某一原因必然会产生某一结果，写作文往往要求我们对个别的特殊的现象这一“结果”进行探究，找到一般性的规律这一“原因”，这种由果溯因的过程其实也是归纳推理。注意因果关系的探究在议论文写作中十分重要，既可以帮助我们审题，又可以帮助我们构思行文。

还是以上面所举作文题为例，如果能分析“我又不是第一个”这一“结果”背后的原因，或许可以产生以下思想：

人作为单一个体，虽生于父母，孕于天地，终究取决于自己，“不是第一个”“不是只我一个”的态度，显然悖逆人的独立性。群体是一个大的集合，这便容易使人轻视自己作为单一个体的存在，且鉴于群体的包容性，个体往往善于借群体为自身的罪行打掩护，在“不是第一个”“不是只我一个”的自我麻痹下，人的负罪感也会随之减少直至消弭。于是，群体的包容性就演变成包庇性，含糊其辞，却教人揪不出个正理来。

“我又不是第一个”源于群体的包庇性，由此生发出去，谈论人的独立意识与群体的包庇性之间的关系，强调人对自我的充分肯定，以及对存在本身的尊重，不失为一篇思想深刻的说理文。

最后，要避免归纳推理过程中的常见错误。

归纳推理过程中的常见错误主要有以下几种：

一是失败归纳，即总论点与分论点缺乏内在的逻辑关系，分论点归纳不出总论点。如一篇题为《我们不能让书店沉沦颓废》的文章主要有两个分论点："书店让人远离喧嚣"和"书店是'个体'知识和文化的来源"（这一分论点本身错误），由此得出"书店是国家文化起点"的观点，且不说"书店是国家文化起点"的观点失当，推理的过程也是失败的。

二是轻率归纳，也就是在简单枚举归纳时把个别事物的属性贸然推及一般，犯以偏概全的错误。请看鲁迅的杂文《中国人失掉自信力了吗》开头：

> 从公开的文字上看起来：两年以前，我们总自夸着"地大物博"，是事实；不久就不再自夸了，只希望着国联，也是事实；现在是既不夸自己，也不信国联，改为一味求神拜佛，怀古伤今了——却也是事实。
>
> 于是有人慨叹曰：中国人失掉自信力了。

鲁迅正是抓住了有的人据三个"事实"而得出的"中国人失掉自信力了吗"的轻率归纳进行驳斥的。

三是错误归纳，即所举事实与观点之间无逻辑联系。如《低配人生》一文的片段：

> 苏轼走在大雨中，穿芒鞋，拄拐杖，衣服单薄得春风吹过也冷，真是潦倒啊。草鞋没有皮革的柔软，但苏轼却觉得脚下轻快似马蹄，蓑衣不如貂皮保暖，苏轼仍发出声声清啸，苏轼的人生配置低，但比养尊处优的王公们快乐得多，因为他选择低配所以无牵挂。

苏轼的贬谪生活与"人选择了低配人生所以无牵挂"显然没有逻辑关系，这一例子无法证明观点。

四是夸大归纳，也即虽能归纳出观点，但往往把观点拔高。如有的同学在写《手机只是工具》的作文时，列举手机各种弊端并总结归纳：“过度使用手机不仅会对我们的身体造成伤害，还会钝化我们的思维，疏远我们和亲人朋友的感情，甚至会造成社会的混乱、人心不稳。”这个归纳的最后明显故意拔高了立意，属于夸大归纳。

3. 实践训练

（1）阅读下面的文字，先用归纳推理的方法审题，再根据要求作文。

星期天闲暇无事，乘兴来到塘边垂钓。半个时辰过去，未见鱼漂浮动。忽见对岸池边一群群鱼儿“打花”，好生热闹。我悄悄凑过去垂钓。然而，“水花”不见了，水面又恢复了平静。这时又见原来的地方鱼儿“打花”。复归，仍无所收获。于是，我再也不去追赶诱人的“水花”了，而是潜下心来垂钓，不多时，果有一尾鱼上钩。欣喜之余，悟出一理……

以上材料引发了你哪些思考？请自选角度写一篇不少于800字的议论文，标题自定。

（2）生活中经常听到这样的对话：

“你为什么闯红灯啊？”“又不是我第一个闯红灯的！”；

“你为什么要插队啊？”“我又不是第一个插队的！”；

“到了高三你为什么不好好做操了？”“又不只有我一个人这样！”；

“你是未成年人不能上网吧？”“又不是只有我一人这样的啊！”

……

从这些对话中你读到了什么？你有什么感受？请把它写成一篇不少于800字并包含归纳推理的议论文。

（3）根据以下材料，自选角度，自拟题目，写一篇不少于800字并且包含归纳推理的议论文。

美国社交网站“脸书”掌门人扎克伯格喜得千金，宣布捐出所持99%股份用于慈善事业，并在“脸书”个人主页上附上一封给女儿的信，信中说：“和所有的父母一样，我们希望你能够在一个比今天更好的世界里长大，我们将为此做出自己的贡献，而这不仅仅是因为我们爱你，也是因为我们对下一代所有儿童负有道义上的责任……”扎克伯格的举动引起了人们广泛的思考。

附【点拨指导及学生习作】

题（1）写作提示：

材料可以用由果溯因法来归纳思想。由“于是，我再也不去追赶诱人的‘水花’了，而是潜下心来垂钓，不多时，果有一尾鱼上钩”的结果来推原因，要站在“我”和“鱼儿”两者的立场上去仔细体会垂钓的全过程。要把“再也不去追赶诱人的‘水花’”和“潜下心来垂钓”综合起来思考，去领悟“我”与“鱼”两者各自的动作与对方动作的关系。“我”能够钓到鱼，不是简单的“潜下心来”之故，也就是说，不是简单地以“脚踏实地，讲求实效”“三心二意，一事无成”作为文章的观点，而是要思考到“逐鱼花儿，我为鱼钓也，潜心为之，则鱼为我钓也”，由此感悟：矛盾的双方谁的定力大，谁就更能发挥自我的优势，从而不被对方牵着鼻子走，钓到人生的大鱼。

题（2）学生习作：

“非魁逻辑”与“平庸之恶”

上海市崇明中学　施俞晨

生活中，我们常遇到这样的逻辑或者说借口——闯红灯是因为别人也闯了，插队是因为又不是我第一个这样做，高三不做操也是因为不是只有一个……姑且总之为“非魁逻辑”。

这种逻辑的荒唐之处显而易见——“非首”“非独”不能成为你做此事的理由和借口。假设这种逻辑正确，那么推而论之，岂非杀人放火等枉法之事也可因其“非独创性”而获得荒谬的正当性？然而，这种逻辑在当今社会却有蔓延之势而成怪象，从“中国式过马路”诸事上可见一斑。而“非魁逻辑”的可怕之处在于，即使社会上哪怕只有少数人怀着这种心态，而围观者都是“沉默的大多数”，又没有强有力的可执行的制约措施，那么即便是“闯红灯”这类小事只要一出现便触动了整个多米诺骨牌，扇动了蝴蝶的第一下翅膀——而源头早已永远无法知晓，没有人是那“第一个”，每个人都是“第一个”成了“恶”的参与者。

既然谬误显见，那么为什么还有那么多人抱着这不成借口的借口为自己不正当的行为辩护呢？从表面的从众心理深究下去，更是众人侥幸心理在作祟——既然别人这样做了并且未受惩戒，那么何不我也如此呢？侥幸得脱的心理助长每个人内心阴暗角落的小念头，把利己主义发挥到极致，而不顾现存的普遍价值。同时，这种心态也折射出国人“以他人为榜样”的心性，价值常识在扭曲的比较中丧失，这种“以他人为榜样”而非“以本心为榜样”也反映了社会总体上缺乏真正的理性精神。借用韦伯关于理性的分析，上述心态反映的是“工具理性”。诚然，儒文化源远流长中从不缺乏实用主义的理性，但当今社会却缺乏更为重要的“价值理性”，这种不随外物变更的真正理性成为道德准线约束了社会主体的行为，可以有效规范我们的行为。

著名美国记者汉娜·阿伦特曾研究纳粹军官们的心理，最后指出，这些情趣高雅的“罪魁”并非天性恶徒，恰恰相反，他们可能自认善良，推动他们为恶的正是“对于命令的绝对服从”之“小善”——是为平庸之恶。

由此视之，上述“非魁逻辑”的执行者也未尝不是抱着这种“平庸之恶”随从大众的“命令”。不能因为行为的“非独创性”就获得其正当性，而这种小恶的姑息和汇集带来的恰恰是“极大恶”。同时，那些看客们也未能免责，对于不正当行为的无视和不作为恰恰是助长此类行为的最大根源，而围观也不成其借口。

强有力的惩处措施和理性精神的重构或许不失为现状的某种救赎。

题（3）学生习作：

以自己的方式改变世界

某考生

龙应台女士在北京大学演讲《士与中国梦》时，语重心长地用“士不可以不弘毅，任重而道远”来与莘莘学子共勉，在这位游走于国家甚至民族之边的、侠情柔骨的女士口中，儒家的担当文化被再度“朝花夕拾”，在这个创造缺失、理想泯灭的时代，这位文化的斗士这样语重心长的叮咛——以自己的方式改变世界。

对的，以自己的方式改变世界，我们要背上理想的行囊，走上无知无尽的漫漫征途，亦如黑暗中前进的勇士，去冲破那常人不敢不愿走的长夜，像鲁迅呐喊的那样，我们要到那属于孩子们的光明中去，因为，“沿着旧地图，走不到新大陆”。

最近网络上盛传着一位武汉大学学子主动申请退学后，义愤填膺地挥洒出一份“万言书”，酣畅淋漓，也触目惊心。他毅然放弃了在常人看来理所当然的“大道”不走，选择了去一所乡间的学堂任职，欲以自己的方式改变世界。既然现实让自己过于绝望，那么理想主义理应斩钉截铁地踏上圣地，他用辍学的方式和这失望的现实抗争，以“万言书”的形式引发一代国民的震动。这，难道还不足以改变世界吗?

于丹勉励大学生，“我一直鼓励要做一个理想主义而非现实主义者，这样，在你走上社会之时，便不会在不断的被修正中迷惘无助，反之，你会独立而泰然，甚至拥有变革社会的力量。”树要拥有天空的梦想，一汪浅水要追逐海洋的梦想，倘若人是一株树苗，那么蓝天的触及便是渺远却坚实的梦幻，擎起蓝天便是我们改变世界的方式，而这种方式的独特，只来源于对理想的守望，为理想而前行的勇士，才具有撼动世界的自己的方式。

每当谈及理想、担当和改变，便会忆起索尔仁尼琴炯炯的眼神，会忆起他的《癌症楼》，忆起他毫不怯懦地变革世界的执拗，他信仰真理，同时也信仰人性的善。切·格瓦拉毫不懈怠地脚踏古巴的荆棘行走在茂密深邃的丛林之中，口中默念着“忠于理想，面对现实”。还有列夫·托尔斯泰在农田中弯腰的身姿，还有苏格拉底欲以自己的方式改变世界的誓言，还有……如儒家之道，哪怕知其不可而为之，“士不可以不弘毅，任重而道远”。难忘勇士们坚定的眼眸，难忘斗士们毅然的脚步，他们信仰着属于自己的理想，如梭罗所说的那样，“独立，坚定，率性，执着地前行”——以自己的方式改变世界。

这，不也应是我们的道路吗？

第五节　实践训练 4：掌握演绎推理

1. 演绎：必然性推理的重要形式

演绎推理是从一般的原理推出特殊性结论的推理方法，从前提与结论是否要求有必然角度看，它是一种必然性推理。我们先看 2007 年上海高考语文试题的一篇文言选文：

夫草之精秀者为英，兽之特群者为雄。故人之文武茂异，取名于此。

是故聪明秀出谓之英，胆力过人谓之雄，此其大体之别名也。若校其分数，则互相须，各以二分，取彼一分，然后乃成。何以论其然？夫聪明者英之分也，不得雄之胆，则说不行。胆力者雄之分也，不得英之智，则事不立。是故英以其聪谋始，以其明见机，待雄之胆行之。雄以其力服众，以其勇排难，待英之智成之。然后乃能各济其所长也。……故英可以为相，雄可以为将。若一人之身，兼有英雄，则能长世，高祖、项羽是也。然英之分以多于雄，而英不可以少也。英分少，则智者去之，故项羽气力盖世，明能合变，而不能听采奇异，有一范增不用，是以陈平之徒皆亡归高祖。英分多，故群雄服之，英材归之，两得其用，故高祖能吞秦破楚，宅有天下。

（选自三国魏·刘劭《人物志·英雄》）

选文第二段先从“聪明秀出谓之英，胆力过人谓之雄”这一基本的前提出发，推出高祖、项羽是英雄的结论。接着文章来了一个转折，又从“英之分以多于雄，而英不可以少”这一基本前提出发，又以高祖、项羽为例得出项羽最终失败而高祖最终取得成功的结论。这里其实包含了两个三段论演绎推理，只不过第一个三段论省略了小前提，我们试着补出小前提，两个三段论推理为：

A

大前提：聪明秀出谓之英，胆力过人谓之雄。

小前提：高祖、项羽是秦末智勇超群的人，足智多谋，英勇善战。

结论：因此，高祖、项羽是英雄。

B

大前提：英之分以多于雄，而英不可以少。

小前提：项羽英分少，气力盖世，明能合变，而不能听采奇异，有一范增不用；而高祖英分多，故群雄服之，英材归之，两得其用。

结论：是以陈平之徒皆亡归高祖，项羽最终失败；高祖能吞秦破楚，宅有天下。

两个三段论推理组合，结构层层推进，论证严密透彻。

演绎推理是认识事物的一种重要的思维方法，它包括许多种类，在议论文写作中，常用的主要有三种——直言推理、假言推理和选言推理。

（1）直言推理

直言推理又叫三段论推理。它由三个判断组成。这三个判断分别叫做大前提、小前提和结论。大前提是已知的一般原理，小前提是关于特殊事实的判断，结论是从一般的已知的原理推出的对特殊事实作出的新的判断。以上所举《人物志·英雄》中的例子即是两个三段论推理。

（2）假言推理

假言推理的大前提是一个假言判断（往往用假设复句或条件复句表示），小前提是个直言判断。例如："只有吃过梨子，才知道梨子的滋味。没有吃过梨子，所以不知道梨子的滋味。"其中第一句是大前提，第二句是小前提，最后一句是结论。

（3）选言推理

选言推理是用一个选言判断（通常用选择复句表示）作大前提的推理方

法。选言推理有两种。一种叫相容选言推理，它是以一个相容选言判断为大前提组成的推理，相容选言判断的各个选言肢是相容的。如“每一个伟大人物的后面都站着伟大的女性，或者是他的母亲，或者是他妻子。这个伟大人物背后站着的不是他母亲，所以他背后站着的是他的妻子。”一种叫不相容选言推理。比如：“我们要么改正错误而得信于民，要么坚持错误而失信于民”，这是大前提，是一个不相容选言判断。“我们要改正错误而得信于民”，这是小前提，肯定其中的一个选言肢。“所以我们不能坚持错误而失信于民”，这是结论，否定了另外一个选言肢。

2. 运用：讲求演绎推理的有效性

演绎推理的主要逻辑特征是，如果前提真，那么结论一定真，前提与结论有必然联系。正是由于演绎推理这种有效性特点，所以它在议论文写作过程中发挥着重要的功能，有着归纳推理无法代替的作用。在具体运用过程中，还得注意首先要提出一个理论依据作大前提，必须把握观点形式与论证过程的相适性，进而灵活运用这一推理形式。

运用演绎推理进行议论文的写作，首先要提出一个理论依据即大前提。许多学生在写作议论文时常常抱着“事实胜于雄辩”的想法，在提出观点后举个例子就认为是论证了。欧阳林老师曾举他学生作文的例子来谈如何提出理论依据的问题。① 在论证“功不能抵过”这个观点时，他学生即在作文中举商鞅的例子：

> 商鞅经过变法，使秦国的经济得到发展，军队战斗力不断加强，秦国发展成为战国后期最富强的封建国家。可以说，商鞅为秦国的强大立下了汗马功劳。但是商鞅最后惨遭“车裂”而死，并没有因为他的功劳而免死。所以，功不能抵过。

① 欧阳林：《演绎推理法在议论文写作中的运用》，《作文教学研究》，2013 年第 3 期。

欧阳林老师在文中评析说：且不说商鞅是否因“过”而被处死，这个例子只能说明“功没有抵过”，而不能证明“功不能抵过”，前者“功没有抵过”是事实，后者“功不能抵过”是结论，结论是应该经过推理、证明得到的。论证是要说理的，只摆事实，不说理，这不叫论证。

接着欧阳林老师分别用直言推理和选言推理的方式补充了论证过程中的理论依据如下：

A 论证一（直言推理）

大前提：一个人犯罪了是否应该处死或怎样处罚要按法律规定来办理，而不是按他以前立了什么功。

小前提：商鞅如果犯了罪（这里假设他犯了罪），按照他自己制定的法律判他车裂之刑这也是应该的。

结论：因此，功不能抵过。

B 论证二（选言推理）

大前提：如果立了功就能抵过，那么这个人就可能自恃功劳大，功劳多，去做违法乱纪的事，来给人民和国家带来危害。功不能抵过，则能更大程度上扼制人们这种犯错的可能，让人们反思、警醒自己的行为，不给人民和国家带来危害。

小前提：我们不应该给人民和国家带来危害。

结论：因此，功不能抵过。

补充了大前提，文章就有理有据了，这才叫论证。需要说明的是，演绎推理的前提基本上是些一般性原理，为此我们必须多掌握一些基本的理论知识，如哲学、史学、文艺学、心理学、美学等方面的基本常识。

运用演绎推理写作议论文，还要注意把握观点形式与论证过程的相适性。议论文的观点，从判断的角度来看，通常是简单判断和假言判断这两种形式。如果观点是一个简单判断，那么，在论证过程中，就应该表现出三段论的逻辑性，具体分析起来，这个观点可能是三段论的前提，也可能是结论。如：

① 生活中，处处需心安。心安者，成万事。

② 李白、苏轼仕途失意，但内心却并不为之所动，而是依然心安自在，快乐满怀，于是，成就了他们驰骋诗坛，流芳千古的伟业。

③ 史铁生，不到二十，下身就残废，但他却并未被吓倒，而是安心于写作，终于成为当代文坛一颗耀眼的明星。

④ 如果没有居里夫人在发现钋后仍安心钻研，怎会有化学元素“镭”的发现？不沉湎于已有的成绩，安心创造新的业绩，一次次的成功必将不断垂青于她。

⑤ 经历坎坷，遭遇失败，面对成功，安心处之，可以成万事。

这是一篇议论文的提纲，①是论点，②③④是论证过程，⑤是结论。其中包含着三个三段论。①是大前提，②③④都含有小前提和结论，分别与①构成三段论推理，这里的论点①，在三段论中充当大前提。

我们再看一例：

① 我们应该为振兴中华而奋斗。

② 因为，我们是炎黄的子孙。

③ 因为，我们是新时代的青年。

④ 因为，我们是党和国家培养出来的知识青年。

⑤ 所以，振兴中华是我们义不容辞的责任。

这是一篇议论文的简单提纲，①是中心论点，②③④是三个分论点，⑤是结论，这论证过程，其实包含三个省略大前提的三段论。①是结论，

②③④都是小前提，分别与①构成三段论，补出省略的大前提后如下：

A

大提前：凡是炎黄子孙都应该为振兴中华而奋斗。

小前提：我们是炎黄子孙。

结论：所以，我们应该为振兴中华而奋斗。

B

大提前：凡是新时代的青年都应该为振兴中华而奋斗。

小前提：我们是新时代的青年。

结论：所以，我们应该为振兴中华而奋斗。

C

大提前：凡是党和国家培养出来的知识青年都应该为振兴中华而奋斗。

小前提：我们是党和国家培养出来的知识青年。

结论：所以，我们应该为振兴中华而奋斗。

如果观点是一个假言判断，那么，在论证过程中，就应该表现出假言推理的逻辑性，如：

① 只有善于利用时间，多读多练，坚持积累材料，才能写好文章。

② 司马迁、苏东坡、方苞等著名文学家，他们的文章之所以流传千古，正是因为他们善于利用时间，多读多练，坚持积累材料。

③ 现代文学三大巨匠鲁迅、郭沫若和茅盾，他们的文章之所以堪称经典，正是因为他们善于利用时间，多读多练，坚持积累材料。

④ 可见，中学生要写好作文，必须要有“钉子精神”，必须要像蜜蜂那样勤勉努力，坚持积累。

这也是一篇议论文的简单提纲，①是中心论点，②③是论证部分，④是结论。这个论证过程，含有两个必要条件的假言推理（承认后件“写好文章”就得承认前件“善于利用时间，多读多练，坚持积累材料”），①作为大前提，分别与②③构成两个假言推理。

需要指出的是，演绎推理在议论文中常常不是以完整的推理形式出现，而是运用其省略形式，有的省略大前提，有的省略小提前，写作中要熟练运用，方能各臻其妙。

最后补充一点，归纳推理和演绎推理虽然属于两种不同的逻辑推理方法，但它们有着密切的联系，在实际写作过程中，我们必须注意归纳和演绎的统一，做到互相补充，互相印证。因为通过归纳获得结论总是或然性的，归纳需要演绎来补充，同时演绎是否符合客观真理，也需要到归纳中去求得检验。在人类的认识过程中，归纳和演绎是相互为用的。把归纳法和演绎法结合起来使用，可以增强文章的说服力，当然，这并不是说，单用一种论证方法就不好，怎样展开论证，要具体而定。从大量的写作实践中我们可以看到，对比较复杂的问题，作者总是从多方面展开论证，使问题能够获得更为透彻、充分的阐明。

3. 实践训练

（1）阅读下面的文字，先用三段论推理审题，再作文。

冯骥才先生说：运动中的赛跑，是在有限的路程内看你使用了多少时间；人生中的赛跑，是在有限的时间内看你跑了多少路程。

（2）请以《敢为天下先》为题，运用演绎推理的方法，写一段 300 字左右的片段。

（3）仔细阅读以下材料，任选一个角度，写一篇不少于 800 字的议论文，要求包含演绎推理的思维方法。

毛遂因自荐而使赵国解除了被秦国围攻之困，遂成为赵国平原君的座上客。

管仲被鲍叔牙推荐而任相位，辅佐齐桓公称霸，终九合诸侯，一匡天下。

附【点拨指导及学生习作】

题（1）写作提示：

冯骥才所言的两种比赛，看似矛盾，其实在提高生命质量上是一致的。运动场上的比赛，人生的比赛，所需要的精神或意识是一样的；所要做的准备，以及比赛过程中应注意的事项也是一样的。冯先生的这段话，实际上是提醒人们，要以体育比赛的精神去做好人生的比赛。有限的时间跑的路程是否足够长，取决于单位时间跑的路程的长短。单位时间的利用率越高，生命的质量就越高。每一天都以最佳的状态投入进去，这样才可能把事情做到极致。什么是把握生命里的每一分钟？就是每一分钟都用比赛的精神去做自己应该做的事。审题过程用三段论形式呈现出来就是：

大前提：搞好比赛需要比赛精神。

小前提：人生也是比赛。

结论：人生的比赛需要比赛精神。

题（2）参考片段：

从哲学意义上说，“敢为天下先”是一切新事物的开端、由来。“新事物是通过否定旧事物发生质的飞跃产生的。”如果没有“敢为天下先”的精神，“旧事物”何以“否定”，“质的飞跃”如何“发生”，“新事物”又怎么可能“产生”呢？所以，凡是具有强大生命力和远大发展前途的新事物，都是“敢为天下先”的产物。

“敢为天下先”是积极进取的精神，而“不敢为天下先”是保守落后的意识。恪守中庸之道，害怕发展、害怕新事物，“不敢为天下先”，其结果就总是落后。一个人，一个团体是这样，一个国家也是这样。发展科学不敢为先，等着别人的成果，变革社会不敢为先，等着别人的模式，那么一个国家就会受制于人，站不起来，更谈不上追赶先进国家。近代史上我国“落后挨打”的教训是很惨痛的。绝不能让“不敢为天下先”的思想禁锢我们的头脑。

题（3）学生习作：

荐，而后大成

上海市崇明中学　宋秦宇

古往今来，任人唯贤大多是任用人才从而达到大治、大成的衡量标尺。毛遂因自荐而使赵国解除了被秦国围攻之困，管仲被鲍叔牙推荐而辅佐齐桓公一匡天下。因此，在确定某种价值的开拓性的时候，自荐、他荐都是去实现这种价值、并创造无限可能性的有效途径。

无论是自荐还是他荐，它们的目的都是相同的，即对自我价值的开拓，实现被荐方和任用方的“双赢”。如果被荐方能够才尽其用、尽志无悔，从而铸就人生辉煌；任用方能分摊忧劳，得到左膀右臂，从而达到某项事业之大成，那么对这种价值的发现者是自己还是他人，都不再是主要矛盾。

然而，切勿忘了“荐后大成”的前提，那便是对某种价值的清醒认识和对这种价值大成之用的分析。简单来说，此人须有真才实学。

如若一个人空有抱负而无切实才干，那么他的盲目自荐势必对“大成”起不了至关重要的作用，甚至会产生负面效应；同样，他荐者如果识人不清或是为了从中得到好处而夸大其辞，那么此番违背事实的他荐无异于高山上的牡丹，华丽有余，底气不足，时间会审判一切，它的凋零是必然结果，伤了自己，也占了那本该是松柏傲骨的高位，终成为不了高山上的亮丽风景。故而，自荐须诚，他荐须真。

能做到自荐、他荐有机结合并大成的例子莫过于蔺相如了。他被缪贤举荐，又在赵王选择送璧之人时挺身而出，通过自己的智谋果敢成就完璧归赵的佳话，何不美哉！

当然，“荐后大成”还有一个隐形前提，即人愿出世，世善用人。如若此人在他荐成功后却无被任用之意愿，而只期许在内心修篱种菊，在自我能见之地实现自我价值的话，他就算成也只能是小成，终不能作用于社会。而且，只有当社会有举荐并被任用的良好氛围与效应，才能激发更多的伯乐，从而发现鞭策更多的人才。

然，视之当下，不少真正有才能的千里马却苦苦等待自己的伯乐，而无真才实学却通过错综复杂的利益关系以自荐、他荐迅速上位。现实中的伯乐何其少，而能做到摒弃名利、乐于发现千里马的又加少矣。社会上从不缺少成功，但这份成功掺杂了多少虚假、利益？又能维持多久？它能产生多大的效应？大多数成功离大成还有一定的距离。

容我固执地认为：真实的荐才有可能创造无限可能性。人、他人、社会相互促进，不可或缺。

第六节　实践训练 5：学会类比推理

1. 类比：或然性推理的另一形式

《邹忌讽齐王纳谏》是入选各地语文教材的经典名篇，我们先看邹忌是如何进谏齐威王的：

> 邹忌修八尺有余，而形貌昳丽。朝服衣冠，窥镜，谓其妻曰："我孰与城北徐公美？"其妻曰："君美甚，徐公何能及公也！"城北徐公，齐国之美丽者也。忌不自信，而复问其妾曰："吾孰与徐公美？"妾曰："徐公何能及君也？"旦日，客从外来，与坐谈，问之："吾与徐公孰美？"客曰："徐公不若君之美也！"明日，徐公来，孰视之，自以为不如；窥镜而自视，又弗如远甚。暮寝而思之，曰："吾妻之美我者，私我也；妾之美我者，畏我也；客之美我者，欲有求于我也。"
>
> 于是入朝见威王，曰："臣诚知不如徐公美。臣之妻私臣，臣之妾畏臣，臣之客欲有求于臣，皆以美于徐公。今齐地方千里，百二十城，宫妇左右莫不私王，朝廷之臣莫不畏王，四境之内莫不有求于王：由此观之，王之蔽甚矣。"

邹忌是怎样由自己的事而推出"王之蔽甚矣"的结论从而主张齐王应该广开言路呢？他在自己与城北徐公比美的过程中发现不同的人——妻、妾、客——给出了相同的回答，他认识到三人相同的答案是源于三人不同的身份及不同的心态，即妻"美我"、妾"畏我"、客"有求于我"。邹忌由自己受到不切实际的赞美而受蒙蔽的这一性质类推到了齐王的身上，生动地证明了"王之蔽甚矣"这一观点。邹忌向齐王进谏，用的即是类比推理的方法，类比的双方是邹忌和齐王，类比中双方的相同点，邹忌方面是"吾妻之美我者，私我也；妾之美我者，畏我也；客之美我者，欲有求于我也"，齐王方面是“宫妇左右莫不私王，朝廷之臣莫不畏王，四境之内莫不有求于王”。

所谓类比推理，是根据两个或两类对象在某些属性上相同或相似，从而推出它们在另一些属性上（这一属性已为类比的一个对象所具有，另一个类比的对象那里尚未发现）也相同或相似的一种推理方法。

类比推理在思维过程上不同于归纳推理和演绎推理，它既不是从一般到个别，也不是从个别到一般，而是从个别到个别，从特殊到特殊，因此，所得的结论只具有或然性。“许多科学理论，当它一开始以假设形式出现时，往往是通过类比推理提出来的。比如魏格纳提出大陆漂移学说，是类比了冰山在水上漂移受到的启示；卢瑟福发现了原子核并提出他的原子结构的行星模型时，也是类比了太阳系结构受到的启示。许多发明创造也是由类比推理提供线索的。传说中我国古代名匠鲁班由叶子边缘上有许多锋利的小齿可划破手指，想到了在竹片上、铁片上制作许多小齿，从而发明了锯的故事，就是类比的运用。类比在学生学习中用处很大。我国古代教育中很重视‘触类旁通’的能力，所谓‘触类旁通’，就包含类比的意思。”①

根据类比推理的含义，如何来提高类比推理结论的可靠性程度呢？一方面，要尽可能从两个或两类对象较本质的属性去进行类比。因为已知的类比属性较本质，表明两个或两类对象在性质上更加接近，其性质之间的联系更具有必然性，由此推出的结论也就更加可靠。另一方面，要尽可能找到类比对象间更多的共同属性。因为类比对象的共同之处越多，越能表明它们将是同类对象，因而它们也就越有可能在其他属性方面也是相同的或相似的。反之，如果仅仅凭少数的相同或相似，就推论出它们在另外的属性上也相同，这样的结论大多是不可靠的。

2. 运用：寻找不同事物的相似点

将类比推理这一思维形式运用于议论文写作，在论证方法上也就是我

① 蒋念祖：《高中议论文写作与思维训练》，四川教育出版社，1990 年 3 月版。

们常说的类比论证。因此，类比论证是一种通过已知事物（或事例）与跟它有某些相同特点的事物（或事例）进行比较类推从而证明论点的论证方法。“其中，‘相同特点’是这种论证方法能够成立的前提，没有它，就无法进行类推；‘比较类推’是这种论证方法的根本标志，没有这个推理过程，就达不到证明论点的目的；‘已知事物’是这种论证方法的一个重要条件，它是为所要论述的主体事物服务的客体事物，没有这个条件，不能使类推的道理明显化，不易为读者接受，在某些情况下也不能达到证明论点的目的。这种论证方法通过客体事物与主体事物相同特点的比较，把客体事物的性质类推到主体事物上，由此揭示出主体事物具有客体事物同样的性质，从而达到证明论点的目的。”①

这一论证方法的优点，首先在于便于深入浅出地阐明道理。在写作过程中，有些深奥的道理，我们在有限的篇幅里难以用简洁的话说得清楚，但用类比论证往往却可以把道理深入浅出地阐发出来，如《孟子》中的名篇《鱼我所欲也》的开头：

> 鱼，我所欲也；熊掌，亦我所欲也。两者不可得兼，舍鱼而取熊掌者也。生，亦我所欲也；义，亦我所欲也。两者不可得兼，舍生而取义者也。

孟子拿鱼和熊掌的关系与生和义的关系进行类比，因为两者在本质上的共同点都是“舍轻取重”，最后，由“舍鱼而取熊掌”推出“舍生而取义”的道理。

类比论证还可以增加文章的说服力。荀子的经典名篇《劝学》就是一例。

《劝学》首先以冰寒于水、青胜于蓝与人后天学习可以增长知识有所超

① 刘相春：《如何区分举例论证、比喻论证与类比论证》，《中学语文·大语文论坛》，2014 年第 10 期。

越相类比，以“輮直木成轮”类比学习可以使人品性改变，从而推出分论点：“君子博学而日参省乎己，则知明而行无过矣”。接着，以终日而思不如须臾之所学、跂起脚跟远望不如登高之博见、登高而招见者远、顺风而呼闻者彰、假舆马而致千里、假舟楫而绝江河，与人通过后天学习可以积累知识技能、全面提高素质从而左右逢源的事理相类比，推出第二个分论点“君子性非异也，善假于物也”。第三段，作者以积土成山风雨兴、积水成渊蛟龙生，不积跬步难至千里、不积小流难成江河；以驽马十驾可致远、锲而不舍金石成器，骐骥一跃难十步、锲而舍之朽木不折；以蚯蚓食埃土、饮黄泉，河蟹非蛇鳝之穴无处存身，分别正反类比学习要达到“圣心备焉”的境界就该有不断积累、持之以恒、用心专一的学习态度和精神。作者多用生活中的常事和常理来类比学习的道理，既生动形象，也大大增强了文章的说服力。

很明显，《劝学》全文用的是类比论证而非比喻论证，因为类比论证的重要特征不仅表现为一种论证方法，而且是一种推理过程，而比喻论证是一种修辞格，在运用时不体现推理过程。

那么，议论文写作该如何有效运用类比论证呢？简单地来说，就是要寻找不同事物的相似点，也即寻找“差异中的相似”。所以，从操作层面来说，运用类比论证最为关键的，是在陌生的不同事物中寻找两个事物的“亲缘关系”①。

鲁迅在《拿来主义》一文中，针对一些人盲目说中国只是给予不想取得的事，以尼采不是太阳，也没有无尽的光和热，类推到中国也不是太阳，也没有无尽的光和热，不可能一味地给予，最后尼采疯了，推出的结果，自然是中国一些人也疯了，由此来论证中国不能只是给予不想取得，不能一味实行“送去主义”这一卖国行径。鲁迅正是寻找到了尼采和某些中国人身上“只是给予不想取得”这一“差异中的相似点”，使论证既形象又深

① 徐江：《类比，在陌生中寻找亲缘关系》，《新作文（中学作文教学研究）》，2014 年第 6 期。

刻的。

徐江老师以全国高考试题《树木·森林·气候》为例分析了如何运用类比推理写应试文章："这道高考作文题审题不难，立论也不难。这是典型的类比思维应试题。找到社会现象中与'树木、森林、好的气候'相似的社会问题，应试文章构思就成了。比如说，社会上有一两个文明人典型，改变不了社会的不文明现象，只有每个人心中有文明意识，形成强大的文明群体，那么，就能创造比较文明的社会气候。就是说，社会上文明的个体愈多，才愈能影响社会气候。这个问题的发展公式是这样的：'文明的个体愈来愈多，形成强大的文明群体，那么，必然会有利于社会文明气候的发展。'"①

为了使文章观点更为深刻，论述更为有力，这"差异中的相似点"越接近对象的本质，越能写出深刻的文章来。如2016年上海某区高三"二模"作文题：

> 在马戏团做了半辈子的小丑改行了。新工作很体面，是在快餐店里卖汉堡。没有人鼓掌，没有人笑，没有人需要他翻跟头，摔跤，或是做鬼脸。小丑后来写了一封信，寄给当年还在马戏团的自己。信里只写了一句话——"我一切都好，只是想你。"
>
> 以上材料引发了你哪些联想和思考？请自选角度，自拟标题，写一篇不少于800字的文章（诗歌除外）。

"以上材料引发了你哪些联想和思考"明显提示我们要从小丑的思想行为类推到"我们"身上，进而证明自己的观点。写作此文，如果只是谈我们每个人不希冀生活的变化而一心想回到从前，我们都有改变生活的权力、而这改变可能不会如你意，理想很丰满、现实很骨感等等，或许还没有触

① 徐江：《类比，在陌生中寻找亲缘关系》，《新作文（中学作文教学研究）》，2014年第6期。

及材料的本质。从材料最后一句“我一切都好，只是想你”深究下去，可以给我们以启示，我们每一个人都会因生存而屈就，放弃内心的欲求，最终成了那个只能在心中怀念自己的小丑；因为生活中有时我们也会面临这样的抉择——放弃自己付出大半生心血的所热爱的事业，去投奔那所谓“更好的”职业，而“更爱的”永远只能藏在内心最深处。

请看以下两篇作文的开头：

村上春树曾说：“回忆会从你的内侧深刻地温暖你，也会从你的内侧剧烈地切割你。”

当小丑从马戏团改行，换了体面的职业，他“一切都好”，或是因为收入更高了，工作更安全了，不用再如天天翻跟头般辛苦了。但小丑想念着不卖汉堡的自己，或是因为那曾是自己付出大半生心血的地方，那是自己所热爱的事业。

其实，每个人都可能会经历这样的人生，成为“小丑”后再成为“卖汉堡的”。“小丑”正是我们心中最初始最本真的热情所在，“卖汉堡的”则是我们最终选择的道路，或主动或被迫，却总比“小丑”看上去更适合我们自身之外的世界。其实，初心与现实并不矛盾，只是当下人在现实中的贪婪让人最终失去“想”的资本。

（《世界上的另一个你》）

小丑脱下了戴了半辈子的面具，拥抱了“更好的”生活。可当这份对于更好生活的欣喜消散后，他发现更好的却不是他爱的。当他追悔莫及之时却发现，自己的脸已不适合那张面具。他，回不去了。留给他的，只有静静的思念。

生活在一个资本高度发达的社会，我们每天的生活也如一笔笔买卖。有的人用青春换取金钱，有的人用亲情去换取事业等等。生活就如一笔你情我愿、过期不退的买卖，交易的决定权看似握在你的手中，实际上并不完全由你决定。在一次次抉择中，最让人无法取舍的，便是我们到底选择更好的，还是我们更爱的。

（《更好的？更爱的？》）

两篇文章均运用类比推理的思维由材料而及现实人生，具体而深入地分析了小丑人生和我们现实人生的相似点，为写出立意深刻、分析透辟的文章打下了坚实的基础。

运用类比论证还需要注意的是，用来类比的客体事物应该是确已定论的，才会可靠有说服力。如《在马克思墓前的讲话》中的"正像达尔文发现了有机界的发展规律一样，马克思发现了人类历史的发展规律……"，就是以达尔文发现生物进化规律的历史性贡献，来证明马克思发现人类历史的发展规律在全部人类文明史中的巨大历史意义，具有极强的说服力。

当然，更要注意积累事理材料（而非事例材料，类比推理中，事理与事理的类推是议论文写作获得深度的重要基础），等到写作需要的时候，就自然能产生联想或想象，并信手拈来、随意驱遣，进而下笔成文了。

3. 实践训练

（1）阅读以下材料，用类比推理的方法审题立意，写一段不少于300字的分析文字。

岛屿矗立在海上，当茫茫海水退去的时候，却发现自己与大陆紧紧相连。

（2）阅读下面材料，用类比推理的方法审题立意，自拟题目，写一篇不少于800字的文章。

一个农夫种植自家培育的高产玉米而产量却在逐年下降。调查后他发现，是风把周围低产玉米的花粉吹到他家玉米田导致品种退化，农夫思量再三，便把自家种子送给村民种，此后大家的玉米连年增产。

（3）根据以下材料，自选角度，自拟题目，写一篇不少于800字的文章（不要写成诗歌）。

要成功地经营一家大型商场，要素有两点：一是必须尽量引进有知名度、高信誉的大品牌来提升商场的影响力；二是经营者必须牢牢控制商场经营的主动权，不能让品牌商左右自己的决策。有人认为以上两点不仅是商业上的成功经验，对我们为人处世也有诸多启示。

附【点拨指导及学生习作】

题（1）写作提示：

审题要抓住"岛屿"与"大陆"的关系。"岛屿"与"大陆"是一对相互关联、内涵又在不断发生着变化的概念。从一般意义上看，"大陆"常常与家庭故土、国家社会、民族人类、根基共性、历史文脉、文化底色、精神归属等意义指向相联系，而"岛屿"则往往指个体、独特个性、自我等等。由此可以这样立意：伟人的高度无法轻易被世人理解和接纳，但无可厚非的是，他们由那个时代而出，是基根于那个时代的。而当遮迷了人心的滔天巨波平息时，在茫茫海水退去的时候，小岛或许可以在伟大的高度，了解自己与大陆的相连，如愿以偿地展露笑容了。

如可以以但丁为例这样论述：

但丁的目光是忧郁而又深邃的，他心怀人民生活，却遭受权贵迫害，被驱逐出佛罗伦萨，不允许再归来。他四处漂泊，孤苦无依，就像一片渺邈中的孤岛，无法依靠。

伟人的高度无法轻易被世人理解和接纳，但无可厚非的是，他们由那个时代而出，是基根于那个时代的。而当遮迷了人心的滔天巨波平息时，在茫茫海水退去的时候，小岛或许可以在伟大的高度，了解自己与大陆的相连，如愿以偿地展露笑容了。就像但丁的一生，虽历经坎坷，但在人们一遍遍传颂他的奇作《神曲》后，佛罗伦萨的市政府才幡然了悟，原来他们的国土曾出现过这样一位了不起的子民，并愿意在但丁认错的基础上，让他回到佛罗伦萨。

可但丁又是如何回应的呢？他不屑一顾，坚定自己的理念，不愿认错，依旧四海为家，云游了整个意大利，但这无碍于他受各地的人追捧。即使在落潮之后，他依旧维持着一个伟人的高度，以伟大的姿态，嘲笑他故乡政府的愚蠢和难堪。

所以，岛屿本身就是在一个伟大的高度，而大陆与之紧紧相连则充实巩固了其伟大的高度和基础。它象征一种环境，一种时代背景。

题（2）学生习作：

修己以安人

某考生

农夫致力于修己，种植出高产的玉米。然而风却不如人意，将周边低产玉米的花粉播散其上使其品种退化。农夫之智便在于懂得安人之礼，当他分发高产种子安村民之时，也正是前进的号角。修己以安人，前进始于此。

玉米的生长有如此规律，人作为社会性的动物，与人交往必定同样遵循其道。我们无法在尘世中只求不断修己，而不顾周围人的影响。就如同梁文道先生在其文《清贫与富贵》中谈到，如今富人随处可见，但富人却常缺少贵气，以贬低穷人与弱者的尊严以显其唯我独尊。然而人际交往是一支舞蹈，修己者，拙于安人，永远无法舞出真正的君子之姿。若是材料中的农夫只一味责怪周边低产玉米的邻居，以鄙夷与不屑视之，那么他失去的就不只是产量，更是人心与尊重。我们亦是如此，只求修己不知安人，修己无法真正达成，同样要失去可贵的君子之气。

由是便可知慷慨之重，并非只为博得个好名声，真正的慷慨者乐于安人，并以此修己。

安人，不仅只对于相对的弱者，任何人都有经历平陂之时。当我们乐于将自己的经验或优势授之于人，并不会因此损失些什么，只会获得更大的益处。歌德与席勒的友情便是在相互给予中共同形成。当如水般理性的席勒扣开如火焰般歌德的理想之门，席勒给予其热情，使得歌德灵感迸发，作一篇《浮士德》流传后世。同样，他也得到了歌德给予他的生活中呵护与相持。当我们学会给予，学会安人，便再没有单一收益方之说，于人于己都是一章前进之歌。

然而，修己以安人并非是对于每个个体而言的。就如农夫的高产玉米在整个村落流传开来之后，进步的便不只是单个农夫而是由此组成的大我。推广到社会亦然。余秋雨以一曲《西湖梦》道出知识分子的责任所在。千百年来，多少人为林逋梅妻鹤子般修己境界折腰，这也无形中反射出当今安人意识的薄弱。与此同时，杭州的苏堤、白堤的确是苏、白二人作为知识分子责任的外化与流传。这二堤的意义并不只在于当时的百姓创造便利，更多地是如此安人，安的是四方百姓，也是天地万众。真正的君子，修己以安人，而安人不为修己，只为推动人类社会的共同进步。

在整个社会都在修己时，物质逐渐富裕，然而物质的极大丰富又产生出私欲与自私，是学农夫般助人安人，或是站于时代边缘斥责时代，又或是投身其中修己随后以安世界，体现的便是境界的高低。

修己以安人，还生命以丰富的广度，共生的深度，挺拔的高度。

题（3）学生习作：

不忘初心，方得始终

某考生

成功经营一家大型商场有两点要素。一是引进知名度高、有信誉的大品牌来提升影响力；二是经营者要牢牢控制主动权，不让品牌商左右决策。

这两点要素看似是为商之道，实则也是为人之道。商场的经营既要依靠大品牌的力量提升自我，又要牢牢掌握“方向盘”，而为人之道亦是如此。我们不但要借鉴专业人士的丰富经验和知识，博采众长，也应该保持自我的风格，不轻易被同化。一如草婴在翻译托尔斯泰诸多作品的过程中，无可厚非要查阅大量专业翻译字典和书籍，借鉴前人。但与此同时，草婴也一如既往地保留自己的风格，坚持以自己独到的语言和思想诠释他心中的托尔斯泰。又如扎克伯格在创办Facebook时也同样借鉴了以往许多社交网站的成功案例，而他的胜利却是建立在对可借鉴经验基础上的更新改造。

为人处世，吸收众家之言、百家之长才能对自我有所裨益。但同时更要不忘初心，不轻易被外物所同化。

然而，这商业的成功之道能这样轻易照搬用于人生之道吗?

经营者要提升商场的影响力就必须尽可能地选择高知名度、高信誉的大品牌，从而才能吸引顾客。但对于大多数平凡的普通人而言，我们所能借鉴的经验和依靠的力量却大多不是权威。父母的启蒙教育没有所谓的高深哲理，但他们教授给下一代的人生经验却能受用终身。由此可见，商业之道不能如此轻易照搬。

沈括著成《梦溪笔谈》，被评价为中国科学史上的里程碑。但书中的大多知识都源于他对于普通老百姓日常生活经验的总结。沈括对此加以分析，即借鉴寻常人的经验，又以自己的知识系统做深入的研究，从而著就名书。《论语》虽大多收录了孔子及其弟子的语录，但也从普通人的话语中提炼精髓。《论语》既引用寻常人的思想，也坚守儒家“温良恭俭让”的核心理念。因此，在为人处世中，我们不仅需要借鉴权威，也要善于借助普通人的经验，加以吸收总结，坚守本心，才能成功。

在这个时代，崇高的权威固然值得借鉴，但谁又能否认乡村野夫之言也往往暗藏警世名言呢？但无论是借鉴权威还是借助常人的经验，我们都应坚守本心，不被外物左右，才能活出自我，活出精彩。

第七节　实践训练 6：掌握三条规律

1. 同一律：保持概念和论题的一致性

前面各节我们说到，议论文写作要做到说理有效，必须要概念明确、判断恰当、推理合乎逻辑，这是分别就思维所使用的概念、判断和推理等思维形式来说的。除此之外，议论文写作还有一些基本的逻辑要求要严格遵守，这就是贯穿于概念、判断和推理之中的逻辑思维规律的要求，也即传统形式逻辑的三条基本规律：同一律、矛盾律和排中律。遵守这三条规律是思维正确、合乎逻辑的基础和前提，违背这些规律，议论文的写作就要犯偷换概念、转移论题、自相矛盾和模棱两可的毛病。

同一律的基本内容是：任何一个概念或判断都有其确定的内容，因此在思维和论述过程中，必须保持概念或判断的确定和同一。就概念来说，在什么意义下使用某个概念，就应该按照这同一个意义去使用它，而不能随意变换概念的内容或把不同的概念互相混淆，否则，就要犯混淆概念或偷换概念的逻辑错误。就判断来说，是什么判断就是什么判断，在思维的论述过程中，不能把两个不同的判断随意混淆或等同起来，否则，就要犯转移论题或偷换论题的逻辑错误。

同一律在议论文写作中的运用表现为，首先，不能前后不一致，随意改变，转移论题；其次，要对论题中的核心概念及时界定，并使核心概念的阐述在文中前后一致。

议论文写作过程中必须保持思想的一致性，只有这样，才能紧扣中心论点，不至于出现离题、偏题的现象。在具体写作过程中，审题要从材料的核心出发，思想要和材料的内涵保持一致（当然，也可以补充、超越材料，甚至是否定材料，这对思维的要求更高，但补充、超越、否定的基点仍是材料。），论证过程要注意与材料的关联与契合，否则文章不是偏题就是套题。如 2016 年上海高考有考生作《带着“脚铐”跳舞》一文（按：

“带”为错别字，以下文中有多个错别字，保留了原貌）[①]：

“走自己的路，让别人去说吧！”，春晚上，小沈阳的这句话深入人心。

随着生活曝光度的提升，评价他人生活越发容易。我认为，我们无权评价他人的生活，但又无法制止这种现象，无法达到真正的自由，我们只好带着“脚铐”跳舞。

自由是人类理想追求的，但自由也是由人定义的。不同的人组成了杂乱的社会，不同的思想圈定了隐形的高城墙。在墙之内，你可以活出自我，我行我素；在墙之外就立即被判做异类。

“自由”二字正正方方规规矩矩，说明人生再怎么自由也无法离开规矩。因此，活在他人的评价下也是必要的，拥有他人的评价，才能有助我们认清自己的定位。舞台上，舞姿华美优雅的舞者，若她的走位、站位出现偏差错位，无论舞技有多么精美，这都是场失败的演出，只因其的错位，使视觉效果无法达到最佳。

“自由”二字在正方的外表下，各伸出一点与一竖，向我们诉说着矩正世界外面的精彩。出生于1912年的赵慕鹤老人，曾在大学教书的他，在退休后选择重返大学校园，选择去登山运动，还考出了硕士学位。现今104岁的他，还混在小青年中进行学述研究，这位有着逆时针人生的学者告诉我们，要活出自我，活得精彩，可能网络上对他指指点点的人有许多，但他没有做出危害社会的事，在自己的世界活出自我赢得人们的赞同。

“自由”二字一高一矮，并排放在一起，铺成了我们那高高低低的漫漫人生路。他人零零碎碎的评价，化作点点繁星，一道道微弱的光芒照亮一条条分叉路口。有的路平坦，有的路崎曲；有的路光明，有

① 上海教育考试院：《2016年上海市高考作文评析》，上海教育出版社，2016年10月版。

的路黑暗；有的路有大山，有的路有盆地，甚至还有的路……

但无论出现怎样的道路，最终我还得听从自己的意愿去选择他们。

无论周围对我的评价是赞同还是批评，最终的最终还是印证了那句可笑的话——“走自己的路，让别人去说吧！”

人生只有一次，但生来就戴上了规规矩矩的“脚铐”，有的人选择斩断它，有的人选择屈服于它。我，无关乎他人的评价，选择带着它跳舞，在规规矩矩的世界中活出只有我的精彩。

2016年上海高考要求学生思考《评价他人的生活》这一现象，从审题上看，这篇文章完全没能把握这一写作的中心，写了一篇以《自由》为话题的套题作文。作者不恰当地将“我们无权评价他人的生活，但又无法制止这种现象”转移到“无法达到真正的自由”，进而又结合“他人的评价”对“自由”进行举例探讨，即使在行文中多次出现“评价”，也是和写作要求貌合神离。

另外，对论题或题目中的核心概念要作及时界定，并做到前后一致。如写《出淤泥而不染》观点的作文，有的同学这样写①：

其实，坚守理想，就是为人生寻找到永不熄灭的指向灯，让我们在万变环境中找到属于自己的方向。屈原坚守理想，“举世混浊而我独清”；贝多芬坚守理想，“我要扼住命运的咽喉”……坚守理想就是一种信念，让我们真正出淤泥而不染。

“出淤泥而不染”的本义指的是在污泥中生长出来的莲花不沾染污秽，写作此文，当从“淤泥”的比喻义或深层义出发，将此句理解为人从污浊的环境中走出来却还能保持自己高洁的志向和节操，因此“淤泥”指的是污浊的

① 丁升华：《让议论文插上逻辑的翅膀——谈逻辑基本规律在议论文写作中的运用》，《语文学刊》，2014年第10期。

环境。确定好了“淤泥”这个核心概念，就一般不会在论述中有所偏离了，但再看以上例文，我们会发现作者时而把“淤泥”理解为“万变的环境”，时而理解为“艰苦的环境”，所以，这段文章的论述犯了混淆概念的错误。

2. 矛盾律：避免思维论述的自相矛盾

矛盾律的基本内容是：两个互相矛盾的思想不能同时都是真的，因此，在思维过程中，对同一对象不能同时做出两个互相矛盾的判断，即不能既肯定它是什么，同时又否定它是什么。它要求在这两个矛盾的判断中必须肯定其中一个，否定另外一个，否则，就陷入了自相矛盾的境地。

在议论文的写作中，违反矛盾律的主要表现在于，对某些事物或现象，从某一个角度来分析它有合理性，而从另外一个角度来看又有它的弊端，于是在这两个矛盾的角度中往往迷失了自己，没有了“主见”，无所适从，肯定它不好，否定它也不好，这样就犯了“自相矛盾”的逻辑错误。比如写《小议手机》这一作文，有的同学就先谈手机作为现代通讯工具给我们生活带来的便利，之后转入写过度使用手机、生活的每一个缝隙都被手机填满所带来的危害，看似用一分为二的哲学思想来分析问题，实则使文章陷入了观点笼统、论述不集中的境地。再比如《谈容忍》这一作文，有同学本来的论点是“对别人要有容忍之心”，文章首先谈什么是容忍、为什么要容忍别人、容忍别人的好处和怎样容忍别人，然后笔锋一转，“当然我们所说的容忍要具体问题具体分析”，而后用大量的篇幅分析哪些人、哪些事不能容忍，怎样注意容忍有度，这样一来，文章前后就存在矛盾，全文的中心论点也就不明确，也很难让读者接受并信服你的观点了。

避免文章前后论述的矛盾，应当调整“肯定其中一个”和“否定其中一个”的篇幅。也就是说，“肯定其中一个”和“否定其中一个”不是不可以同时用，而是两者的主次关系要处理好，一篇议论文一定只有一个论点，集中谈一种观点，但是在谈这一种观点的时候，我们可以从否定的角度去补充，从而达到辩证思考的效果。如上面所说的《谈容忍》一文，在文章主体部分论述“什么是容忍、为什么要容忍别人、容忍别人的好处和怎样容忍别人”后，可以适当加入在具体情况下哪些人、哪些事不能容忍以及怎样注意容忍有度的分析，如此，方能体现文章的思辨性。

3. 排中律：力避思维论述的模棱两可

排中律的基本内容是：两个互相矛盾的判断不能同时都是假的，因此在思维过程中，对于两个互相矛盾的判断，就必须承认其中一个是真的，给予明确的肯定，不能对两者同时都加以否定。换句话说，对于同一个判断，不能对其既不肯定，又不否定，妄图在肯定与否定之间骑墙居中。我们知道，是非、真假之间，肯定、否定之间是没有中间可能的，必须排中而明确地表示和作出自己的断定。因此，违反排中律要求的常见逻辑错误就常常表现为在是非、真假之间骑墙居中，在思维和论述中表现为含糊不清、模棱两可。为了简单明了地说明这一点，我们看一个例子①：

在一次讨论古典文学名著《红楼梦》的会议上，出现了两种互相矛盾的意见：一种意见认为《红楼梦》是一部杰出的古典文学名著；一种意见认为《红楼梦》并不是一部杰出的古典文学名著。主持会议的人在做讨论小结时表态说：“我不同意第一种意见，但是，也不同意第二种意见。”

针对会上出现的两种互相矛盾的意见，会议主持人却同时加以否定，无疑是违反了排中律要求的逻辑错误。

在议论文写作过程中，对于两种互相矛盾的看法，在立论的时候，不能对两者都加以否定。例如以《常识》为题写一篇作文，有同学先否定了“我们日常生活对常识的漠视”，接着又否定了“我们在日常生活中对常识应有的尊重”，两个否定让文章的思维陷入混乱的泥淖，对于“常识”这个

① 彭漪涟、余式厚：《写给中学生的逻辑学》，北京大学出版社，2013年9月版。

论题到底是什么态度读者就根本无法理解了。

同一律、矛盾律、排中律是保证思维确定性、不矛盾性和一贯性的规律，在议论文确立观点、展开论述的过程中，要遵循这三条规律的逻辑要求，既做到清晰界定论题中的核心概念，使观点集中而明确，又要使核心概念的内涵前后一致，避免出现自相矛盾和模棱两可的逻辑错误。

4. 实践训练

（1）根据以下材料，以《或许可以那样》为题，写一篇不少于 800 字的文章，注意核心概念的前后一致。

我们的生活中，有无数个“这样”：学习是“这样”的，工作是“这样”的，教育是“这样”的，社会是“这样”的……每一个人都生活在当下的“这样”中，然而当我们回望自己的生活，是否曾经想过：或许，当下的种种，可以是“那样”的。

（2）关于“说什么”，关于“说”与“不说”，古今都有许多至理名言。不同的阐释背后有阐释者自己的角度、立场与观点。如“说大家都在说的却从不认真关心的东西最安全”，如“如果说不出什么好话就干脆别说”，如“老实承认不知什么很重要”……

你对“说”与“不说”有什么看法，请写一篇文章，谈谈你的思考。

（3）智慧是一种经验，一种能力，一种境界。和大自然一样，智慧也有他自己的样子。请以此写一篇不少于 800 字的议论文，题目自拟。

附【点拨指导及学生习作】

题（1）写作提示：

审题要抓住“这样”与“那样”这两个词语的含义及关系。从材料来看，“这样”是生活中普遍认同与接受（主动的或被动的）的、约定俗成的事物、现象、价值观等，因而可以理解为守旧、思维定势、功利、快节奏、单一化、量化、现实生活等等，而“那样”相对应的即是创新、突破束缚、本心、慢生活、多元化、人性化、理想生活等。但写作时要注意的是，切不可将创新、突破束缚、本心、慢生活、多元化等理解代替“那样”，偷换概念，写成《或许可以创新一些》《或许可以遵循本心》《或许可以放慢脚步》等主题的作文。

题（1）学生习作：

或许可以那样

上海市崇明中学　黄紫薇

当我们生活在因循的“这样”之中，是否曾回望彼时可能的“那样”？我们因社会教条或因观念局限而囚于“这样”，当我们的思维抵达另一个“那样”的维度以自我观照，即已是观念的突破，诞生出革新的可能。同时，去实现“那样”对生命的更新。

无数的“这样”诞生于长期既定的社会法则，一方面，它具有稳定性和保障度，另一方面，它消蚀着“那样”的可能性，助长着犬儒主义，催生着自命清醒的虚无主义。长期处于“这样”，在维护社会平稳前行的同时，也妨害了新的事物生存发展的可能。

在这样的语境下，“那样”相对于旧的“这样”，象征着不拘于时的生活方式，代表着具有生命力的新事物的发展，不仅意味着对旧事物的变更，更带动新生文明的降临。回溯历史长河，千年封建专制压抑人性，造就无数生活处世循规如“套中人”的臣民。而鸦片战争开始后，西方鲜活的民主自由“那样”的观念源源而入，方打破了“这样”的旧轨枷锁，释放生命的天性，迎接新的文明。

当臣服于“这样”的观念动摇，产生了对“那样”的追求自觉，跳出“这样”的可能已裂开了一条缝。因为裂开了一条缝，光才能照进来，最终一条缝合成为一扇门。裂开这条缝的根本可能在于思想的启蒙。刘瑜认为，启蒙与其说是教育，不如说是告诉他们不知道而自己知道的东西，即是对理性的擦拭。同样地，我们不应当在需要运用自己理性的领域却接受别人的权威。让理性成长，从“这样”用守旧裹起来的外壳中，寻得向“那样”行进的缝。

更重要的是，对“那样”行进的实现。有一种名为“理性无知”的理论，意为当“无知”符合人们的理性的时候，人们更愿意停留在无知的“这样”之中。所以从“这样”的温暖安全的机舱中跳向未知的自由大地，所需的是几近于“向死而生”的勇气。而当“这样”的世界和“那样”的理念相互追尾时，当我们从“这样”勇敢地跳出第一步时，我们已经完成了一次生命的历程，并对我们真正抵达“那样”产生自发的推动力。

灰烬是火焰燃烧的产物，当它覆盖在火焰上时，它又反过来阻碍了火焰的燃烧。同样的，“这样”和“那样”存在相对性，“那样”也可以成为“这样”，《〈宽容〉序言》中人们走出无知山谷来到的新世界，焉知不会成为第二个生命和理性的樊笼？故厘清“这样”“那样”对生命的意义，永葆理性的生命力，方可不受限于“这样”，拥有开阔的未来。

“这样”和“那样”是生命的两个维度，从此跨越到彼，是理性的成长和生命力的扩展，需有不拘于时的通达和开放的精神，方能在“这样”与“那样”之间寻得“或许可以那样”的寻踪探秘。

题（2）学生习作：

边　界

上海市崇明中学　徐峥莹

在这个主张言论自由的年代里，每一个人都似乎在喋喋不休。从家常至国事，是无法停止的——说，说，说！虽然如此，每个人的心里又都有一把尺，默默地丈量着，“我今天的这句话，好像不该说”。那到底，说，还是不说？

说话是一门艺术，这本没错，却总是被默默扣上了圆滑世故的帽子，替真正的市侩嘴脸背了锅。于是，这个锅让人反复地叫嚣着，“言论自由！”“我们要言论自由！”“你凭什么不让人说了！”当“耿直”开始当道，毫无顾忌的“直话直说”戳得让人发疼，自我社会生存空间的权利边界也毫无意外地受到了干扰与破坏。

撒谎与讲真话，“说”与“不说”都是权利边界内的一部分。言论自由是保障这种权利的一大要素，但言论自由并不代表着说话自由。坚持言论自由是在维护自己的权利边界，而对说话自由的体悟与认知在于你是否能保障他人的权利边界不受干扰与破坏。

自我社会生存空间的内部除了那些必要的社会权利之外，更是内含了一个社会人内里的人格特质、思维方式乃至精神世界，这是一个极其私密的地方，空间外是他人与社会，内部即是自我，无论好坏。在“想说什么就说什么”肆意舒展自己的权利边界的时候，应当注意的是是否突破了他人的权利边界，是否窥探、伤害、侵犯了他人的内部空间。“说什么”，“说”与“不说”不应是说话的权利而该是技能，如何妥帖地照顾闻者的权利边界不是圆滑世故，当是一门艺术，这是不能用“耿直”来代替的。

“如果说不出什么好话就干脆别说”“老实承认不知什么很重要”，这一类貌似很对的“至理名言”都是一些不得已的时候退而求其次的一般经验总结。它适用，也不都适用。就像是贴在了权利边界上的告知书，即使事事巨细也总有遗漏隐藏的雷区。在这个主张言论自由的年代里，适当的沉默也许是最好的良方。这种“沉默”不是“说不出什么好话”后无奈的闭嘴，也不是一味不知进退的包庇容忍，而是给予自己的自我社会生存空间安静休憩的能力。一切对他人的自我社会生存空间的权利边界的损害大都来自于自我空间的膨胀。说话的艺术是耐心整理，去掉冗杂与尖锐，轻装上阵。安安静静温温婉婉地“小”下来，而不是无限地膨胀直到藏住那暗藏杀机的尖锐与锋芒。当一切都尘埃落定之后，你会发现一切都会变得很简单，平和无锋芒的你只需说你该说的，不说你不该说的。

言论自由不是言所欲言的借口，更不是伤害他人的尖刀，当锋芒毕露，你应当审视自己乱七八糟的自我社会生存空间的内部，是什么让你变得如此尖锐又毫不留情？是不得名利的愤愤不平？是压力过大的继续发泄？还是执念与偏见？……没有什么是天性使然，“沉默”与“说话”都是你可以捍卫的权利。只是，“说”与“不说”，你看见那边界了吗？

题（3）学生习作：

智慧源于经验①

是的，“如同大自然一样，智慧有其自身的景象”，有自己的本质意义，有内在质的规定性，套用一句“你懂的”句式来表达，即，智慧就是智慧。但是，智慧毕竟不可能仅为佛家独有，不可能永远只是玄妙莫测的禅意氤氲，当然，也不可能只是哲学家的专利。

世事人生常常就是这样，愈是“高大上”，有时，往往源自于“下里巴”。“老马”能够“识途”、“农人”可以“制虎”，这早已是人所皆知的智慧。这样的智慧往往与经历相关，与生活和实践相关，简单地说，与经验密不可分。

如果说“老马识途”“农人制虎”只是文化、文学中流传下来的故事，不足为信。那么，“吃一堑，长一智”呢？这可是人所皆知的人生智慧吧。

当然，你或许此刻会有疑问，何以“吃一堑”就能“长一智”呢？那是因为一般人在生活中遭遇了一次挫折或失败后，往往能够从中得到一次教训，因而能够增长生活的智慧。或许你还要追问下去，“教训”又不是“经验”，你怎么能说智慧是一种经验呢？我敬重你有“无疑处生疑”的好品质，作如此追问，那我会悄悄地告诉你，所谓教训，其实就是经验，只不过不是从成功与顺境中总结而来的，而是从失败、挫折中得到的。如果一个人，不善于反思与总结，那么，他也不可能从生活的经验中获得人生的智慧。

有句谚语说得好：“智慧不是天公的恩赐，而是经验的结晶。”初中语文课本里有一篇文章叫做《学问与智慧》，记得其中有这样一段话，大意是

① 文章选自2016年9月14日《江苏教育报·高中生周刊》，题目为著者所加。

说，有一种人，读书虽然不多，但他对于人情事理，都很通达，凭借经验，运用心得，这样的人，你能说他没有智慧吗?

是啊，世事洞明、人情练达，这不只是人生的经验，还是一种生存能力，一种人生境界，更是一种人生的智慧啊!

当然，这并不等于说，经验等于智慧。就像智慧有自身的景象，经验也有自身的局限。我们要做的，就是努力让自己的人生经验不断转化、升华成人生的智慧，而不是止步于经验，甚至滑向经验主义。

课例1：概念界定：逻辑思维的起点

第一课时

概念是思维的起点，没有概念便不能形成判断和推理，由此来看，写作议论文进行概念界定是逻辑思维的起点，在指导学生进行议论文写作之初，养成学生进行概念分析的能力是日后他们全面提升分析思考能力的重要基础，本课的教学旨在引导学生如何进行概念分析。

一、初识概念界定

师：同学们，我们已经训练过好几次议论文写作了，基本上写得“像样”了。但有的同学在写作议论文的时候还存在一些问题，比如说对题目中的关键词和核心的概念把握不够准确，分析不够到位。今天，我们就来聊聊议论文写作中概念分析的问题。我们拿到一个作文题目，首先会思考什么问题？

生：如何确立文章的立意。立意好了，文章就可以写得比较顺了。

生：我会首先考虑立意的角度，什么角度写可能更好，别人可能没想到。

师：一个先想到的是“意”的问题，即观点，一个同学考虑的是“新”的问题，想别人之所未想。但是，不管是立意问题还是角度问题，还有一个前提条件是你对题目中的关键词语是如何理解的，你对相关概念是如何界定的，只有在这个界定的基础之上，你才可能从某个角度确定你文章的立意，写出或深刻的或新颖的思考来。

（PPT推出）

概念，是逻辑学的术语，它是通过揭示事物的特点或本质来反映对象的一种思维形式。任何一个概念都包含内涵和外延两个方面（概念由内涵和外延两部分组成），内涵是事物的本质属性在概念中的反映，说明概念所反映的事物究竟“是什么”，外延是指具有概念所反映的本质属性的事物的范围，它说明概念所反映的事物“有哪些”。

举个通俗的例子，比如“文学”这个概念，它的本质属性是使用语言，是语言的艺术，所以从内涵来讲，文学就是语言的艺术。“文学”的外延又有哪些呢？这又有不同的分类标准了，如果从体裁来分的话，有诗歌、散文、小说、戏剧；如果从不同语言或国家来分，有亚洲文学、欧洲文学、非洲文学、拉丁美洲文学等；如果从不同的创作时间段来说，又有古代文学、近代文学、现代文学、当代文学之分。我们还可以按照不同的标准继续分类下去。

二、如何界定概念

师：对于议论文的写作，关键是要揭示其内涵和分析其外延，这对于作文的分析与思辨特别重要，因为概念分析是逻辑思维的起点，也是写作中分析论证的前提和基础。我先给大家两个话题，大家先用几分钟思考，看如何分析。

（PPT 推出）

1. 空间
2. 狂

（几分钟后）

生：“空间”可以这样分类，有大的空间，如宇宙空间、社会空间，也有小的空间，如校园空间、个人空间。我倾向于选择“社会空间”来写，这样材料可选择的余地更多，也有话可说。

生：还可以这样分：有相对形象的空间，如地域空间、住房空间，也有抽象的空间，如心灵空间、情感空间。我觉得“情感空间”更能写出深度。

师：很好，也就是说，我们把概念分得越细，选择的余地就越大，沿着刚才第二位同学所说的“心灵空间”再深入一步的话，可以考虑从生命的要素来划分，把它分为无生命的空间和有生命的空间。比如我们最近讲到的史铁生的《合欢树》和《我与地坛》就可以融合进去，史铁生打造了一方他自己的生命空间，在杂草丛生的地坛，在他儿时曾住过的四合院，他静静地享受生活的况味和生命的意义，我们每个人都有自己的生命的空间，我们一旦发现，也就有了自己生命的寄托，也就有了生命的意义。

好，对于“狂”这一话题，我们又是如何思考的呢？

生：“狂”有几种意思，一是指精神失常，二是指猛烈、声势大，三是指纵情、无拘无束，四是指狂妄和骄纵。写这篇作文，我会选择最后一种意思，来分析当今社会上有些人狂妄自大和蛮横骄纵的心理和种种表现，进而指出其导致的后果，从而阐明“狂”要有资本，只要有利于他人有利于社会，“狂”一点也是不应该全盘抹杀的。

生：我会由表及里地分析“狂”。“狂”的表层意思是纵情、无拘无束和狂妄、骄纵，但有的人的“狂”实际上是“真”，是自我真性情的流露，是“众人皆醉我独醉”的特立独行。

师：说得好！“狂”之一字看似恣睢简慢，实际上道尽了人心中的不羁豪放之情，而真正的“狂”，并不在于身体形态的狂放，而是出于秉承信念并坚信前路的从容狂傲，是满怀自信而不动摇的特立独行。你们刚才主要是从揭示“狂”的内涵出发来思考分析的。对于“狂”，的确从内涵分析的角度来思考更容易写出真知灼见。当然，如果从分析外延的角度将“狂”分类，也未尝不可。“狂”有智者、善者之狂和庸夫之狂之分，智者、善者之狂是洒脱大气的，是胸有文墨的淡定，不是声嘶力竭的叫喊、疯癫疾狂的言行，而是由内而外散发出的品格与情怀，如屈原，如孟子，如李白；而庸夫之狂便是只习得“狂”之表面形态，欲以此来掩盖自己空洞无知的内心。

当然，这里我们还是得运用内涵分析来揭示不同的“狂”的不同实质。

好，下面我们来总结一下，在议论文写作过程中，对于关键词和核心概念，我们要及时界定，如何界定，就是一要定性，二要定量。

（PPT 推出）

定性，就是分析内涵，弄清词义，确定概念中最适合自己写、最有价值的某一内在属性。定量，就是分析外延，选择特定的对象写作，使文章有具体的适用范围。

下面请同学们再思考一个问题：对概念界定一定要像“下定义”一样科学、准确而严密吗？我们可不可以灵活一点，表达对概念的理解？

生：议论文写作不可能对概念解释得非常科学、非常严密，我觉得可以根据自己的理解来分析概念的意思，甚至可以用否定的方法，从反面来明确这个概念“不是什么”，否定得越多，也就愈接近这个概念的真正内涵。

师：你能不能根据刚才我们分析的两个话题举个例子？

生：（沉默片刻）比如刚才老师您对“狂”的补充其实已经是这种方法了，如果再补充一下的话……可以这样表达：真正的“狂”不是性格不羁的洒脱豪放，不是恃才傲物的恣睢简慢，而是出于秉承信念并坚信前路的从容狂傲，是满怀自信而不动摇的特立独行。

师：说得好，连用了两个“不是”“而是”，先否定排除了“狂”的一些特征，再强调肯定了真正的“狂”的含义。你有没有发现，你刚才用了一种特殊的句式？

生：是判断句。

师：对，是判断句，“……是……”是判断句的基本类型，揭示概念的内涵，其实判断句是最好的形式，但是，从写作表达的角度来说，我们又不一定局限于“……是……”这一固定的格式，我把它叫“常式句”，还可以使用“变式句”，比如“不是……而是……”“既是……也是……更是……”“与其是……毋宁是……”等等，都可以用来表达对概念的理解与分析，而且比单一的常式句更细密更深入。总之，揭示概念的内涵，我们不妨打造属于自己的判断句。

生：老师，我想到了另外一种好的方法。

师：好，受到了启发对不对？说说看。

生：运用比喻手法来界定概念也未尝不可。通过比喻可以把抽象的概念化为具体的形象，这样还不容易偏题，也容易寻找恰当、准确的论据。对于“狂”我倒还没想到好的比喻，前两天我读到一篇谈论《理性和热情》的文章，写道“热情是盛船帆的风，风过大，会把船帆折断，但没有风，船就不能前行。可见，热情给人生之途注入无限动力，而理性是明亮的灯塔，若没有灯塔的指引，极易迷失方向”。通过“风”和“灯塔”的比喻，作者就把“热情”和“理性”的概念界定清楚了，两者关系也清晰明了，这样也很容易找到恰当的论据了。

师：看来你把你平时的“读”运用到今天的“写”上来了，很不错。

生：老师，我也想到了另外一点，就是列举相似概念，通过比较，进一步深化对论述中心的理解。比如前段时间我们学习《拿来主义》，鲁迅为了阐明“拿来主义”的主张，大文章前半部分分析了“送去主义”“送来”“送去”等实质与危害，自然地引出“拿来主义”的主张，这就使观点很鲜明了。

师：很好！刚才你说到鲁迅的《拿来主义》，让我想到了鲁迅的另外一篇杂文《中国人失掉自信力了吗》，文章前半部分对“自信力”“他信力”作了充分辨析后，又引出了“自欺力”这一概念，三个词语极富冲击力，也极富思辨性，将当时国人自欺欺人的心态揭露得淋漓尽致，从而得出“说中国人失掉了自信力，用以指一部分人则可，倘若加于全体，那简直是诬蔑”的鲜明主张。关于概念辨析，是很能让文章深入思辨的一种方法与途径，以后有机会我还会作单独辅导。

刚才同学们已经思考交流了很多概念界定的方法，不仅从语言形式的角度，而且从思维方法的角度，都是很好的成果，希望对大家以后写作议论文有帮助。老师总结一下大家刚才的意见，板书一下，大家记一记：

（板书）

1. 学会打造属于自己的判断句（常式句和变式句）
2. 比喻也是一种不错的界定概念的方法
3. 列举相似概念，学会比较分析深化论述

三、界定概念的基本要求

师：最后我们再看一个问题，界定概念要注意什么呢？

生：概念界定时表达要具体，分析时不能含糊其辞、模棱两可。

生：对概念的理解前后要一致，外延不能随意扩大或缩小，否则文章也就没有了说服力。

师：是的，这就说明，概念界定，清晰而稳定是最基本的要求。

（PPT 推出）

一是要清晰，概念的意义要明确，基本义、引申义，或者比喻义，要表达清晰、具体，不空泛。二是要稳定，选择了概念的某项意义，写作中就要将此贯彻始终，不能变来变去，不能混淆概念。

我们看两个例子，大家读一读，看有什么问题：

（PPT 推出）

例一

席慕蓉说："生命是一条奔流不息的河，我们都是那个过河的人。"在生命之河的左岸是忘记，在生命之河的右岸是铭记。我们乘坐着各自

独有的船在左岸与右岸穿梭，才知道——忘记该忘记的，铭记该铭记的。

行走在人生路上，我们笑看窗外花开花落、叶枯叶落，静观天外云卷云舒、风停风起。在路上，我们经历着太多太多悲喜交集的事，在生命之河的航行过程之中，我们学会了忘记该忘记的悲欢之事，学会了铭记该铭记的点点滴滴。

——《在铭记与忘记的两岸》

例二

球王贝利踢进第一千个球时，记者问他：哪一个球踢得最好，他回答“下一个”。作家王蒙出名以后，有人问他：哪一部小说写得最好，他回答“下一篇”。羽毛球运动员韩健成了世界冠军之后，有人问他：哪一场打得最好，他回答“下一场”。他们之所以能取得优异的成绩，我认为很重要的一个原因，就是他们不满现状，不断进取，不断奋斗。

毛泽东、周恩来年轻时，也是因为不满现状，所以立下改造中国、改造现状的宏伟志向，投身革命斗争。

——《小议“下一个”》

生：第一个例子中，究竟什么是“该忘记的”，什么是“该铭记的”，缺乏具体的阐述，内涵不清，外延也不明，根本不可能进行合理的判断推理，只能让读者一头雾水。

生：第二个例子中，两段中的“不满现状”显然内涵不一致，前者指不甘心停留在已达到的水平或已取得的成绩上，后者指痛恨当时的社会现实。

师：对，我们说，概念内涵不清和混淆概念都是写作议论文的大忌，希望我们在写作中一定要避免。好，这节课我们先讲到这里，下节课我们写作文，题目请看投影，要求注意立意的角度和巧用概念界定。

（PPT 推出）

名与利，是人之所欲也，不经求索得之，人生无味也。名利身外物，取舍在人心。名利圈似一座围城，是看淡名利在城外隐居，还是追名逐利在城中显达，这几乎是贯穿每个俗世中人一生的人生课题。

请以《走过名利圈》为题，联系实际，谈谈你的体会与思考，不少于800字。

第二课时

学生写好作文后教师一周内批改好，整理A档作文六篇（见后附学生习作），印发给学生。布置作业，要求学生仔细阅读下发的作文，作圈画，理思路，列出思维导图；同时对每篇文章运用概念界定的部分作点评。

师：同学们，今天我们讲评上周写的作文《走过名利圈》，请大家把昨天下发的六篇文章拿出来。这些文章基本上都是A档的作文，昨天老师布置了一个作业，就是梳理这些文章的思路并点评文章是如何运用概念界定的。这样，我们请一些同学来交流交流，每个同学选一篇文章或同一类的文章重点说说。

生：我来说例文③、⑤、⑥。我觉得这三篇文章有个共同点，就是关注到了题目中的"名利"两个字，并由对"名利"的理解生发出自己的观点。如例文③由人与名利的紧密关系切入，分析名利是个"圈"，多数人是心甘情愿地走进圈中，画地为牢，即使是心气高洁的人"伟岸之人"，也不会绕着圈远远走过。进而界定"名"和"利"："'名'在人们心中不仅是一个虚无的称号，更是一份对未来生活的保障，一种对于自己的成果的肯定。从这个角度来看，'名'是一种美好的东西，它使人们有了满足感，有了对之后生活的希冀。同样的，'利'也是人们生存所难以缺失的条件。"在此基础上，文章借朱光潜的话推出自己的观点："因而，控制自己的欲望，明确自己的初心，才是走过名利圈的良方。人要有出世的精神才能做好入世的事。"观点蛮深刻的。

师：尤其是“出世的精神”和“入世的事”这两个概念用得很好，是不是？

生：对！

师：把两个看似矛盾的词语置于一个句子中表达，这样形成了一种思辨的张力。但是问题也随之来了，你作文中既然出现了“出世”和“入世”这两个概念，那接下来要不要再界定？

生：需要的，文章当中有。第四段中文章就及时对“出世”作了界定，而且界定时注意了与“名利圈”的关联，很切题意，也阐发了观点，有深入地推进。

师：好。那我们再看看⑤、⑥两篇例文。谁来说说？

生：例文⑤、⑥也是在文章开头部分及时界定了“名利”，为下文的论述打下了坚实的基础。

师：这两篇文章的概念界定大家都认同吗？有没有问题？大家再读一读。

（学生默读几分钟后）

生：例文⑤好像有点问题，他在界定“名利”的概念后接着有一处举例分析：“若是没有名，陈胜吴广如何号召天下百姓起义，又怎么开创中国历史上的第一次革命。”这里总感觉不对。

师：哪里不对了？

生：陈胜吴广起义难道是为“名”去的？应该是为“民”去的吧！

师：这里的确是有问题的，我们可以说陈胜吴广起义是需要一个“名号”的，而不是为“名声”而起义。所以，这里其实犯了我们上节课所说的什么错误？

生：混淆概念。

师：对，也就是概念的内涵要稳定而清晰，不能随意改变。还有例文⑥也是有点问题的。请大家再仔细读读第一段：“名利，从词义上来看，‘名’即名声，‘利’即利益，如此组合起来的‘名利’在大多数情况下便是物质上的获得与外界评价的综合体。而对于名利，千百年来以儒家思想为主体的价值观都将其排除在外，甚至还造出‘追名逐利’这样的贬义词来讽刺那些喜好名利之士。”有什么问题？

生：谈论儒家与“名利”的关系好像不太对。儒家是肯定对名利的追求的，只不过强调追求名利得服从“仁义”。

师：就如《论语》里说的“富与贵，是人之所欲也，不以其道得之，不处也；贫与贱，是人之所恶也，不以其道得之，不去也。君子去仁，恶乎成名”“不义而富且贵，于我如浮云”。的确，这里的论述是失当的。但是这两篇文章整体的构思还是很严密的，值得大家学习。其他文章结合题目的概念界定有不一样的地方吧？

生：题目中的核心概念的确是“名利”，但“走过”也是不可忽略的一个行为动作。何谓“走过”，例文①、②给了我们示范。

师：也就是说，“走过”也是很关键的一个词语，它也是写作此文可以深入挖掘的一个“点”，“走过”不是“经过”，不是“走进”，不是“走出”，它有特殊的含义，深入分析“走过”的含义，也可以帮助我们从不同的角度确立深刻的观点。你接着说。

生：比如例文①第二段：“这就涉及‘走’与‘过’名利圈的问题，‘过’似是最终的结果，然而无有‘走’，那么‘过’的意义何在？所以名利并非铜臭的代名词，通常情况下也不会与普世的道德观与价值观起冲突。”文章写得很巧妙，他把“走”与“过”拆开来作深入细致地辨析，由此推出对“名利”的理解与阐发。再比如例文②第九段在阐述分析何为“名利”、如何坦然“走过名利圈”之后，又回到题目，对“走过”进行了界定：“如何走过？私以为，走过并不是指完全跳脱更不是不走，而是不为名利所拘束，心怀坦然，则心外无物。”这篇文章有多处概念界定，如开头部分对“名利圈”的界定，接下来对“名”与“利”的界定，再对“坦然”的界定，而且把“坦然”和“淡然”作了详细地辨析，最后是对“走过”的界定，概念界定的运用可谓到了炉火纯青的地步！

师：的确，这篇文章多次运用了概念界定，把自己引出的一系列概念分析得清楚而深入，大家仔细再读读这篇文章，有没有发现她的思路也很独特。请大家拿起笔，圈画第三段第一句“然又何为名利圈”，第四段第一句“何为‘名’？名声。何为‘利’。利益”，第五段段首“然若问及如何灵性迸发而安然走过，余仅二字以答之”，还有就是第八段第一句“于名利之中，坦然之要乃取何物”，她是怎么连缀作文思路的？

生：用问句连缀起来的。在写作过程中不断地追问，用追问来推进思考，推进思路。

师：不错，这是一种很好的写作思路。一篇文章的核心部分如果能有三次追问，其实思路也就有三次深入和三次推进，这可是一类卷作文的重要特征。同学们以后写作文，可以学学这种写法，不断地追问，使文章走向深入。好，其他文章对概念的界定还有什么不同吗？

生：例文④好像和其他文章有不一样。文章是从标题中的“圈”切入的，并引入了“圆”这个概念作辨析，她说“社会是一个隐形的圆，名利是这个圆中的圈，凡是俗世中人皆走不出社会这个圆，也便绕不过名利这个圈”，接着又分析“唯一不同的是，圆里的人们都看到了这个圈，有人选择了走进去，有人选择了走过。有人走了进去便再也出不来了，有人走离了这个圈，也许也会走出圆”。颇有点将社会作“定量”分析的意味，名利这个“圈”是社会这个“圆”的一部分，如何看待这一部分，体现了我们的追求欲望和精神世界，所以后面第五段她又说“名利仅仅是圆里的一个圈，只有一部分人走得进去并成为显达之人。而且名利圈是封密的，是窒息的，人们得到的只有社会这个大圆中如此渺小的一块东西，又有何值得呢？有价值的事物，往往是密布于整个圆的点，而不是一个窄小的圈”，这些话都说得很深刻，有自己独到的思考。我挺喜欢这篇文章的。

师：好。这节课我们结合老师下发的六篇作文围绕“概念界定”这个问题作了分析与点评。总结有以下几个角度：

（板书）

1. 界定“名利”：谈人与名利圈的关系
2. 界定“走过”：彰显我们对待名利圈的立场与态度
3. 界定“圈”：由此切入名利这个“圈”给人带来的吸引力和约束力
4. 进行概念辨析：“走过”与“走进”“走出”；“圈”与“圆”

这些文章有一个共同点，就是能从题目出发，扣住题目中的关键词，及时加以界定分析，然后展开论述；有的另辟蹊径，关注到了大家容易忽略的词语，以此为出发点深入分析，写得别出心裁。在概念界定的时候，都注意到了深入概念的本质，挖掘概念的内涵实质；当然，个别文章也犯了混淆概念的毛病，因而分析欠准确。还有一点值得鼓励的是，很多同学往往灵活地将概念界定和概念辨析综合起来运用，为文章的论述又添加了“燃料”，更有力，更深入。今天的课就讲到这里，请同学们根据今天对这些文章的分析讨论和上周我们所讲的内容，对自己文章概念界定的部分加以修改提升。下课！

附学生习作六篇：

走过名利圈

赵天燚

陶渊明不为五斗米折腰，故有篱下采菊、登东皋而舒啸的那一份淡然洒脱，不汲汲于尘陌之中；苏轼隐忍徘徊于出世与入世之间，托夜唳之鹤而喻飘渺，于知夫水月卒莫消长之间思绪飞扬。对于名利的苦心钻营抑或是趋之若鹜，这几乎是每个世俗中人所不可避免的。

名利对于人生，就好比鲜花之于锦缎，过犹不及，反而掩盖了事物本身具有的质朴意义，适当陪衬，方可凸显画龙点睛之妙。这就涉及“走”与“过”名利圈的问题，“过”似是最终的结果，然而无有“走”，那么“过”的意义何在？所以名利并非铜臭的代名词，通常情况下也不会与普世的道德观与价值观起冲突。

君子爱财，取之有道。自我的欲求是个体对于自身蓬勃发展的希冀，不容抹杀，循循善诱以正当的伦理道德与树立个人的原则底线方可使其有益于社会，而并非一味将其归咎于反传统、逆道德与悖底线。亚当·斯密也认为应激发个人的主观能动性以促进社会经济的发展，大我因千千万万个小我的大奋进因而活力不息。同时思想与物质是相辅相成的，枯树开花与空中楼阁只是殷切的幻想而不应出现在实际中，而对功名的追求恰恰对物质的发展有推波助澜之用，利人利己，何不为哉？

以上所言皆是凡理，想必众人不必知晓也会深有体悟。然而我们对于功名的态度不应止于此。人生的意义不仅在于进取性更在于多样性，汲汲于功名以至于利欲熏心不仅为他人所不齿，更是一种对我们人生意义的亵渎。就如同落魄的书生范进，为中举而癫狂，殊不知人生还当有指点江山、激扬文字的豪气，心在天山、身老沧州的沉郁萧索，杨柳岸、晓风残月的一怀愁绪。

而当下一部分国人，不也正沉溺于名利圈中而无法自拔么？价值观的多元化而非单调雷同是这个社会赖以发展的动力之源。正如陈嘉映理想中的中国，并不应该是一条单一的跑道，所有人都只向着一个单一的目标进发。在耽于囊中的财富之时，我们是否能够注意到那雾霾缭绕、已被破坏得面目全非的自然环境？是否会震惊于路人对于摔倒老人的无动于衷，只是麻木地将其当作一则花边新闻？掸去褪去生活表面光鲜亮丽的浮华，一切归于平淡，一如桨声灯影中深沉隽永的秦淮河，我们会了悟，除了金钱之外，原来还有理想、信念，有真理、道德，有人与人之间真诚与至微的情感。

走过名利圈，我们需要一颗平常心，尝得起饕餮，又能够归于粗茶淡饭。

走过名利圈

徐峥莹

名与利这座围城，城内之人永不餍足却又忐忑，城外之人虽言不屑且唾弃，然又终其一生为之追逐。

没有生而不为名利所动之人，那些所谓淡泊名利、超然物外之人，大抵也是某日灵性迸发而顿悟，已而安然地走过了名利圈罢了。

然又何为名利圈？提及名利圈又有多少人想起的是眼放绿光、外表谦谦然君子实则暗黑的形象。然愚以为，这只是反映了狭义的名利圈。而于广义而言，名利圈并不是毫无可取之处。

何为“名”？名声。何为“利”？利益。然孔子亦在广义的名利圈中追逐着“名利”，逐儒家核心“仁”之名，求天下苍生之“利”。圣人一生为此，可谓是入了“名利圈”？在广义的名利圈中，“名”与“利”皆可逐，却皆不为自己所求。

然若问及如何灵性迸发而安然走过，余仅二字以答之。

坦然。

坦然，并不同于淡然。淡然只是一种暂时的内心屏蔽，不见不思，见而不念，以内心麻木为前提，视之为无物。淡然睹之名利，状似不食人间烟火，其终究是冷漠且不近乎人情了些，强行压制欲望或许有朝一日也终将受其反噬。坦然则不同，其本质依旧是个凡夫俗子，活于尘世之中，是个有血有肉的人，或仍为生活困顿所扰，脱不开名利二字。然而坦然之人却不为名利所拘，有异于淡然的自我麻醉，若心怀坦然，心眼皆可视之名利，却又皆无视名利。所谓取之有道，大概就是坦然。

于名利之中，坦然之要乃取何物？

前文已述，名利圈之中并不是毫无可取之处。将之全盘否决，是不明智且冷漠的淡然，取之有道乃坦然。某学者若因不愿追逐名利而雪藏其学术发现是愚昧，曹刿若因不愿追逐名利而不上前论战是短鄙。因没有人生而不为名利所动，所以少有人能生生挣脱名利圈。如何走过？私以为，走过并不是指完全跳脱更不是不走，而是不为名利所拘束，心怀坦然，则心外无物。

而视之当下，为名利所拘束的人太多，太多的人撞破了头也想往城里挤，为此不惜触碰道德与法律的底线。如此又如何坦然？如何走过名利之怪圈？

心怀坦然，则无名利圈之所拘，走出，就在眼前。

走过名利圈

吴彩旎

我从来不相信会有人从出生开始的本能便是淡泊名利，毕竟“名与利”对人来说是有天生的吸引力的，若是有人信誓旦旦称自己一生从未追名逐利，那么这定是向人炫耀的妄言罢了。

名利是个“圈”，多数人是心甘情愿地走进圈中，画地为牢。即使是心气高洁的“伟岸之人”，也不会绕着圈远远走过。“名”在人们心中不仅是一个虚无的称号，更是一份对未来生活的保障，一种对于自己成果的肯定。从这个角度来看，“名”是一种美好的东西，它使人们有了满足感，有了对之后生活的希冀。同样的，“利”也是人们生存所难以缺失的条件。

朱光潜这样写过：“现世只是一个密密无缝的利害网，一般人不能跳脱这个圈套，所以转来转去，仍是被利害两个大字系住。”我想我可否肤浅地将之中的“利害”换为“名利”？人是有贪欲的，正是这种对名利无休无止的索求才会为自己编出一张难以跳脱的网。因而，控制自己的欲望，明确自己的初心，才是走过名利圈的良方。人要有出世的精神才能做好入世的事。

何谓出世？私以为，“出世”既是对自己初心的明确掌握，也是跳脱至名利圈上看问题的心态。无论是做学问还是做政治亦或是简单地追求幸福生活都要有一种“出世”的心态，将自己的初心当作一件艺术品来看待，不要太斤斤于名利得失，方能达到自己的目标。这需要的是开阔的眼界和豁达的胸襟。若是做不到这两点，世上的人便一个个落得个“俗不可耐”。画家全成了靠卖画赚钱的商人和生产者，政治家全成了借党忙官的庸碌小人。较上两种人来看，被人称作为“淡泊名利”的人，结果应该是人生的

“最惠者”，他们以出世的心态，真诚的目的，不仅完成了人生目标，也获得了应得的、通过上下求索而得之的“名利”。

如此来说，那些被称作“视名利为身外之物”的人，其实都是在名利圈努力挣扎过后，眼界更加开阔了的顿悟者。因为“名利”这座围城没有困住他们，而是塑造了他们对名利的正确态度，名利转化成为对其的激励。我想，名利于人的关系，可以具化为文学奖于作家的关系。一个作家的写作目的，不应是获何种奖项，而是如何去表达自己的心绪；而一个未获奖的作者，也不应因此止步，这只是其作品未能与评奖者形成文学共识而已。同样的，名利于人，是激励不是目的，是偏离不是否定。

走过名利圈，或许应该留下的是——名利是对人美好的祝愿，亦是有价值的奖赏。

走过名利圈

陈思斯

社会是一个隐形的圆，名利是这个圆中的圈，凡是俗世中人皆走不出社会这个圆，也便绕不过名利这个圈。

唯一不同的是，圆里的人们都看到了这个圈，有人选择了走进去，有人选择了走过。有人走了进去便再也出不来了，有人走离了这个圈，也许也会走出圆。

名利是个新鲜而又诱惑人的东西。史铁生说：人本来的名字叫做欲望。所以，人们渴望名利本身并没有什么奇怪。何况又处于一个竞争的社会当中。

人们起初对名利的欲望是单纯的，这么说来其实名利这个词一开始并不是肮脏可怕。只是后来，走入名利圈的一部分人开始丢掉了本心，而丢掉本心的人又会如何呢？他们选择伤害他人的利益来实现自己的利益，同时，在精神扭曲的世界中，用一些正不断进入这个圈子的甜言蜜语来填补自己的空虚。于是，名利圈的上空弥漫着不断膨胀的虚无欲望。从此人性最本质的欲望被砌成了名利圈四周层层叠加的金钱之墙。

圈外的人们，有人看到了名利变质后的光耀走了进去；有人看到了墙里的腐朽，毅然走离。走离的人们也许看淡名利的初衷不同，但却共同有着一个觉悟，即名利仅仅是圆里的一个圈，只有一部分人走得进去并成为显达之人。而且名利圈是封密的，是窒息的，人们得到的只有社会这个大圆中如此渺小的一块东西，又有何值得呢？有价值的事物，往往是密布于整个圆的点，而不是一个窄小的圈。而这些点往往是平凡而追随、充实人的一生的。

所以，当人们走过名利圈，究竟该如何抉择呢？我认为，无论如何选择，如何走完人生，唯一不可忘记的是社会中可贵的部分，唯一不可迷惘的是自己的双眼和纯心。人们追名来获得肯定，其中是一定要经历求索的，而最终目的是求索之一。为何出名？得到大众关注而欣喜并不是遭人谴责的原因，而是你出名的方式是什么。是为他人奉献自己的力量，还是纯粹的娱乐？出名，是为了成为榜样。这个信念是很重要的。同时，人们逐利来取得物质需求，从某种程度上，这种意识是推动社会经济发展的源泉和动力。关键是，绝不可损害他人甚至整个社会环境的利益，这种条件下，适当私利又何妨？

当然，完全弃离名利圈也是人生一大境界。但毕竟，对整个社会来说，只是小部分，也只能是。

一个不断成长的民族及国家，它的名利圈的上空是纯净的空气，是社会精神领域重要的充实力量，是不可或缺的宝贵财富。

走过名利圈

姚文杰

名利圈是我们终究要涉猎的场所。达到一定的年龄阶段，我们不得不踏入名利圈，然沉溺其中还是淡泊而出则取决于我们自己。

名利，顾名思义，是指人的名声和利益。“名利”本身只是一个中性的名词，却往往被以偏概全地视为贬义。但凡说到名利，总不免使人联想到贪财、市侩、腐败等词，实乃曲解。

“名利”描述的只是某一身外之物，而事物本身并无对错，决定其对错的只是人对于它的态度和行为罢了。若是没有名，陈胜吴广如何号召天下百姓起义，又怎么开创中国历史上的第一次革命；若是没有利，人又何苦去辛勤劳作以维持生计，社会生产力也只能停滞不前。有人以名为己谋私利，有人以名呼吁民族觉醒；有人以利作不法之举，有人以利救济灾区难民。由此可见，名利本身确无对错，好比我们不能因为刀能杀人而不许用刀，错的是那些心术不正之人一味追名逐利所做的缺德之行。

所以，愚以为，谈及名利之时大可不必惺惺作态、一脸鄙夷地视之为世俗迂腐之事。有的人注定要做轰轰烈烈的大事，于名利场中翻滚打拼，成为一个时代的成功者；而有的人则适合做一辈子的隐士，淡泊名利，宁静致远，于世外桃源惬意享受人生极乐。

其实，如何走过名利圈只需我们明确心之所向，听从心声即可。面对去留的抉择时，摒弃对名利的误会与偏见，以客观的态度扪心自问，透析自己真正渴望的生活，答案便已明了。然而，事实往往可怜而又可悲：本该去的人因贪恋富贵而留下，本该留的人因流言蜚语而离去。于是，错误的人做了错误的选择，站在错误的位置上，终使这个世界也变得错误。

从心所欲，跟随真正的心声做出正确抉择看似简单，但在而今川流不息的名利浪潮中却实为不易。

故首先，我们需要对名利圈有正确的认知。名利圈，一如上文所提之名利，实与娱乐圈、朋友圈一样，并无所谓的褒贬之分。置身于名利圈不是追逐名利之举，也不是贪慕富贵之心，而是以合法行径创造社会财富，推动时代发展的同时获取自己的应得利益的行为。个人于社会的价值也得以于此中体现。有了这样的认识，便不会被舆论、谣言所动，更客观理性地予以选择。

其次，我们还需坚守本心。庞大的利益往往膨胀人的欲望以致使人沉浸于名利圈中无法自拔。不坚定的内心通常容易为名利所左右，从而导致心的变质，诱发了行为举止的腐化，而后催生出种种歪风邪气。因此，在涉足名利圈之时，我们要有足够坚定的意志，抵御外物的诱惑，固守本心。

走过名利圈，怀本心，念初衷，方无悔。

走过名利圈

奚镓倩

名利，从词义上来看，“名”即名声，“利”即利益，如此组合起来的“名利”在大多数情况下便是物质上的获得与外界评价的综合体。而对于名利，千百年来以儒家思想为主体的价值观都将其排除在外，甚至还造出“追名逐利”这样的贬义词来讽刺那些喜好名利之士。

由此，既然名利在思想上如此不受人待见，那么追名逐利的现象为什么在哪个时代都屡见不鲜，甚至愈演愈烈呢？

就名利本身而言，名与利皆是人之所欲。作为一种复杂的生物，每个人都难免会有一点虚荣，而名利正好吻合了这种人性的特质。至于利，利可以包含物质生活的任何一方面。人有生存的本能，所以人可能会自觉不自觉地追求这些东西。因而人都有利己的一面。

然而，事实上，作为人之所欲的名利是可以为人的意识掌控。历经世事后放弃名利之士大有人在。可是，于当今，很多人确是被困在名利中无法自拔，进而无法走出名利圈。

为什么会有这样的困境呢？我认为是由于当今人们对成功的错误解读。不难发现，世人所定义的成功人士大多都有着名利双收的结局。这在很大程度上误导了后来人，使他们认为成功就等于名利双收。但是反过来想想真的正确吗？名利双收的人就会有成功的人生吗？他的情感生活是否是成功的呢？他究竟幸福吗？事实证明并非如此，因而用名利来衡量成功实在是太过简单甚至或许有一点肤浅。这种错误的判断带着浓浓的商业气息，这或许与我国大力发展金融等商业性活动有关，但却是在给人们不正确的价值导向。

不难发现，一些所谓的“中学生必读的成功故事”，其中描绘的也大多是一些商业人物发家致富的经历。这或许能起到“励志”的作用。但是学生并没有被告知，其实不以获得名利为目的的生活也是种成功，有时候甚至优于所谓的“成功奋斗路”。

综上所述，世人对成功错误的解读，实则导致了错误的价值导向，而这个时代的环境恰好起到了推波助澜的作用，造成了大批人滞留于名利圈的困境。

所以如何从中走出，关键还是在于认清名利究竟为何物。名利，或许在我们的时代中有着相当促进时代发展的作用，但毕竟不是人们的精神所应该依附的归宿。明白这一点后，便不难正确的看待成功，看待没有名利等功利色彩的平凡生活，知道真正的幸福其实不是名利等外界的物质与评价。

刍议名利，人难免因欲而进、应需而入。但是在此其中必须拥有对名利的正确认识与真正有意义的价值导向做灯，方能走出名利圈。

如此看，名利圈恰而是人们的精神历程。而身在名利的时代，心在名利圈外散步，才是超越世俗的精神认知。

课例 2：概念辨析：加强思维深度的有效途径[①]

对议论文的概念进行辨析、澄清，是一种很有效的作文指导策略，它不仅可以防止偏题，同时也不失为一种有效的拓展思维、打开思路、加强思维深度的方法。

笔者曾以“引入概念辨析，加强思维深度”为主题，给学生做过多次指导，并提炼出三种有效的方法：

一、拆分核心概念，区分内涵和外延。

二、引入矛盾概念，写出对立中的统一。

三、引入相似概念，辨析两者（多者）区别。

为了更好地说明以上三点，下面以几则实例加以说明。

一、拆分概念

师：有的时候，对议论文论题或论点中的核心概念我们不妨咬文嚼字，一分为二，分别对拆分后的两个概念作内涵的剖析和外延的界定，充分挖掘两者意义的区分，从而显出思辨的深度。好，下面给大家三个题目——《看见》《融合》和《锻炼》，看看可以怎样构思？

（学生思考后交流）

生：我选择分析《看见》，先区别“看”和“见”两者的内涵，再谈两者的关系。

生：从《锻炼》一词来看，一个是金字旁，一个是火字旁，分析“锻”和“炼”的区别或许可以从这里切入。

生：对于《融合》一题，可以在充分论述“融合”于思想文化、科学技术等方面的重要意义后，将其分为“融”与“合”再作进一步“精确”阐发。

① 本文发表于《中学语文教学》2014 年第 11 期，后附杭州师范大学叶黎明教授对此课例的分析文章。

师：好，那我们动笔写一写。

（5分钟后交流）

生：我写《看见》：人们用自己的眼不仅去寻找光明，而且认识世界，这从来都是源自对未知事物的好奇与求知欲所致。“看”是用眼观察，“见”是用心体会，只有仔细用眼观察去“看”生活，方能凭借自己的学养智慧用心体会，进而发现事实的真相，挖掘现象背后的本质。选择“看”似乎自然而然，然而由“看”是否真能有所“见”以及所“见”的多少和真实与否总难以轻易去界定。换言之，我们“看”的方式往往决定我们“见”的内容，而唯有不带成见、纯粹的视角，才能使我们获得切实和真实的所见。

生：我尝试对《锻炼》这样分析：“锻”是重锤打，“炼”是烈火烧。火，考验真金；灾难，考验勇者。在艰苦的环境中淬炼自己的意志、能力，这是人生中不可缺少的重要环节。所以，锻炼，就是自找苦吃。一个优秀的人是靠磨砺成才的；能够选择适当的环境磨砺自己的人将会是这个世界最好的适应者。

师：很好，两位同学写的有深度。说明拆分概念可以帮助我们进行有深度的立意，形成深刻的观点。其他同学还有吗？

生：我是先合再分，在整体论述“融合”多方面的意义后再拆分两者作补充阐述的：融，在万象盛色的簇拥中彰显本色，故能成就文化的多彩与丰富；合，在广阔无垠中探索一条狭长之道，故能造就思想的深度与高度。然而，融合并不是巅峰的保障，亦非成功的必经之路，它是世界大体之趋势，但在这股潮流中，核心的内涵不可丧失，本质的价值不可颠覆，否则思想文化的融合将只是棱角的打磨机，招致一种趋于平庸的圆融。

师：很不错，说明拆分概念还可以帮助我们拓展思路、推进文意，使你的论述更严密。

二、引入概念

师：议论文的论点，往往带有肯定或否定的趋向，当我们肯定（或否定）某一趋向（或现象）时，可以适当引入与之矛盾的概念，从否定（或肯定）的角度，进一步辨析两者之差别，来加强思维的深度；或引入相似（或相关）的概念，辨析两者（或多者）的区别，使文章对论点的分析更为深入透彻、无懈可击。

请看下面这幅漫画（投影）：

漫画作文也是材料作文的一种形式，有时比材料作文更复杂，既需要关注画面中的形象，又需要关注画面中的文字。漫画中刀刀狗挑好了地，上完了饵，下好了钩，定好了心，做好了垂钓的一切准备，然后说了一句“鱼什么时候来是鱼的事”。好，大家看看立意行文时可以怎样引入概念进行辨析？

（学生思考后交流）

生：材料看似简单的画面和一句话，但“鱼什么时候来是鱼的事”这句话从整个画面来看有思维的张力。首先，“鱼”是客体，对应的主体即“我”，“鱼的事”即对应“我的事”，由此我们可以辨析“鱼的事”和“我的事”两种不同的为事观和处世观。

生：我由“鱼”想到了“渔”。刀刀狗的话折射的是一种垂钓的心态，它不是单为鱼而垂钓，不是专为结果而等待，因此可以比较辨析“鱼”和“渔”，或者由此引申论述“捕鱼者”和“垂钓者”的不同。

师：你们俩是引入了相关概念进行辨析。其他同学还有吗？

生：也可以整体理解这句话，在一般人看来，它反映的是一种“无为”的心态，但这句话置于漫画中，表面上看似无为，其实质是一种“有为”，有时候，看似无为的“有为”即“大为”，由此，文章可以辨析“无为”和“有为”这两种心态。

师：很好！你是引入了矛盾的概念进行辨析，并运用了矛盾对立与统一的哲学思想进行分析，更富有思辨性。

刚才大家的立意构思很好，下面我们花5分钟左右的时间，对上面的立意或自己的立意作些分析，用200字左右把文章关键的东西写出来。

（5分钟后交流）

生：我是以《顺物性，尽人事》为题作如下阐发：拙以为，许多事都需要顺物性、尽人事。顺物性，就是指按照事物的天命，不强加外力，顺其自然，以缓和的方式发展。尽人事，是指以顺物性为前提，通过人事的作用，帮助事物正确发展。顺物性是为事的出发点，尽人事是为事的助力器。

生：我写的是《鱼的事，我的事》：慕容引刀的漫画中有言，“鱼什么时候来是鱼的事”，“鱼的事”，是从局外人的眼观而冷静审视，“我的事”，是自身主动力驱使下的积极参与。“我的事”是“鱼的事”的基础，“鱼的事”是在“我的事”基础上的提升。没有自身对事务的参与，又何来鱼事之观呢？同样，若缺少鱼事之观，“我事”的道路或许在我们一味冲刺和前进中误入了偏执与不知所措的死胡同，走不出，又不舍离开。

生：我想就《无得之心与有得之态》作辨析：刀刀垂钓，或问曰：“鱼何时来？”答曰：“此乃鱼之事。”刀刀可谓是智者，钓鱼者求得并非是大鱼，而是一种怡然自得的心态，倘若过分追求大鱼，垂钓于我何益焉？由此及彼，处于世间的我们何尝不是一个垂钓者？可惜的是，在追求利益最大化的当代，我们之中鲜有人秉着无得之心去垂钓。而这缺失的无得之心，在我看来是十分重要的，唯有拥抱一颗无得之心，我们才能做好每一件事，尽好每一份职。但是，仅止步于无得之心又是不够的，我们应该在无得之心的基础上怀有得之态，如此，方可完善自我。怀无得之心，守有得之态，方可完善自我，完善社会！

生：我就《等、遇和追》谈谈我的看法："鱼"，可以理解成为一种果实，即指在付出一定努力后的回报。然而，并非所有人能一举成功，所谓"大成"，往往是经历过落寞、积累、坚持后抵达的相对而言的"满"。因而，"鱼"更有一种偶然的因素在里面，我们不妨把它理解成"机遇"，"鱼"，"遇"也。就刀刀而言，等待看似是停在原地，但并不是固步自封，从某种意义上说，"等"与"遇"同等重要，"等"要比"追"更难得，在我们还没看清方向，找准目标前，我们值得去等，而在一切努力都已付出之后，我们也应学会去等。最终在"灯火阑珊处"遇见那"鱼"时，每个人收获的不仅是欣喜和满足，更多的是苦尽甘来的淡味。

师：以上同学都写得很好，那么，我们在引入概念辨析时要注意什么问题呢？

生：开头要分析题目或材料中的核心概念，进而引出相关概念，引入概念不能太突兀。

师：也就是说要架设由核心概念到引入概念的思维桥梁，否则论述便成无源之水，无本之木。

生：引入概念后要对概念作界定，必要时澄清其内涵和外延。

师：对，要及时界定概念。

生：论述时要处理好核心概念与引入概念的关系，根据不同的题目或以阐发核心概念为主、以引入概念辨析为补充，或全文转换成关系型作文来写。

师：有道理！总之要具体文题具体分析。还有补充吗？

生：引入的概念最好是结构相同、词性相同，这样更能体现出思辨的张力。

生：还有最好是谐音词或形似词，这是由汉字的特点决定的。

师：好，大家说得很好。生活中，我们说 1 米 7 的个头和 1 米 6 比起来是高个儿，但他和 1 米 9 的人站一块儿，就是矮个儿了。写作中同样如此，有比较才有鉴别，有鉴别才有发现、有创造，"引入概念辨析"实质是一种比较思维、创造思维。最后，老师还要补充一点，"引入概念辨析"在打开思维、拓展思路、深化立意上是有效的，但不是万能的，不可滥用；在“引入”时要注意合情合理，切忌牵强附会；要注意启发性，避免陈词滥调。下一节课，我们就刚才的思考与分析写成完整的文章，给大家50分钟时间。

附1　学生习作：

顺物性，尽人事

陈俏雨

红极一时的刀刀狗，留下许多哲理语句。一只垂钓于一屿的刀刀狗，神色淡然，平静。再附上一句耐人寻味的话：“鱼什么时候来是鱼的事”。不禁思考到：“顺物性、尽人事”之理。

拙以为，许多事都需要顺物性、尽人事。顺物性，就是指按照事物的天命，不强加外力，顺其自然，以缓和的方式发展，是一种内因。尽人事，是指以顺物性为前提，以尽人事为辅，通过外力，助其正确发展。

顺物性是为事的出发点，大多事物都需要有空间自由发展，而且往往会出现事半功倍的效果。汉初的“垂拱而治”带来文景之治的盛世景象，郭橐驼顺木性，故能善种，优于他人，反之，古人的例子也告诉我们，违背物性的后果，揠苗助长，清末的农民起义正印证了这个道理。

尽人事是为事的助力器。在顺应物性的情况下，无疑尽人事又是成功的一个必要条件。所谓“事在人为”，有些事我们改变不了，但如果能通过个人努力所能企及的，也要“必”为之，但重要的是，要掌握一个度。“人事”不能是只重利欲，也不是蛮横无理不择手段地完成。诸葛亮为蜀鞠躬尽瘁，助蜀成为三国之一；居里夫人的不从流，埋头于研究，为后人所敬佩；纳尔逊·曼德拉为反对种族歧视所作出的一切，推动南非发展、世界和平。

由两者来看，顺物性、尽人事是成功路上不可或缺的因素，两者应对自如，方可达到人生的境界，那怎样才能做到顺物性、尽人事呢？窃以为，在于能有入乎其内，又能出乎其外的思想，因“入”才能奋力追求，尽力完美；因“出”故能看到事物的天性，并能准确对待。

然而，当今社会，许多事情并不是按此理发展。“违物性、人事过”的现象屡见不鲜。大学问题依旧是社会热点，过于束缚学生的思想，干扰孩子的思维，无疑是“揠苗助长”，解放孩子思维，任其发展，也不失为一种良策之一；在环境上，当今的我们对环境的索取早已越过了度；这种“尽人事”直接影响到每个人的生活，在职业上，人们对公务员趋之若鹜，国家英才“贡献于”一张报纸、一杯茶的生活，致使才能不能得到充分发挥……

顺物性、尽人事，应是每个人、每个时代的准则。

鱼的事，我的事

王佳琪

慕蓉引刀的漫画中有言，“鱼什么时候来是鱼的事”，“鱼的事”，是从局外人的眼观而冷静审视，“我的事”，是自身主动力驱使下的积极参与。

“竹杖芒鞋轻胜马，谁怕，一蓑烟雨任平生”，一个“任”字，苏东坡描出与现代漫画中相同鱼事之观，两者跨越千年的淡定审视，都受到今天众人的流传与追捧，其原因似乎也有迹可寻。现代科技的发展将所有的人与事无限接近，我们眼观四路，耳听八方，以主人翁的姿态热切而又义无反顾地投身于世事之中，一切事都包揽为我的事，明星出轨，婚丧嫁娶都可成为头版头条。在这大势之下，鱼事般的审视显得尤为珍贵与别裁，审视中的淡定与局外人的冷静促使狂热中的大众突然在一波凉水般的公知言论中迅速降温，在他人的独到深刻见解中寻觅到了自己失去的“微光”，不禁发出一句感叹，哦，原来是这样的！因而，鱼事之观成为人人心向往之、深信不疑又非一蹴而就的较高境界，局外人的态度也受到一般认同。

无疑，这种鱼事之观是一股带给茫然、愈渐浮躁的大众的清饮之泉，解救了如困兽般在言论与世事中横冲直撞、不知所踪、饥渴难耐的大众。但是，这清泉并非如瀑布般从此将“我的事”冲刷，使其销声匿迹。以主人翁的形式投身也并非百利而无一害，重要的是要注重“我的事”与“鱼的事”之间的度。我们需要的是积极，专注的投入，同时也要如鱼事般的泰然观之。对于自身，不会留下未尽力的遗憾；对于社会，不会出现嘈杂而无用的闹剧。当鱼事与我事以相同的力量向前趋之，相信个人的充实、幸福感在两者的“度”间显现。

然而“我的事”是“鱼的事”的基础，“鱼的事”是在“我的事”基础上的提升。没有自身对事务的参与，又何来“鱼事”的观呢？同样，若缺少“鱼事”之观，“我事”的道路或许在我们一味冲刺和前进中误入了偏执与不知所措的死胡同，走不出，又不舍离开。

因而，理性地对待鱼的事与我的事，我们便不会在成长与行进中与目的地离得太远，又或与危险靠得太近。

无得之心与有得之态

吴佳露

刀刀垂钓，或问曰：“鱼何时来？”答曰：“此乃鱼之事。”刀刀可谓是智者，钓鱼者求的并非是大鱼，而是一种怡然自得的心态，倘若过分追求大鱼，垂钓于我何益焉？

由此及彼，处于世间的我们何尝不是一个垂钓者？向社会这个鱼塘撒下鱼饵，渴望着如“大鱼”这般的物质回报的降临，可惜的是，在追求利益最大化的当代，我们之中鲜有人秉着无得之心去垂钓。而这缺失的无得之心，在我看来是十分重要的，唯有拥抱一颗无得之心，我们才能做好每一件事，尽好每一份职。

当时沈从文研究古代服饰，当被人问及目的时，沈老之吐出“好玩”二字，全然未想过之后《中国服饰史》的出版为他赢来了怎样的盛誉。沈老在研究过程中，不为名利，不求回报，秉着一颗无得之心，故能不受利益驱使，终于大获成功。由此看来，持一颗不求利益回报的无得之心，能令我们更加心无旁骛地去专注自己的鱼饵，更无拘无束地享受一分垂钓时的心情。

但是，仅止步于无得之心是不够的，我们应该在无得之心的基础上怀有得之态，如此，方可完善自我。

试想，倘若刀刀因揣着“鱼来是鱼之事”这样的念头，而开始不专心于此，东张西望，全然放下了鱼儿上钩的希望，那么垂钓于它也就不再是享受而是一种对时间和精力的浪费。由此类推，倘若我们仅怀着无得之心去做事，态度也必然是不端正的了，那么定会导致消极的结果。所以，有得之态即一种积极进取的端正态度也是极为重要的。

前不久曝出“山村孩童爱心午餐做假”可谓是无得之态的最好注脚。因为无求利益的念头，索性就胡作非为一通，结果于己于人都是损害。但是，倘若以无得之心加之以脚踏实地的务实态度，如此，生活必定还以你一份惊喜。以此来看我们高三学子的复习生活，倘若我们所为，事事必期冀有利于拿高分，进名校，那么在经历高考磨砺之前，这样急躁的索求心态早已将我们的心理防线击垮。反之，若以一颗淡然之心去面对，同时又不放弃不抛弃，持之以恒去在复习中完善自我缺陷，那么今年六月，必是我们绽放的季节！

鲁迅先生曰：“跑到终点冲破红线的人固然可贵，但那落于最后却仍坚持到底的人才是国之栋梁。”

刀刀曰：“鱼来是鱼之事”。

我曰：“怀无得之心，守有得之态，方可完善自我，完善社会！”

附 2　叶黎明教授对以上课例的分析与策略指导：

李建生老师的课例教的是议论文写作中概念分析的策略。概念分析，是抽象说理很重要的一个环节，也是学生写议论文的薄弱点。在议论文写作中，普遍存在将复杂问题简单化，对论点进行片面论证的问题。究其原因，是学生不会分析，缺乏分析意识，对现象或问题持混沌的认识，其结果是，写出来的议论文要么观点乏味，要么论述空泛。如何提高学生的分析能力，李老师的课，从概念分析入手，以学生思维能力的培养为旨归，为我们提供了很好的示范。

在课例开头，李老师概括自己从教学中提炼出来的三种概念辨析法。这三种方法，可以说是深得分析之道。分析，顾名思义，就是分解、辨析，是将一件事物、一种现象、一个概念、一个问题分成各个部分、各个方面、各个因素或各个层次，从中找出它们的本质属性和彼此间的关系。从这个定义来看，分析的要领：第一是要分解、分化，李老师说的“拆分概念”，符合这个要领；第二是要区分、辨析，李老师说的引入矛盾、相似概念，也符合这个要领；第三是要析出，析出各个部分的本质属性和内在联系，从而发现主题。这一点在本案例中尚未言及。

写作教学之难，难在文体知识的开发上，李老师围绕概念辨析，开发出三点具体可操作的议论文写作技巧，并结合练习进行针对性的训练，从学生的表现来看，他的指导的确启发了学生进行批判与创造性的思考，在“写作可以教、必须教”上树立了很好的榜样。

当然，这堂课在分析策略的指导上，也有进一步研讨的空间。比如，李老师给学生三个题目：《看见》、《融合》、《锻炼》，让学生尝试拆分概念，从课堂表现来看，拆分概念似乎被玩成了拆字游戏，说明学生还未真正理解这个策略。

在谈分析策略之前，首先要明白：议论文写作中，为什么要分析，分析什么。因为，分析的目的与内容，决定了分析策略的具体选择和运用。

一、清楚分析的意义与内容

1. 分析的意义

在议论文写作中，为什么要分析？一言以蔽之，分析是为了暴露论题的复杂性。还是以“勤奋出人才”为例，如果不经分析，乍一看，该论题貌似很有道理，可是仔细分析成才的原因，就会发现，除了勤奋之外，还有其他种种可能的原因，包括父母受过良好的教育、家庭教育方式民主、家境优渥、社会环境良好、天赋出众、情商高等。甚至，对于勤奋和成才之间的相关性，还可以给出不同的解释，就是那些家境、智力不如人的学生，可能更希望通过勤奋改变现状，而聪明的孩子不是通过苦干而是通过巧干通向成功。根据这一解释，是才华的高低决定了勤奋，而不是相反。分析了论题，也暴露了复杂性，下一步做什么？推敲立论，反复琢磨论点的最佳表达，而不是随便写下一句口号式的论点，诸如“呼唤诚信”“感谢贫困”“享受快乐”，然后寻找例子，跳过论证，直奔结论，真正应了“无知者无畏”这句话。

2. 分析的内容

在议论文写作中，分析的内容主要包括以下四个层面：

第一层面是读者分析。读者分析对所有文体的写作来说都很关键，对议论文写作来说尤为重要。因为议论文以说服人为目的，要达到目的，就一定要分析说服的对象。通常，读者分析从以下三个方面展开：

（1）作者与读者的社会关系；

（2）读者对题目的了解程度；

（3）读者对题目的态度和立场等。那些持不同或反对意见的读者，是议论文分析的重点，分析他们持不同或反对意见的原因，才能更好地确定说服的内容、结构、风格、措辞等。

第二层面是论点分析。议论文的论点可以分为以下四类：

（1）立场、态度的声明（对一个有争议的话题你是如何看的），比如高中取消文理分科，你怎么看？支持或反对，就是论点；

（2）对策建议（对一个棘手的问题，你怎么处理），比如如何消除教育的不公平？你提出的对策建议，就是论点；

（3）评价（对一个事件、产品、政策等的评价）；

（4）解释（你认为这个事件的性质、意义、影响是什么）。不同论点，所需的论证方式各有侧重，比如：立场声明类的论点、论证通常分两步——（1）支持论点，（2）反驳质疑；对策建议类的论点、论证也分两步——（1）原因分析，（2）对策可行性论证。分析论点属于哪种类型，有助于确定论证思路、结构与方式。

第三层面是关键词分析，也可称为核心概念分析。对话题、论题中涉及的核心概念进行分析，目的是为了确立论点、寻找最佳的论证方式。

第四层面是论据分析。论据分析包括以下三个方面：

（1）正确性分析，主要检查论据是否恰当，有没有歪曲事实，是否与论点相关等；

（2）可信度分析，主要检查事实或数据的来源是否可信，例子是否具有代表性，权威言论是否具有公信力等；

（3）一致性与完整性分析，检查论据是否采用了双重标准，是否犯了绝对化错误，是否断章取义，隐瞒或忽略证据中对论点不利的细节等。

二、掌握有效的概念分析策略。

下面，我结合课例，就分析的第三个层面——关键词分析，谈谈具体的策略。

策略一：将概念分门别类，析出子概念。在议论文写作中，面对话题或材料，如果不想人云亦云，而是想确立有价值有创意的论点，就必须学会从话题或材料中抽取核心概念进行分解。以课例中的"看见"为例，由"看见"联想到另一个关键词——"视而不见"，根据态度可将"视而不见"分为以下两种类型：主观的"视而不见"（对于不想看见的东西，故意忽略或装作看不见）、客观的"视而不见"（由于"视"的方式不当导致看不见）。而后一种"视而不见"，又可以再细分成以下几种情况：看到表面却看不见实质，看到显性的却看不到隐性，看到当下却看不到趋向……懂一点概念的区分，在话题作文中就会有八面来风的感觉，从整体到部分，从混沌到清晰，的确有助于打开思路，发现主题。

1. 分类

分解概念，行之有效的办法是先开发分类标准，再在分类标准下确定子概念。以“老实人不会吃亏”这样一句谚语为例。要分解“亏”这个概念，可以开发以下的分类标准：程度、影响时间、存在形态等。按程度，分为小亏和大亏、局部亏和全亏；按影响时间，分为眼前亏和长远亏；按存在形态，分为有形的亏和无形的亏、物质的亏和精神的亏。

2. 多角度界定概念

概念的内涵随主客观世界的变化而变化，因此，分解概念的另一种办法，就是多角度把握概念的内涵。如“老实人不会吃亏”中，“老实”这个概念，从性格的角度，等同于木讷、胆小、顺从；从能力的角度，等同于愚笨；从道德的角度，等同于诚实守信；从行为的角度，等同于循规蹈矩。

怎样才能多角度地把握概念的复杂内涵呢？可以参考以下步骤：

（1）借助工具书或网络搜索引擎，通过辞典中的“义项”，了解概念的所有内涵。

（2）在没有工具书或网络的情况下，利用汉字的音、义特点，特别是利用汉字的构词法，找出与概念相关的同义词、近义词、反义词、谐音词、成语、谚语、俗语、名言等，了解概念的各种内涵。

（3）在罗列概念的各种内涵后，还应该为每个概念的内涵确定类别标识，比如，当作者把“老实”界定为“木讷、胆小、顺从”时，应该为这个义项贴上“性格”这个类别标签，这对于议论文写作来说非常重要。因为，确定概念的某个义项的类别标签，有助于作者意识到立论的适用范围，这样可以避免论点绝对化、简单化等错误。比如，“老实人容易吃亏”这句话放到性格层面、交际领域，似乎更有道理，而如果放到道德层面或制度层面，似乎另当别论。

分解概念后，要回到论题，去揣测原论题中概念可能对应的内涵及外延，而观点的创新或主题的发现，就可以从转变概念的内涵及外延入手。比如“老实人不会吃亏”这句话，“老实”对应的内涵可能是“诚实守信”，“亏”对应的外延可能是“长远亏”，其本义是说，诚实守信的人，也许会吃点眼前亏，但从长远看，生活不会亏待他们。如果我们把“老实”界定为“循规蹈矩”，就可以反向立意“老实人必会吃亏”，来论证创造力才是制胜的法宝。

策略二：辨析概念，发现差异性与矛盾性概念分析，除了对概念进行分类、多角度界定概念内涵这两种分解办法之外，还可以通过引入别的概念，辨析这些概念的内涵差异以及彼此间的关系，来发现主题。在上述课例中，就漫画作文《鱼什么时候来是鱼的事》，学生引入“渔”“垂钓者”“捕鱼者”“有为”和“无为”等概念进行辨析，将一个形象的话题引向抽象思辨，做法值得肯定。

如何引入别的概念？哪些概念值得引入呢？

1. 在种属、交叉、矛盾对立等各种关系中寻找可辨析的概念

以高考作文话题《科技改变生活？》为例。“生活”是一个外延很大的概念，讨论这样的话题，不妨从种属关系入手，将“生活”拆分成“生活态度”“生活内容”“生活方式”及“生活目的”等子概念，在子概念的罗列中，我们会发现，也许“科技改变生活”更合适的表达是“科技改变生活的部分”，或“有一些生活是科技无法改变的”。同样是这个话题，另一个概念“改变”是一个中性的词，我们不妨从矛盾关系入手，引入“好”与“坏”两组概念，将科技对生活的改变一分为二，科技对生活有促进、提升、改善的一面，也有扰乱、破坏的另一面，概念辨析显然有助于掘进话题讨论的广度与深度。

2. 概念辨析是为了发现差异性、矛盾性

无矛盾不分析。差异性和矛盾性是议论文写作中概念辨析的出发点。因此，假如讨论的话题没有出现明显的矛盾对立的概念，引入概念，制造矛盾，是一条行之有效的策略。比如，在漫画作文《鱼什么时候来是鱼的事》中，“鱼”和“我”是潜在的一组相对的概念，对钓鱼的人来说，鱼来不来本来就是“我的事”，怎么现在只是“鱼的事”呢？这就是矛盾。概念辨析，就要揪住话题中的矛盾点，寻根究底，不断追问：“我的事”是什么事？从“我的事”无关“鱼的事”，可以看出“我”怎样的态度，如何评价

这种态度等。又比如，在各地高考改革方案出台后，不少网友呼吁“让数学滚出高考”，理性的读者能从这个话题中析出“有用之用”和“无用之用”这两个矛盾对立的概念进行辨析，在此基础上，不难发现，“让数学滚出高考”这种言论代表了教育中典型的功利主义思想，教育追求实用没有错，但“有用”不是教育的全部目的，“无用之用”，也是教育的应有之义。同样，如果以数学只是教会了数钱的理由要求它滚出高考，那么语文、英语、科学等其他学科究竟让我们学会了什么？凭什么留下？同一领域相关概念的比较，也有助于我们发现话题中的矛盾。

通过相关、相对、矛盾概念的辨析所获得的现象、事物的差异性或矛盾性，在写作中最好以反问句的形式罗列成问题清单，作者可以根据问题清单发现主题（论点），以《让数学滚出高考》的话题为例：

（1）如果只是因为数学太难，为什么非得“滚出”，而不是降低难度？（将“滚出”与“保留”作比较，发现处理方式的矛盾）

（2）如果只是因为数学太难，物理、化学难道就不难吗？（将数学与其他理科科目作对比，发现学科之间的矛盾）

（3）如果只是因为数学无用，语文、英语难道就很有用吗？（将数学与其他文科科目作对比，发现学科之间的矛盾）

（4）让文科生深受其害的，究竟是数学还是数学教学？（将数学与数学教学加以辨析，发现问题归因的矛盾）

……

上述的问题还可罗列很多。在议论文写作教学的课堂上，教师不妨引导学生，以问题清单的形式锁定概念辨析中发现的矛盾，以概念分解→辨析→寻找差异性和矛盾性→罗列问题清单→发现主题（立论）为步骤进行训练，提高学生议论文写作的分析说理能力。

课例 3：归纳推理：生产思想的重要“工具”

议论文的写作，要增强论证的严密性，归纳法和演绎法是论证方式的“双生子”。归纳是由个别到一般，演绎是由一般到个别。归纳法限于“已知”，指向“温故”；演绎法助人探求“未知”，指向“知新”。运用归纳法时注意不要“以偏概全”，把话说死说绝，需要辩证、全面；同时，在审题过程尤其是材料作文的审题过程中，“归纳推断”是产生思想的重要思维方式。本课的写作指导，意在使学生掌握归纳推理的精髓，提升学生的分析说理能力和归纳推断能力。

一、分析论证让归纳更可信

师：我们先看两个作文片段，请同学们仔细比较这两个片段论述上的异同。

（PPT 推出）

片段一

骠骑将军霍去病17岁便立志“匈奴未灭，何以家为”；法国圣女贞德16岁便高扬“有自由民主主义”的旗帜；少女乔紫薇15岁便获得“英特尔国际科学与工程”最高奖……他们无不都是青年时代就肩负起祖国给予的重任，只争朝夕，精神贯注，猛力向前，推动国家之富强，民族之进步。

《天下兴亡，我的责任》

片段二

有人说，我希望活在过去。因为那个时代，有思想之巅峰，有精神之盛宴。显然，一路走来，“罗马十二铜表法”、《资本论》《相对论》

历历在目，孔子之《论语》，孙子之《兵法》，让文学史繁星铺满天地。但是请注意，这一切只存在于史卷上丹青间。苏子有云：“逝者如斯，而未尝往也。”普希金也曾道：“而那过去了的，只能成为亲切的怀念。”无论在哪一个时代，都会有那些怀念以前的人，但是我们应该清醒地意识到，时间无法倒退，正如我们无法找回昨天的自己，“钱学森之问”仍弥留耳际，为什么那个大师辈出的时代只属于过去？我想，这个时代怕是少了些专注于当下的人。

《活在当下》

（几分钟后）

生：两个片段都举了例子，用了例证法，举例时比较简洁，不啰嗦，不拖沓。

师：嗯，都列举了多个事例，比较有说服力对吗？

生：对。

师：还有相同之处吗？

生：列举事例后都有论述，论述分析都能切合文章的观点。

师：两个片段的论述有何不同吧？

生：片段一列举完三个事例后，似乎分析不够，而是马上就得出了结论，当然，这个结论是不言自明的。

师：也就是说，作者是从三个事例中找出了它们的内在联系和共同点，即“肩负起祖国给予的重任，只争朝夕，精神贯注，猛力向前，推动国家之富强，民族之进步”。这个结论与题目是相呼应的，因而论证是有力的。好，接着说。

生：而片段二首先是从反面“有人说，我希望活在过去”说起的，所列举的事例也是过去的文化成就，但是列举完事例后，作者没有马上就得出结论，而是进行了细致的分析，最后才得出“这个时代怕是少了些专注于当下的人”的结论，正是因为有了分析论证的过程，所以片段二的观点才更可信，相较于片段一更有说服力。

师：说得好。片段二的巧妙之处还在于它树立了一个批判的“靶子”，因而分析论证的过程其实也是批驳错误观点和认识的过程，故而结论也就更为可靠而可信。

从形式逻辑的角度来说，这两个作文片段使用的就是我们经常所说的归纳推理。但两个片段又不尽相同，片段一使用的是简单枚举法，而片段二使用的是科学归纳法。简单地给归纳推理解释并分类的话，请看屏幕：

（PPT 推出）

归纳推理：

从特殊性前提推出一般性结论的推理（个别到一般）

归纳推理有两种：

（1）简单枚举法：列举论据＋归纳结论

（2）科学归纳法：列举论据＋科学分析＋结论概括

通俗地来讲，在议论文写作中，归纳法就是在列出几个事例后归纳出它们所共有的特性，即揭示这几个事例所包含的共性特征，用以支持和证明观点。科学归纳推理由于多了中间的论证过程，因而更具有说服力，容易使文章的论述走向深入。接下来我们动一动笔，练一练。请大家给以下论据加上一段分析论证：

（PPT 推出）

“千载谁堪伯仲间”的**诸葛亮**英明一世，却在街亭这一关键战役中重用本无真才实学的马谡（正因为马谡是自己的亲信），致使其六出祁山而寸功未建，成为千百年来任人唯亲者之鉴。一代明君**唐明皇**即位之初，礼贤下士，励精图治，才有了开元盛世，后来却为了“一骑红尘妃子笑”，不惜大兴土木，劳民伤财，荒废朝政，结果落得个“马嵬坡前草青青”的凄惨结局。北宋神宗原本竭力支持当朝宰相王安石的变法之举，却经不住其祖母光献太皇太后的眼泪软化，终于动摇了，灰心了，放弃了，一部利于国利于民的“青苗法”被付之一炬，11世纪最杰的政治家的社会理想化为泡影。

《莫让感情蒙蔽了双眼》

如果是采用简单枚举法的话，只要加一句“这些残酷的历史史实告诉我们，莫让感情蒙蔽了我们的双眼”，但是，这样简单地归纳出结论明显没有说服力，甚至有点犯了“轻率归纳”的错误。如果要分析，应该怎么写？

（几分钟后）

生：我拟这样分析：“诸葛亮任人唯亲战果未取，唐明皇贪恋女色荒废了朝政，宋神宗碍于亲情未实现改革之理想，在感情与理性面前，他们都受阻于感情而蒙蔽了双眼。”

师：你对三个事例作了进一步的阐发，然后得出了结论，可以。

生：我是这样写的：“历史以残酷的事实一次一次地告诫我们：人情的亲疏远近足以令人麻痹、令人迷惘，甚至令人昏聩。然而，是不是我们每个人都要对人类的情感置之不理，做一个冷血动物呢？那也不必，鲁迅先生说过‘无情未必真豪杰’，只是我们在认识事物时要分而析之，辨而认之，莫让感情蒙蔽了眼睛。”

师：好，这段分析跟刚才一位同学的分析相比如何？

生：这个分析更深入细致。我注意到刚才他用“令人麻痹”“令人迷惘”“令人昏聩”这三个词语分析了感情用事所产生的危害，然后来了个转折，补充分析了我们人并不一定要对感情置之不理，而是在认识事物时要“分而析之，辨而认之”，深化了对观点的认识，“理”的成分很足。

师：请同学们注意后一位同学分析中的两个词语“然而”和“只是”，这两个词语起到了很关键的推进分析的作用，它们往往能使分析宕开一笔，从另外的角度甚至从反面去再作审视、思考与辨析，进而得出更为严密更为深刻的结论。当然，在得出结论的同时，一定要扣合你文章的论点，而不是信马由缰，甚至南辕北辙。

由此来看，我们在进行归纳推理的时候，应该注意什么？

生：归纳推理要揭示共性，也要扣合论点。

生：分析的时候不能轻率归纳，更不能错误归纳。要有层次地揭示事例所包含的道理，或由此及彼，或由表及里。

师：也就是说，我们要学会运用复句的形式来表述，假设复句、转折复句、因果复句都是不错的分析论述的形式。

二、运用归纳可以生产思想

师：我们说，归纳推理的实质是个别到一般，也就是以对个别的具体事例认知为前提进而推出有关这些具体事例所属那一类事物的一般性结论，就如英国学者吉尔比所说，“我们在心灵的背后有一种期待，希望能把许多个体中不断出现的某种行为特征或模式归到作为一个整体的一组或一类上”。通过归纳，把我们的经验从个别上升到一般，把具体概括为普遍，这是我们认识事物的基本方式，是产生思想，特别是创造性思维的基本方式。

下面我们再看一个材料：

（PPT 推出）

> 我们常常看见这样的画面：地铁上、饭馆里、电梯上、马路边，生活的每一个缝隙都被手机填满。朋友聚餐、家人团聚，“低头族”依旧忙着看微博、聊微信、玩游戏，就算搭话也是敷衍了事。

如果运用归纳法来审题立意的话，你们会怎样来思考？我们再用几分钟写一写。

（几分钟后）

生：这是一则现象类材料，说的是信息时代的手机依赖现象。

师：既然是现象，那我们就可以透过现象去分析它的本质，这种本质其实就是一般性的结论，你怎么思考的，说说看。

生：我觉得“低头族”的盛行实为一场科技麻痹心灵的“狂欢”，人们交付出身心与情感，只为了在虚拟世界里找到一种在现实中无处可寻的存在感。

师：你从人与科技关系的角度切入思考手机依赖的现象，不错。其他同学还有不同的思考吗？

生：从材料中“每一个缝隙都被手机填满”“忙着”“也是敷衍了事”等词句来看，与其说他们是“低头族”，不如说他们是“手机控”和“屏奴”，他们是被手机控制和奴役的一族。“手机控”是人对于现实生活的冷漠和躲避的折射，因而，作为有意识的人类的一员，应该“役物”而“不为物役”，方为智者。

师：说得好！刚才两位同学从材料中的现象出发，透过现象看本质，挖掘了手机依赖现象背后的实质，有深度。如果说现象是个别的具体事例，那么本质即是通过分析推出的一般性的结论。透过现象分析本质，其实就是一种归纳推理。

其实，对于现象类的材料，我们还可以通过其他路径去归纳。现象其实是一种“果”，由此来看，我们就可以探求这个“果”背后的……

生（齐）：原因。

师：对，“果”背后的“因”，也就是说由想想，手机依赖现象是什么原因导致的呢？

生：大多数人是在分享与获取资讯的过程中得到自我价值的表达与更新的，而手机从本质上来说是一种获取和分享资讯的媒介，因而，人们很容易产生对手机的依赖与沉迷。但究其根本，对于手机的沉迷却是源于自身的孤立感。大多数低头族以 80 后、90 后为主，多为独生子女，与父母的代沟日深，与社会的相处尚浅，所以手机很容易成为他们获取与分享资讯的唯一媒介，也就意味着手机成为“孤立感”背后的最后一根稻草。

师： 说得深刻，“孤立感”一词有理有据。其他同学呢？

生： 我的思考是这样的：“低头族”的广泛现象既出于网络虚拟世界犹胜现实的多姿多彩，更是归结于人群对虚拟环境的沉醉心态，以至失联于现实。前者原因虽有对现实之精彩的不充分认识，但却是不可否认的部分现实，而后者关联至人群本身，虚拟与现实的心态失衡更可称为主因。

师： 老师注意到你刚才用了“既出于”“更是归结于”两个词语，条分缕析，由浅入深地分析了成因，而且关注到了这种现象所导致的后果。也就是说，除了由果溯因来进行归纳推断外，对现象我们还可以进行“影响分析”，分析这一现象所带来的危害和后果，其这也是一种归纳推理。我们试着从这个角度再进行分析。

生： 老师，我写的好像有点影响分析的味道。

师： 不妨给大家读一读。

生： 手机本是为了提高碎片时间的利用价值，如今却将中国青年碎片化了。手机的碎片化信息往往充满了吸引力，我们乐于花大量时间消磨在手机上，与此同时，我们的时间碎片化了；碎片化信息、时间，最终拼凑为碎片化的生活，迷茫的低头一族也许只是白白消耗了时光。

师： 嗯，想得深，“碎片化”一语掷地有声！

生： 沿着“碎片化”这个分析，我也来说说我的思考。“手机文化”以“快餐消费”和“虚拟交际”为表现特征，使得生活不断碎片化，从根本上来说是对于现世的隔离，这种虚拟的建筑给予了每个人“我很重要”的错觉，并且沉醉于社交游戏和对他人的偷窥欲望无法自拔——结果便是，越疏离就越无法进入现实，越离世就越沉浸于虚拟。

师： 脱离现实而沉浸于虚拟，的确，这可能是“低头族”的最主要的特征，但又是“低头族”最严重的后果。

好，现在我们来做个小结。用归纳法可以把“个别”上升为“一般”，可以归纳出规律性的认识，即“成理”，从具体运用的角度来看，有以下方法：

（板书）

1. 分析现象，探求本质
2. 由果溯因，析因成理
3. 分析影响，推断后果

其实，这个作文材料还有思考的空间，甚至是思辨的空间，如果我们把一些具体的词语抽象上升一下的话，材料其实说到了当下人们生活的两个世界，大家仔细再读一读，看看有没有发现。

生：“看微博、聊微信、玩游戏”是“低头族”沉迷的世界，是为虚拟世界，“朋友聚餐”“家人团聚”是另一世界，充满了温馨，与人能面对面地交流，是为现实世界。

师：也就是说，如果能从现实世界和虚拟世界对材料阐发，继而谈情感交流的生活本真和屏幕沟通的生活错觉的关系，应该能写出一篇有深度的文章。沿着这个思路深入下去，材料就有了张力了，以手机为代表的虚拟世界和人与人交流的现实世界的内涵特征、给人们带来的影响等等，其实就构成了一些二元关系，比如刚才我们很多同学谈到的……

生：碎片化与整体性、交流的自由与技术的奴役……

师：对，这些都可以作为二元关系来思考，理性看待这些关系，其实就是对“手机依赖现象”的深度剖析。好，今天的作业，就是大家把对这个材料的思考写成文章，尽量写出思辨性。

附学生习作：

虚拟之渊，现实之墙

张鑫晨

智能手机逐渐占据我们生活中的更大一片角落，乃至填满每一个缝隙，“低头族”在生活中随处可见，沉迷于虚拟的他们失却了现实。

“低头族”的广泛现象既出于网络虚拟世界犹胜现实的多姿多彩，更是归结于人群对虚拟环境的沉醉心态，以至于失联于现实。

前者原因虽有对现实之精彩的不充分认识，但却是不可否认的部分现实。而后者关联至人群自身，虚拟与现实的心态失衡更可称为主因。萨松曾提出“心灵之墙”与“现实之墙”的概念，而后者正是指明了虚拟与现实的明确分界，在于认识到虚拟为现实的附属。然而反观当下，“低头族”的“现实之墙”颇有些界限模糊，摇摇欲坠之态。当下手机所承载的一方虚拟天地，正承担了更多现实本应有的重量，诸如付款等行为可在虚拟世界中完成，这是科技带来的便利，却也成为将人群推落至虚拟之渊的一大因素——当习惯形成，依赖随之产生。

影响这类依赖形成的，更有部分内在因素，即人群的自发依恋沉迷，可归为现实问题在虚拟的投影。首先，人群中不乏现实受挫孤立之人，虚拟天地便成为了他们的“避难所”，一进入便再也难出，避难所也化为了无形的牢狱。其次，投身于虚拟之人或抱有重新开始人生的心态，现实无法重塑，而虚拟则近似于又一次人生。最后，当虚拟愈发具有分量，大多数人被迫与虚拟加深联系，而虚拟则承载更多，如此往复的恶性循环，导致了“低头族”的滚雪球式滋生。

现实世界过于拥挤，而虚拟则有无限空间，很多人怀揣如此想法投身于此，然而现实真的拥挤？不尽然也。这般心态的产生是对现实的误解，更像是逃避的借口，每个人于现实皆有立锥之所，更有广阔真实可供开拓，愿意发现现实，才会了解现实的无边无际，浩如星海。

无论原因于内于外，对“低头族”现象的抑制更应被聚焦，将目光从手机屏幕移向现实的光影斑斓，需要的是自我心态的矫正以及对现实的重新发现，这般的改变认识当是彻底无二。

虚拟天地的开拓固值得称道，虚拟与现实的交错也带来了便利与纷至沓来的精彩，然而尾随而至的更是危险，不仅是无所束缚的险，更是沉沦于此的潜在之危。而只有坚守本心，平衡虚拟与现实之重，重塑现实之墙，虚拟才会从属于自我，而非反之，成为又一个“低头族”。

何当共剪西窗烛

徐陈妍

当生活的每一个缝隙被手机填满，灵魂仿佛已然被全盘吸入那个“魔盒”中，我们是否还有勇气回望心灵，抛开手机，去期盼那份“何当共剪西窗烛”感人肺腑的灵魂相叙？

“低头族”的盛行是一场科技麻痹心灵的“狂欢”，人们交付出身心与情感，只为了在虚拟世界里找到一丝在现实中无处可寻的存在感，然而这样无时无刻的“灵魂交易”逐渐让人们的情感扁平态发展，在浑然不知中成为手机的俘虏。

手机在充分利用我们碎片化时间的同时，也在很大程度上割裂我们的整体时间。我们时不时地低头浏览手机似乎是在及时有效地利用这些碎片化的时间，然而这样的习惯性动作会蔓延至我们的工作时间，这时的浏览便是在割裂我们的整体时间，从而导致效率与质量的下降，致使时间的无效性拉长，因而，我们可以说是不自控的“低头”让时间分块化、粉末化。

手机在促进我们在虚拟世界情感交流的同时也在逐步抽离我们对现实的种种知觉。facebook总裁扎克伯格曾发布过一张照片，场景是他正从一群带着VR头盔正体验虚拟世界快感的人们身边走过，有评论说：“未来的生活里，当我们沉浸在虚拟世界而木知木觉时，我们的领导者在我们身边走过。”诚然，当整个社会都陷入在一种比“低头族”更僵化的生存状态时，每个人都戴着这样一个VR头盔活在虚无缥缈的另一个世界而浑然不知时，出现的是如多米诺骨牌一样一齐崩塌的价值观，更是一个社会的趋同化发展。人们仿佛将自我套入一层塑料袋中，屏蔽了现实的种种干扰，扁平化情感，对真实生活中的人产生厌恶疏远的情感，但有似于“归隐山林”的“超脱世俗”之意，令人有所沉思。

那么，在时间被快速压榨化、情感体验瞬时消失化的今天，我们该如何重回生活本真？去寻觅人与人之间“何当共剪西窗烛”的温情脉脉呢？

村上春树曾提出过“小确幸”的概念，意味着把握生活中微小而确定的幸福，在物欲膨胀、人心焦躁的今天有着现实意义，手机带给人们沉浸其中的欲望来源是企图在交流中获得情感的慰藉，或是一种被认知的幸福感，如果我们尝试着将这种寻求认知的渴望转移到现实生活的方寸之间，变成寻找微小满足感的一种愿望，为“摸摸口袋，发现有钱；拿起听筒，发现是刚才想念的人”诸如此类微小而确定的幸福所雀跃，在感知如“坐看云起时”的生活细节重回心灵本真，收获温情。我们自然会发现手机中的情感寄托有如“海市蜃楼”的虚无感那样不值一提。

我们恭候“何当共剪西窗烛”的灵魂沙龙，为契合尚有温情的心灵，为低头族们的迷途知返，为讳莫如深年代里的一派脉脉温情。

中国青年碎片化

林珺瑶

随着信息科技的普及，“低头族”的年龄跨度虽然在增大，却依旧以青年人为主，手机本是为了提高碎片时间的利用价值，如今却将中国青年碎片化了。

手机作为当下主流的信息交流媒介之一，在信息共享和信息加工方面为我们提供着前所未有的便捷。自由言论权赋予我们评论时事、评价他人行为的权力，而当微博、论坛、微信等公众平台充斥着碎片化的信息，越来越多年轻人陷入了价值观扭曲的悲剧中。《为什么微博不是好的说理形式》一文中也同样指出不完整说理，偏激的个人情感和“断章取义”的形式使人生观、价值观尚未发育完整的青年人不知所措。这种认知上的错误引导是在残害中国下一代人的思想根基，不禁令人生畏。

碎片化信息往往又是充满了吸引力，我们乐于花大量时间消磨在手机上，与此同时，我们的时间碎片化了。作息不规律，“昼伏夜出”的中国青年们似乎已找不到一整块可以用来看一本书、参与一次家庭讨论的时间了。

时间的碎片化不是时间少了，而是我们利用时间的能力降低了，手机将我们系在了充电器边儿上，充耳不闻外面世界的多姿多彩。

依赖手机也易造成人际交往上的阻挠，不参与聚会、聊天虽然不见得会失去家人朋友，但无形之中遗失的交流能力和表达技巧却是难以挽回的。试想当我们无法用键盘之外的东西来对话交流，又如何能够拥有健全的思维和辨别力呢？在自身发展尤为重要的当下，那些不善言辞，甚至恐惧与人交往的中国青年也将错失“全人发展”的黄金时机。

我们一条一条地刷着微博、微信，手游、电子阅读将时间挤得满满当当，殊不知，我们不过是作为旁观者在浏览他人的生活而已，于我们自己的生活又有何裨益呢？碎片化信息，时间，人格，最终拼凑为我们碎片化的生活，迷茫着的低头一族也许只是白白消耗了时光。

在《中国青年之弊病》一书中，“手机病”和“迷茫症”皆是榜上有名，两者似是又有联系。我们指责手机，却又依赖着它们，孰为魁首？自知而已。俞敏洪教授说，中国青年需要自制更需要自知。所谓“自制”仅是指克制一些本来就意识到其弊端的行为，既然是早已自知的祸患，那么稍加克制便可以实现。自知则是建立于我们对于行为目的的清醒，我们需要手机，但我们不能让手机霸占我们的生活。若不自知，我们将无法认识到何时需要自制，也无法将有弊端的好东西发挥出它最大的价值来。换而言之，若要摆脱手机，须有自制，若要改变碎片化的生活，须要自知。

我们中国青年，书生意气，挥斥方遒，放下手机，去捡起遗失的生活的碎片乃当务之急。

物物而不物于物

陆海宁

“世界上最遥远的距离不是天涯海角，而是我在看你，你在看手机”。绝非只是玩笑话，其生动形象性倒是更见苦恼意味和讽刺意味。

从时代的发展角度来说，“低头族”“屏奴”的产生作为时代发展留下的后遗症其实是情有可原的。主流媒体对于所谓低头族的批判也可以说暂且是言过其实、无病呻吟的。时代的过快步伐势必要裹挟着尚来不及有何意识的“无知”人类挤着全球潮流而去。手机成为人类文明的阶段性产物确是有其不可替代、难以超越的优越性。故而，现代人在一种被时代被遗落的惶恐下成为了“屏奴”。

屏奴们俨然很好地诠释了“物质第一性，意识第二性”的哲学常识，不过显然是哲学常识背了低头族的锅，有些为虎作伥的意味。依于此，岂非是手机凌驾于人为意识之上，成为主宰，泯灭于“物玩我”的状态？

因而，当代人的意识的确令人堪忧。从个人角度来说，手机控是人对于现实生活的冷漠与躲避，孤独感的形成让人无法安静与自控，从而耽溺于可以实现自我价值虚拟体现的“线上”，造成了诸如亲情人伦淡漠的一系列情感异化的行为，解构了传统的相处模式与“线下”的生活方式，成为了被手机殖民的“后殖民时代”。人们的意识薄弱已经到了一声铃响便有些草木皆兵的地步，人的自我意识瞬间在“手机遗失”下相形见绌。这两股意识来源于一处，不过被时代的发展搅得分了叉。而当两股意识势必要一较高低之下，自我意识虚弱到一击便溃的地步。但即使手机是文明阶段的产物，我以为，着实还没有到可以取代亲情人伦的地步。逢年过节与手机为伴还生生叫嚷着年味淡了的人实在是有些贼喊捉贼的意味，对于附庸之物生了些许情谊可倒好。

是以，在虚拟世界光怪陆离，众声喧哗与屏幕外现实世界的死气沉沉和众生沉默的强烈反差之下，该对手机有所疏离，处理好人机相处的矛盾，倡导人情的主旋律，寻求趋利避害的解决之道。毕竟，阻止时代的发展，将现代人统统抛归到“原始时代”，显然是不可理喻的无稽之谈。在“戒”过于生硬绝对的情况下，更应采取“诫”。诫不该，诫瘾念，诫淡漠。

再或者，哪一天将手机意识转变为读书意识，更多的诺贝尔文学奖实然不必翘首以盼了，“低头族”虽是情有可原，明确“翻过山头来见你”的时代已然过去，也该明确物物而不物于物。

第三章
实践研究：辩证思维与议论文写作

辩证思维是建立在唯物辩证法（这是马克思主义哲学的重要组成部分）基础之上的思维方式，其基本规律即唯物辩证法的规律，也即对立统一规律、质量互变规律和否定之否定规律以及现象与本质、原因与结果、必然与偶然、可能与现实、形式与内容等一系列基本范畴，而对立统一规律为核心。唯物辩证法指出世界存在有两个基本特征：一个是世界是普遍联系的，另一个是世界是永恒发展的。整体性是辩证思维的重要特征，辩证思维用全面的观点看问题，将认识对象的各个要素、各种联系的丰富性和多样性在头脑中再现出来，并从整体角度去思考如何解决问题。动态性是辩证思维的另一重要特征，我们的思维要正确地反映事物的实际存在过程，就必须以动态的方式去思考认识对象，把认识对象看成是不断变化着的开放系统。

那么，为使我们在议论文写作过程中对事物和问题看得全、看得深、看得远、看得活、看得真实，我们到底需要学生掌握哪些重要的哲学知识，学生在实际写作中应该掌握哪些重要的辩证思维知识能帮助自己更好地写出有思想有深度的文章呢？实践中我们如何指导学生更为有效地写作呢？本章我们作重点探讨。

第一节　知识定位：议论文写作教学需要怎样的哲学知识

为使学生写作议论文时看问题更深刻、分析事物更全面，有前瞻性和思辨性，增强思维的深刻性和批判性，就需要培养学生的辩证思维能力。发展辩证思维能力当然需要一定的哲学知识，因为辩证思维是建立在唯物辩证法基础之上的思维方式，唯物辩证法又是马克思主义哲学的重要组成部分。因此，从写作的角度出发，有必要梳理出提高中学生议论文写作水平的重要哲学知识，这其中，重要的是唯物论和辩证法的知识，尤其是辩证法知识。要梳理出一些重要的辩证思维的范畴，因为范畴与方法相联系，掌握了范畴，就会懂得事物内在的关系，并逐步学会分析问题。

1. 需要唯物论的知识

唯物论的知识主要有两对辩证关系，一是物质和意识，二是主观与客观。

物质与意识的辩证关系有两大内容，其一是物质决定意识，其二是意识对物质具有能动作用。

主观与客观的辩证关系主要体现在人的主观能动性与客观规律的关系上，也有两大内容，其一是客观规律制约着人的主观能动性，其二是要在尊重客观规律的基础上，充分发挥主观能动性。

物质与意识、主观与客观两对辩证关系对于我们看问题分析事物的启示有：一切要从实际出发，也即我们想问题、办事情要把客观存在的实际事物（事实）作为根本出发点；如何真正做到一切从实际出发，又不是轻而易举的，既需要我们坚持唯物主义基本观点，反对主观主义，又必须坚持唯物辩证法联系的、发展的、全面的观点，反对形而上学孤立的、静止的、片面的观点看问题，自觉地用科学思维来分析事物和处理问题；从主观方面来看，人的立场不同，世界观不同，人生观不同，思维方法不同，知识构成不同，这些因素制约着意识能否正确地反映客观事物；要尊重客观规律，实事求是，按客观规律办事，人在规律面前并不是无能为力的，人可以在认识和把握规律的基础上，根据规律发生作用的条件和形式利用规律改造世界，造福于人类。

2. **需要辩证法的知识**

唯物辩证法的知识主要有坚持联系的观点、坚持发展的观点和坚持矛盾分析法三部分内容。

世界上的一切事物都处在普遍联系之中，事物之间以及事物内部各要素之间是相互影响相互制约的。

联系具有普遍性和客观性，这一原理要求我们在观察和分析问题时必须坚持联系的观点，既要看到事物与事物之间的横向联系，又要看到任何事物的内部联系，反对形而上学用孤立的观点看问题；我们要认识和把握事物的真实联系，就必须具体地分析事物之间的联系。

任何现象的产生都是由其他现象所引起的，这种引起和被引起的关系叫做因果关系，这就要求我们把握事物的因果联系，因果联系是普遍也是客观的。这一原理要求我们认识分析事物必须认识和掌握客观事物的因果联系，提高我们分析问题的自觉性和预见性，所谓“自觉性”就是学会从结果中分析原因，所谓“预见性”就是学会预见某一现象可能产生的后果。

同时，事物的整体和部分是相互联系的。整体由部分组成，没有部分就没有整体；部分是整体的部分，没有整体也无所谓部分；整体处于统帅的决定地位，部分也制约整体，甚至在一定条件下，关键部分的性能会对整体的性能起决定作用；整体和部分的地位在一定条件下是可以转化的。这一原理要求我们看事情要分析问题要从整体着眼，要有全局观和整体观，同时也要重视局部的作用。

唯物辩证法认为，世界上一切事物都处在永不停息的运动、变化和发展的过程中。这一原理要求我们坚持发展的观点看问题，既要把事物如实地看成一个变化发展的过程，又要弄清事物在其发展过程中所处的阶段和地位，同时又认识到，发展是一种运动变化，但决非任何运动变化都是发展，只有那些上升的、向前的、进步的运动变化趋向才是发展。

矛盾的观点是唯物辩证法最根本的观点。矛盾是指事物内部都包含着两个方面，这两个方面既相互对立、相互排斥，又相互联系、相互依存。矛盾是推动事物发展的动力和源泉。世界上一切事物的运动、变化、发展，都是事物内部的矛盾双方既统一又斗争的结果，矛盾的同一性和斗争性相结合，推动着事物的运动、变化和发展。矛盾既有普遍性，又有特殊性。矛盾的普遍性指的是矛盾无处不在，无时不有；矛盾的特殊性是指矛盾着的事物及其每一个侧面各有其特点，这是事物之所以千差万别的内在原因。主要矛盾和次要矛盾、矛盾的主要方面和次要方面，是矛盾的特殊性的两种重要情形。以上原理要求我们观察事物和分析问题时，要树立全面的观点，同时又要具体问题具体分析；要善于把握重点和主流，同时又要做到统筹兼顾，适当安排。

以上唯物论和辩证法的知识如何用于高中生议论文的写作，这是一个值得思考的问题。我们认为，还是应该像前面卫灿金教授所说的，让学生多掌握一些哲学上所讲的辩证思维的基本范畴。因为范畴是人的思维对客观事物的本质和关系的概括，反映着事物内在的关系和规律，又与方法相联系，所以掌握了一些范畴，就会懂得事物内在的关系和规律，并逐步用科学的思维方法去把握文题、确立观点、展开论证，并得出结论。

我们从近 30 年的上海高考作文题目中研究、梳理、归纳出了一些规律性的东西，即几乎所有的作文题都或明或暗地包含着事物的某种关系，隐藏着某种事理或哲理，也即体现着辩证思维的一些基本范畴。于是，从写作思维的角度出发，我们从中提炼出了 10 个重要的哲学思想：现象与本质、内因与外因、量变与质变、局部与整体、对立与统一、联系与发展、共性与个性、肯定与否定、必然与偶然、内容与形式。在具体的训练过程中，我们按照“哲理简说——写作要领——实践训练——点拨指导”的环节展开对学生辩证思维能力的反复提升，力求达到学生在议论文写作中运用辩证思维分析问题、论证观点、阐述道理的目的。

第二节　实践训练1：透过现象深入本质

1. 哲理例说：现象与本质

所谓现象，是指事物的表面特征以及这些特征的外部联系；本质，是一事物区别于他事物的内在依据，是组成事物的各个基本要素的内在联系。事物的本质往往通过表象反映出来。我们接触一个事物，总是先认识到它丰富多彩的现象，由感觉、知觉而到表象，取得关于这个事物整体而感性的认识。通过分析事物的现象，可以帮助我们认识事物的本质。

现象和本质的区别在于，现象富于变化，而本质则具有相对稳定性；现象有真相和假相，假相具有迷惑性，只有认清真相，才能抓住事物的本质；现象有主流和支流之分，支流现象不代表事物的本质和发展趋势，只有抓主流现象，才能真正把握事物的本质。

现实生活中，有很多事例可体现现象和本质的关系。比如，近几年“穿越”作品大行其道，俨然成为一种文化现象，文学作品在“穿越”（如小说《寻秦记》），影视作品在“穿越”（如热剧《宫锁玉心》和《步步惊心》），“穿越牌”甚至成为近几年春晚的最大亮点。“穿越”远非今日始，然于今日甚，“穿越”文化的背后，其实质又是什么呢？或许，我们可以这样分析：其一是传播媒体的发达，尤其是网络传播的便利和迅速。网络传播虽然是一个没有过高门槛的传播渠道，但同样遵循了生产与消费的基本原理，网络穿越小说和穿越剧迎合了目前受众消费心理。其二是消费主义的膨胀，尤其体现为穿越剧的消费。穿越剧首先是作为一个消费文本进入市场的，无论其产生过程，还是整体营销，都类似于一个物质消费品的生产过程，同时，正因为穿越，将一切现代的娱乐方式和娱乐理念带入剧情中，满足大众消费的快感。其三是犬儒主义的一种表现形式。当今中国社会的犬儒主义不只是一种单纯的怀疑戒备心态，更是人们在特定的统治和被统治关系中选择的一种生存方式，翻来覆去的庸常生活充斥着冷漠、麻木、乏味、无聊，人们想逃避但又不甘于逃避，所以有时只能幻想，获得虚假满足。

把握事物的外部联系和表面特征，是认识的开始，但是，认识不能仅仅停留在表象上。要想把认识导向深入，还需要进一步探求事物的内在特征、本质属性，由感性认识上升到理性认识。

下面我们读一篇报刊上的文章《“灰色儿歌”缘何大行其道》，看看作者是怎样运用“透过现象看本质”的辩证思维方法来分析“灰色儿歌”大行其道的：

曾经，朗朗上口的儿歌，不仅给儿童的生活带来无穷的快乐和笑语，而且还给他们以真善美的启迪和向上的力量。3月21日，是世界儿歌日，但在许多孩子们的口中，却不时蹦出一些带有恶搞、暴力色彩的“灰色儿歌”，令人担忧。

这些改写自流行歌曲、古诗词、老童谣的儿歌，被儿童用来表达压抑的情绪、对学习的不满，如“在我心中，老师最凶，晚上补课到九十点钟；回到家里，老妈最凶，盯着作业从不放松”。更有甚者如“读书苦、读书累，读书还要交学费，不如加入黑社会，有的吃、有的穿，还有美女陪着睡”等。不少“灰色儿歌”被孩子奉为“经典”。

这些“儿歌桥段”的出现并非偶然，不管愿不愿承认，它已成为当下校园文化的一部分，是现实世界的投影。“灰色儿歌”为何能大行其道？

叛逆性、流行性、娱乐性和庸俗性等特征，让“灰色儿歌”刻有大众文化的深深烙印，它的出现有社会发展、教育滞后、儿童社会化步伐加快等诸多因素，但大众文化的影响则是不可忽视的原因。大众文化被人形容为“明星取代了模范，美女挤走了学者，绯闻顶替了事实，娱乐覆盖了文化”。孩子们正处于求学阶段，一不小心，大众文化成为他们文化精神的销蚀剂，无聊与庸俗，替代了文化品位，自然易给孩子带来不良影响。“一年级的强盗；二年级的贼；三年级的小妞没人陪；四年级的帅哥一群群；五年级的情书漫天飞；六年级的鸳鸯成双对。”如此庸俗的儿歌从儿童口中吐出实在让人尴尬，不过谁能否认成人文化和低俗文化对孩子的冲击？

“灰色儿歌”同时折射出教育力量的式微。“灰色儿歌”之所以能够迅速流传，一方面迎合了小学生好奇、爱模仿、喜欢从众的心理；另一方面反映了社会、家庭、教育中的不和谐因素，反映了一些学校缺乏理想的教育教学环境，缺乏健康向上的校园文化。无可否认，当下的基础教育陷入到了功利主义的泥淖中，学生为应试教育所苦，良善品德、高尚情操、精神信仰和人文关怀则成了可以放弃的内容。从学校到家庭，都围绕成绩给学生施压，造成一些孩子自暴自弃，产生逆反心理，更容易通过编写一些“灰色儿歌”来表达不满。

儿歌是孩子始于摇篮的教育，应该能丰盈心灵，让儿童“解渴”、家长放心，而不是让整个社会都为之忧心忡忡的“灰色儿歌”。如何给学生减负，给他们创造一个文明、健康成长的环境。同时，创作出符合时代特征、真正描述儿童天性、表达儿童心声并为儿童所喜爱传唱的儿歌，已经成为一道现实考题。

（2010年3月22日《京华时报》，作者朱四倍）

作者先列举现象，提出问题——“灰色儿歌”大行其道，然后对“灰色儿歌”流行的原因进行由表及里地分析，得出了“灰色儿歌”源于大众文化的影响和“折射出教育力量的式微”两个结论，也即现象背后的两点本质，表达了作者对此种现象的担忧及对儿童身心成长的关注。在分析问题的过程中，作者即运用了透过现象看本质的哲学思辨法，论述鞭辟入里，颇见深度。

2. 写作要领：学会透过现象看本质

“透过现象看本质”是高中生议论文写作的基本要求。在全国《高考语文考试大纲》中，“透过现象深入本质”是对发展等级作文的要求之一，要求考生透过表象的迷雾作深入思考，对现象进行去伪存真、去粗取精、由表及里的加工，发掘出寓于事物中的本质来。在议论文写作的过程中，作文的审题、立意、材料的运用和论证的使用，均需要我们能做到“透过现象深入本质”，去挖掘出文题的深意，表达出深刻的见解来。

文章立意：挖掘隐藏的深层本质

文章的立意不能只停留在纷繁复杂的表象之上，而是要找出事物的根本特点和基本属性、内在规律等。别人只看到表层现象，而你却看到了隐藏在深层的本质，别人只是“知其然”，而你却能“知其所以然”，这就能给人以启迪，催人深思，发人深省。

深层的立意当然来源于深入细致的审题，因此，审题时能否做到“透过现象深入本质”尤为关键。在材料作文的写作中，对于现象事件类的材料，我们可以运用“透过现象看本质”的方法去分析材料背后的实质，可以分析材料所包含现象的成因，也可以指出这一现象所具有的积极意义或所带来的危害，当然也可以适当地提出对策。比如上面的例文分析了“灰色儿歌”大行其道的主要原因在于“大众文化的影响”和“教育力量的式微”，可谓抓住了“看本质”的要害，在文章结尾，作者还提出了具体可行的对策，认为要“给学生减负，给他们创造一个文明、健康成长的环境”，同时，“创作出符合时代特征、真正描述儿童天性、表达儿童心声并为儿童所喜爱传唱的儿歌”。这样分析，有原因，有对策，论述自然充分而有说服力。

“透过现象看本质”还需注意的是，事物的本质可能比较复杂，有主流和支流之分，认识事物的本质有浅认识和深认知之分，只有抓主流，入木三分，才能真正把握事物的本质。比如对下面作文材料的分析：

在谷歌或者百度里，不管你是谁，来自哪里，只要你敲入相同的关键词，在同一时间里，得到的答案一定是一样的。这是一件恐怖的事！这意味着，对于某一话题，我们的信息源和观点，正在趋向同一化。

材料虽有关键句“对于某一话题，我们的信息源和观点，正在趋向同一化”（关键词则为“同一化”），但此关键句仍带有现象的特点，如果我们再追根溯源，追问“信息源和观点同一化”的原因，可能有中国教育对孩子想象力的扼杀，可能有网络搜索引擎对信息同一化的归类，但更为本质的原因却在于网络环境下大众的从众趋同心理和由此所滋生的传染病。认清了这点，我们分析问题时便有了针对性，因而，我们顺着“这条路”走下去，便可以得出以下观点：

（1）网络搜索正在悄然改变和影响人的生活、思想等，容易局限人们的思维，会让人“脑残”；

（2）善待信息源，才能更好地保持自我思想的独特性；

（3）面对信息源和观点的趋同化，不应只是恐惧，而应该理性地善待自己的思考，不能让网络取代；

（4）无论是“趋同”还是“单一或独特”，人的思想在于它可以整合信息，让思维动起来、活起来。

当然，为了丰富文章的内容，可以由浅入深地先分析支流，再着重探析主流。

命题作文中也可以将题目视为“现象”，写作时首先要抓住题眼，即抓关键词语，找到题目的核心；其次要展开联想，挖掘主旨，即要挖掘题目背后的“本质”，进而在众多的“本质”中选择最优的角度行文，进行针对性地阐述。2011年广东省高作文考题为《回到原点》，有位考生将“原点”理解为“情感”，文章先从反面来摆正“远离原点”的现象：“当家变成只供休息的旅馆，当朋友只是变成过节时互相问候的对象，当家人变成同一屋檐下的‘室友’，当关爱只意味着给钱，当成功只意味着升职，当我们把一切的情感都物化时，我们与机器人何异？或许我们可以用楼房车子暂时掩盖自己的空虚，或许我们可以用灯红酒绿的生活暂时藏起自己的孤独，可总有一天，远离原点的生活失去了向心力，便会把我们甩得远远的。”接着强调“回到原点”“关注自己的情感”“不要迷失了生活这一深刻的体验”的重要性，思考深刻，富有批判意味。

材料运用：善于“积”更要善于“析”

所谓善于“积”，也就是要善于积累材料，为我所用。但是积累材料仅仅是写好作文的一个前提条件，文章写得好，有时候关键不在于你有没有材料或材料的多寡，而在于你能不能恰当地运用材料，尤其是能不能入木三分地分析材料，揭示材料的本质。

因此，我们不妨将积累的材料经常作深入本质的思考，如写《盲从》话题的文章，有学生用当年日本核泄漏危机中国陷入莫名的抢购潮这一材料，并进行了本质的挖掘：抢购风潮的背后，是我们许多国民科学素养极低，常识不彰；也是许多国民缺乏生存安全感陷入信任危机的反映；当然，政府的公信力在这一事件中得到极大的考验和挑战。能多角度层层深入地展现自己的思考力和分析力，文章好坏自不待言。

当然，对材料如果能发人所未发，见人所未见，这当然是最为深刻的本质挖掘。杂文家狄马的《荒谬的苦难哲学》① 一文发表的是自己对“苦难”的看法，文中引用了几乎是写“苦难”“逆境”的文章最为经典、使用频率最高的一段材料：

> 盖文王拘而演《周易》；仲尼厄而作《春秋》；屈原放逐，乃赋《离骚》；左丘失明，厥有《国语》；孙子膑脚，兵法修列；不韦迁蜀，世传《吕览》；韩非囚秦，《说难》《孤愤》；《诗》三百篇，大底圣贤发愤之所为作也。

但是作者却说：

① 狄马：《一头自由主义的鹿》，中信出版社，2014 年 1 月版。

但几乎所有的引用者都忽略了前面的几句话："夫人情莫不贪生恶死，念父母，顾妻子，至激于义理者不然，乃有所不得已也。"谁也不能说，文王不拘就演不出《周易》；仲尼不厄就写不出《春秋》；屈原留在宫中，就不赋《离骚》；左丘眼明，就不会写《国语》；孙子脚好，就不修兵法；不韦仍然是宰相，就不编《吕览》；韩非不囚，就没有《说难》《孤愤》；《诗》三百篇，圣贤高兴的时候就一定写不成？因而，这是把特殊的历史情境当成了普遍的创造规律。

作者最后认为，苦难并不直接导致伟大，相反，在很多情况下，它毁坏了人的尊严，伤害了人的心灵，扼杀了天才的创造力。苦难转化为创造的动力是有条件的，这首要的条件就是苦难的承担者必须具有非凡的毅力，超人的心智，以及对自己牺牲较低价值换取更高价值的坚定不移。这样的观点见人所未见，不仅新颖，而且深刻。

行文思路：层层深入，条分缕析

运用"透过现象看本质"的辩证思维分析问题一般可遵照以下行文思路：

（1）摆现象：即引述现象，语言要简练，必要时指出其内涵特点；

（2）揭原因：揭示现象背后的原因，提出观点，要及时清晰；

（3）析危害：分析利弊，要言不烦，进而证明观点；

（4）明途径：提出对策，切实中肯，对观点作补充；

（5）作结论：强调观点，回扣文题，使全文结构完整。

在具体写作过程中，可以"揭原因"或"析危害"为主，着重从"为什么"方面把观点论述清楚，以"明途径"为辅，把"怎么做"简单加以交待即可。

那么，怎样才能使我们更加清晰地认识现象背后的本质呢？这需要磨砺我们的思想思维，虽然这是一项长期的工程，但还是有路可循：可以借读报刊上的时评文章来帮助我们认识社会上各类现象的本质；而且对现象可以分类关注，比如教育的、娱乐的、文化的、经济的、网络的等等，这样或许更有助于我们对各类现象的认识，至少碰到此类问题分析时不会写偏甚至思想偏激。

3. **实践训练**

（1）近来，国内高校为争名分，抢得颇凶。除了抢校名和抢简称还有名校招生组砸钱抢生源：谁抢得当地状元，谁就是当地录取分数线排行榜上的头名。这让人拍案惊奇的高校“三抢”，足以引起人们深思。请以《我看高校的“三抢”》为题，写一篇文章，谈谈你的看法与思考。

（2）请以“中国式家庭教育”为话题，自选角度，自拟题目，写一篇800字左右的议论文。

（3）阅读以下材料，运用“透过现象分析本质”的哲学观点分析，写一篇不少于800字的议论文。

这真是一个令人奇怪的现象：一方面，人们对文化软实力建设的滞后而忧心忡忡；另一方面，在文化界冒出的“家”却层出不穷，几乎泛滥成灾。比如，有的人写了几篇东西，就宣称为“作家”“评论家”；有的人唱过几首歌、演过几场戏，就冠以“歌唱家”“表演艺术家”；有的人来了点业余雅兴，画了几幅不伦不类的画，就自称为“画家”；有的人偶尔挥挥毫、涂涂鸦，就自封为“书法家”……

附【点拨指导及学生习作】

题（1）写作提示：

高校“三抢”，首先折射的是高校自身在办学上重名而不重实的偏向。不少高校把提高办学水平、提升教研质量异化为“拼校名”“拼生源”，仿佛凭借一级名称、一流生源就能造就一所名校。在名义与实际的关系上，有些学校更重其名，未重其实；在人才进出的关系上，有些学校过于注重前端招生环节，而对后续的培养环节则重视不足。这恰恰是某些高校缺乏自信的表现。

除了高校本身，这种自信缺乏其实也存在于“需方市场”。高校改名换姓、注册简称以至于不遗余力抬高分数线，为的是谁？恐怕很大程度上是为了迎合“需方”。高校改名是为了增强招生吸引力，而广大考生及其家长，对于学校全名、简称及近年分数线则更为“敏感”，因为这是他们选择志愿的重要参考依据。当被问及“什么学校好”，似乎“大学”总比“学院”好，分数线高一分的学校总比低一分的学校好。高校与高校之外的需方市场之间形成信息不对称，反而是种种“高校排名榜”带来一些莫名的“自信心”。这对上榜高校是如此，对考生家长也是如此。

缺乏自信的高校办学理念，缺乏自信的社会评价标准，大家都奔着“高分大学”而去，容易办成“千校一面”，而很难办出特色特长，更无法在世界名校之林中出类拔萃、脱颖而出。

当然，高校“三抢”现象的背后也和这个社会的功利化趋向有直接关联，甚至可以说高校“三抢”是功利浮躁社会的一个缩影。

写作此文，可由分析高校缺乏自信的实质开始，再挖掘其折射的社会功利化趋向，进而提出自己对高校应还其培养真正人才的本来面貌，由此及彼，由浅入深地阐述。

题（2）学生习作：

在矛盾中成长

上海市崇明中学　吴彩旎

“矛盾的集合体”，我想用这样一个词语形容中国式家庭教育。由于逐渐变小的家庭小环境与父母所处的社会大环境的影响，中国式家庭教育便始终处于尴尬的矛盾与纠结之中。

我认为，它所注重的有两点：“学”与“礼”。自古往今，当孟母含辛茹苦三迁居所的时候，在归有光的大母有意将其祖父做官时得的器物拿来激励归有光时，在傅雷坚持寄信托言教育傅聪的时候，中国父母典型的望子成龙之愿便如数流露出来了。因为对孩子所含的殷切希望，中国式家庭教育总是将教“学”作为其中的很大一块内容。从幼时挂在门上的拼音挂画，到父母有意为子挑选的书籍，在营造“学”之布置上，爸爸妈妈以至上一代长辈似乎都各有心得。每当提起将来孩子要做什么时，便又欣喜地说个没完。

的确，“学”之物质环境是重要的，但“学”之氛围——也就是说“学”之精神环境——的养成，那才是重中之重。可惜太多的家长放错了重点，他们一边致力于“教学”，殊不知，自己也在“不遗余力”地“毁学”。只知硬让子女背诵唐诗宋词，通识拼音与字母，殊不知自己的文化素养之低，教育理念之低，生活处事之低恰恰会使其所“教学”变得一无所用。于是，潜在之“教学”与表面之“教学”便构成了一对难解之矛盾。

说到底，家长之“毁学”更在于其本身“毁礼”。古时的礼指的往往是秩序，既有家庭秩序又有社会秩序，因此，“长幼之别”似乎是当时最为注重之事。即使在“长幼之别”趋于淡化的如今，“礼”也是中国式家庭教育中不可缺少的一点。“如果有人和你说‘谢谢’你要说什么呀”或是“如果不小心踩到别人应该怎么样啊”这样日复一日的问答好像成为了家庭中“教礼”的主旋律。必须要承认的一点是，孩子确实从这样的对话中懂得了一些礼数，然而学会的这些区区礼数，不正如“毫末之在于马体”乎？有些家长便在这止步了，认为孩子懂礼貌、有教养了，然而他们难道不明白，区区“言传”根本无多大用处，更重要的是“身教”啊！当他们在一步步“教礼”的时候，反倒是在一步步“毁礼”。家庭矛盾、口吐脏话、不尊重长辈，这一切“无礼”之行，孩子们不是看不懂，只是不会去说而已。有时孩子也会比父母明事理得多。到头来，父母之陋行坏了孩子之本性，那莫过于是真正的悲哀了。

然而因为社会本来复杂，父母之心与行也变得矛盾复杂起来。中国式家庭教育的一“教”一“毁”不仅是其内容的矛盾，更是人之“社会性”与“家庭性”的多重矛盾，在此便不继续深入下去了。

更要说的一点是，中国式家庭教育其本身也是一种矛盾。它期盼着团圆又意味着疏离。封建社会的长幼有序，使团圆之时也变得谨小慎微起来。像是杨绛所述的幼时吃饭总是拘于礼数，因此每次都是小心翼翼，只求快快吃完了事。于是这种疏离使团圆好像有些可笑起来。即使是长幼之别淡化了的现在，疏离也依旧存在。在公共场所时常能见到疏于哄孩子的家长，他们递给孩子一个平板电脑供其玩耍，自己也捧着个手机快速滑动。这样的“陪伴”是被电子产品所阻隔了的，是疏离又冷漠的。从团圆与疏离中便看出了中国式家庭教育从古至今文化上的矛盾了。

不得不说的是，尽管矛盾重重，但中国式家庭教育对国学的注重，对礼学的注重仍是比西式教育好得多的。中华民族本身即是一个矛盾的民族，但只有在矛盾中摸索，才能获得更好的成长。“郁闷的中国人”做得久了，有时也能发现社会在不停地向前，教育在不断地完善。于是，“中国式家庭教育”无论是否继续矛盾下去，都将成为这“末法时代”逐渐清晰的声和光，在这黑夜中趋近明亮有声起来。

矛盾即在成长。

题（3）写作提示：

针对材料中谈及的两个方面应重点关注后者，思考“家”泛滥的原因是什么，即现象所折射出的问题是什么。一是主观因素，是文化人的浮躁之病，文化人的功利之心导致的，所以才自诩为“××家”。依此立意就应重点谈文艺工作者应去除浮躁，拒绝名利等，进而谈如何才能成为真正的“大家”，为国家为民众奉献自己的艺术，而不是“伪家”。二是客观因素，是文艺界或者社会环境导致这些人产生了名利之心。由这个角度，应该谈民众应有明辨是非的价值标准，而不是盲目崇拜；应该营造纯净、规范、科学的社会环境，让这些“伪家”没有生存的空间，滋生的土壤，以便于我们的文化健康地发展。

具体行文思路可这样安排：

① 提现象：简练引述现象（可适当概括）；

② 揭原因：主观因素是文化人的浮躁之病、功利之心；客观因素是文艺界或者社会环境的影响（两个原因都阐发更有说服力，可以有主次）；

③ 提出观点：观点句要简练有力；

④ 析危害：针对上述两个原因分别分析危害；

⑤ 明途径：指出文化工作者及民众应怎么做，杜绝此类现象的发生，这样才能提高文化软实力；

⑥ 作结论：强调观点，回扣文题。

第三节　实践训练2：揭示事物内在的因果关系

1. 哲理例说：原因与结果

“原因和结果”与“现象与本质”有内在的关联，一定程度上，结果即呈现的现象，原因即现象背后的本质，也就是说，结果是由原因引起的现象，原因是引起现象的背后本质，当然这一现象也可能成为另一现象的原因。

因果联系是客观存在的普遍关系，没有无果之因，也没有无因之果。原因和结果的关系也是对立统一的关系。原因和结果是对立的，是因为在具体的因果联系中，原因和结果是不能混淆和颠倒的。原因和结果又是统一的，具体表现在：原因和结果是相互依存的，原因总伴随一定的结果，结果必由一定的原因引起；原因和结果在一定条件下会相互转化，同一种现象在一种联系中是原因，在另一种联系中则是结果，反过来也是一样；原因和结果是相互作用的，原因引起结果，结果反过来作用于原因，引起原因的进一步变化，这就是彼此之间互为因果。

我们先看一篇文章《不要活在别人的梦想中》：

“世界那么大，我想去看看。”今年4月，郑州的中学女教师顾少强因为一封被赞为“史上最具情怀辞职信”在网上掀起热浪。三个月过去，顾少强结婚了，也和新婚丈夫走了很多地方，但并没出国。顾少强透露了辞职信背后的真实原因——今年春节期间，她迎来了一场突如其来的恋爱，最终决定辞职，两人约好一起看看世界，开始新生活。(《成都商报》7月23日)

当初写下“看世界”，更多是为了爱情而不是旅行；“看世界”的旅程，实际上并没踏出国境；几个月后，两人从梦想走进现实，决定在成都开个客栈……这是你想看到的“看世界”吗？有没有一点“标题党”的意味？相对于很多人的遗憾，我倒认为这样的“我想去看看”，更有着一种真实美。

一次说走就走的旅行，为什么成为时代声音？这里面既有着个体的原因也有着社会的背景，既承继着过去也对接着现实。对未知世界的好奇，对远方风景的向往，是一种人性的本能。加上一代又一代文人构造的诗意空间，更是有着“致命的吸引”。现代社会背景下，虽然沿着别人的足迹，可以多媒体接触，但毕竟没有亲历的吸引力大。而现代技术的发展，个体的相对解放，又为“我想去看看”创造了条件。

当我们感慨社会结构变迁时，其实心理结构变迁更值得关注。在一个日益流动的社会，在一个被消费主义裹挟的社会，人们越来越有一种“远方情结”——到远方去，收获的不仅是风景，还有心灵的平静和心智的成熟。满载的工作、生活压力，逼仄的钢筋水泥空间，在城市做一个深呼吸是多么难。没有爬过山的人，单凭文学的想象，永远不会有像王石那样的“山高我为峰”的旷达。至于说微信朋友圈晒几张照片，虽不无炫耀，但更多是一种记录，内心得到的鸡汤疗养，永远“不足为外人道也”。

（2015 年 7 月 24 日《中国青年报》，作者毛建国）

作者从两方面分析了“一次说走就走的旅行成为时代声音”的原因，既有个体的对未知世界的好奇和对远方风景的向往的人性本能，也有现代技术发展和社会结构变迁的社会原因，分析鞭辟入里，全面而深刻。可见，因果关系具有复杂性和多样性，一果是由多因引起。同时，因果的关系还有一因多果、多因多果等形式。举例来说，封建专制主义的思想就会导致个人崇拜、官僚主义、家长制、领导终身制等多种结果。一场文化大革命给中国人造成的灾难哪里仅仅是经济的滞后呢，民主和法制被肆意践踏、历史文化遗产遭到巨大破坏等许多看不见但感受得到的影响是长期的、深重的。有时，一种原因还会同时带来正负两面的结果，同是核裂变，一方面可以造成巨大威力的核爆炸，它可以为科学研究提供大量珍贵数据，一方面又可造成核辐射，其放射性污染会严重危害人的身体健康。同样，一种结果也可能是多种原因所致。苏轼丰富多彩的散文和诗篇，既是其坎坷不平的人生经历的反映，更是儒家、道家、佛家、纵横家、名家等多种思想影响的结果。因果关系的复杂多样，要求我们分析问题要谨慎周密。

对原因的分析还牵扯到另外一对重要关系“内因和外因”。内因与外因即事物变化发展的内部原因和外部原因。在事物的变化发展过程中，内因和外因同时存在，缺一不可。正如孟子能成为一代大儒，有其先天的聪慧、后天的努力，但同时也同其母亲“断机杼”“三迁居”的教育分不开。可见，任何事物的变化和发展都是内因和外因共同起作用的结果。当然，内因是事物发展变化的根据，是一事物区别于其他事物的内在本质；外因是事物发展变化的必要条件，也是重要的条件；内因和外因在一定条件下也可以相互转化，割裂两者的关系，片面夸大一方面否认另一方面的作用，会陷入形而上学的错误。

2. 写作要领：学会内外结合作归因分析

“揭示事物内在的因果关系”是近几年高考作文写得深刻的重要评价标准，要求考生对事物的认知不能停留在表面，而要重视其发展的过程，分析问题要由此及彼，追根究底，找到问题产生的真正原因及解决办法。

立意论证：追因溯源，探究因果

议论文要论点深刻，就须在“因果分析”上下功夫。拿材料作文来说，审读材料时，依据材料从“是什么”到“为什么”做由果溯因、追因溯源式的分析，就能走入材料的核心。简单来说，进行追因溯源提炼论点的一般方法是，首先尽可能围绕材料给出的事实或结果列出可能的原因，然后集中分析，选择与结果最密切的根本原因，这原因往往是文章的立意依据。例如以下材料：

一个人在高山之巅的鹰巢里，抓到了一只幼鹰带回家，养在鸡笼里。这只幼鹰和鸡一起啄食、嬉戏和休息……鹰渐渐长大，羽翼丰满了，主人想把它训练成猎鹰，可是由于终日和鸡在一起，它已经和鸡完全一样，根本没有飞的愿望了。主人试了各种办法，都毫无效果，最后把它带到山顶上，一把将它扔了出去。这只鹰像石头似的，直掉下去，慌乱之中它拼命地扑打翅膀，就这样，它终于飞了起来！

分析以上材料，“结果”可以概括为“根本没有飞的愿望的鹰最终飞了起来”，其中的“原因”主要有四个：一是被主人无情扔下，没有退路；二是情急慌乱扑打翅膀，急中生智；三是逆境迫使成功；四是磨难唤起潜藏的成功力量。比较这四个原因，前面三个原因显然是浅层次、表面的原因，最后一个更趋于问题的实质，是深层的原因，因而也更好成为文章的立意。

论证，也需要有因果思维。要学会从多个角度分析现象的成因，并由事实进行合理而正确的预见，分析这一现象最终产生的结果。如针对近期国内发生的层出不穷的食品安全问题，有位学生写了一篇题为《天灾之外的恐慌》的文章。文章首先回顾了国内闹得沸沸扬扬的“瘦肉精”事件，然后一针见血地分析了产生这一事件的两个原因：一是企业为了增加利润从而丧心病狂，二是监管方面缺乏恪尽职守的职业道德与内心对金钱的贪婪。在这个基础上，作者又写到了“瘦肉精”出现的后果，它让消费者脆弱的心灵更加不堪一击，政府公信力迅速下滑，最后又提出了相关的建议，条理清晰，原因分析充分，意见与建议合理可行。

另外，在写作过程中，如果能够敏锐地捕捉到有些因果存在一定的互相转化关系，必将让自己的作文又向纵深发展一步。比如在写“创新与和谐”这一话题作文时，我们可以发现两者之间存在这样一种关系：和谐的环境，往往能激发人的创新精神，而在人们的不断创新中，我们的生活条件更加得以改善，社会随之也变得更加和谐了。反之，如果只是单纯地从一个角度去分析两者之间的关系，只谈“创新能促进和谐”或只谈“和谐激发创新”，那么从思维的深度来讲，就失于浅显了。所以在写作中，我们必须多思考、多分析，才能写出真知灼见，脱颖而出。

归因分析：内外结合，彰显思辨

在作文的审题立意、行文构思中，我们还可以灵活而恰当地运用“内因和外因”的哲学观点来帮助我们的作文提升层次，主要有三种方法：

一是抓住内因见深度。前面说到，在材料作文的审题中，由果溯因是一种重要的方法。我们可以阅读分析材料的因果联系，从原因切入立意。但是原因的分析又不是盲目而主观臆断的，它要客观地把握材料的内容，全面地分析材料的意旨，而且对原因的分析也要分出主次轻重。一般来说，由原因切入立意的时候内因是写作角度的首选，这样更易写出深度，见出思想性。比如下面这则材料：

> 乌鸦因羡慕老鹰能从山上俯冲下来抓走小羊的本领，于是模仿老鹰的俯冲姿势拼命练习。一天，乌鸦觉得自己练得很棒了，便哇哇地从树上猛冲下来，想抓住山羊往上飞，可是它的身子太轻，爪子又被羊毛缠住，无论怎样拍打翅膀也飞不起来。结果被牧羊人抓住了。当牧羊人的孩子问这是什么鸟时，牧羊人说：“这是一只忘记自己叫什么的鸟。”孩子摸着乌鸦的羽毛说：“它也很可爱呀！”（2006 年语文高考全国乙卷）

分析材料，乌鸦为什么捕捉山羊失败？因为它不顾自身条件（身子太轻，爪子不如老鹰锋利），盲目模仿老鹰，哪有不失败之理？于是，从原因（内因）入手，可这样立意：盲目模仿别人，就如东施效颦，难免招致失败；也可从小孩称赞乌鸦“它也很可爱呀”分析原因立意：因为它不甘心做一只普通的乌鸦，它要超越，它敢于挑战，勇气可嘉！当然，从第二个角度立意，更容易写出新意。

二是分析外因易新颖。在材料作文的审题立意中，全面客观地分析事件、现象产生的外部原因有时反而可以收到出奇制胜的效果。

2010 年 9 月 3 日《文汇报》登载了学者单学文的一篇时评《“明星”们

是怎么“变坏”的》，对著名相声演员郭德纲打人事件作了评论，文中有几段文字：

> 最近有媒体说郭德纲成名后的几年里，他的大嘴曾不断惹祸，而他的欠缺也早已暴露。我想问，这会儿振振有词指责他的媒体，那会儿在干什么？在忙着捧他吧？在给自己的发行量、收视率找卖点吧？一些娱乐节目，吵着要他主持，这不是缺了他就不行？从一定意义上说，正是不讲是非、不顾品位趣味的某些观众、“粉丝”和媒体，宠坏了，甚至带坏了郭德纲之类。在不够健康的文化氛围中，要他保持健康的心态、清醒的头脑，有正确的是非观念、能抵制许多诱惑、不以低俗来迎合庸俗，可能吗？
>
> 另外还有一点不得不提：“收视率是万恶之源！”一个时期以来，我们的文化娱乐过于强调市场和收益，把作品简单地等同于商品，卖座率、收视率等等成了追求的唯一目标。有的电影、电视剧，甚至拿演员真假莫测的绯闻来造势；而同样要抢夺眼球的某些娱乐新闻，乐此不疲地推波助澜，有时还“自己动手”捕风捉影。钱是赚进了，但一些作品、演员、观众和媒体，品位趣味在“互动”中每况愈下，这是低俗与庸俗的互相应和。因此有著名主持人愤怒指责：“收视率是万恶之源！”话虽刺耳，但一点不错。

针对明星们“变坏”的问题，可能大多数人都认为是由“明星们”自身素养的缺乏和社会责任感的缺失（内因）造成的，但单学文的这篇时评却从粉丝、媒体和收视率（外因）来找原因，论述新颖而不乏深见。又如教材中鲁迅先生的经典名篇《未有天才之前》一文，首先提出自己的观点：“要产生天才，就要有使天才生长的民众”，然后指出天才不能生长的原因首当其冲就在于环境不好、土壤不佳，这也是针砭时弊的独见。

可见，从外因角度切入，显得角度新颖，分析准确，也有深度。

三是内外兼顾富思辨。在分析原因时能做到“内外兼顾”能使论述更富有思辨性。请看《志、力、德，成才的关键》一文的片段：

胸无报国之志，身无一技之能，品格又不高尚，即使生在新中国新时代，又奢谈什么成才！须知：志、力、德，这是成才的内因；顺境、逆境、机遇、社会制度，这只是成才的外因。事物变化的根据即成才的关键是内因，外因只是条件。试想，假如没有周文王的雄才武略，没有屈原的忠信、才华，能演绎出《周易》，能诞生出《离骚》？遭宫刑者，历史上岂止一个司马迁！但却只有司马迁之德、之才，才产生了“史家之绝唱，无韵之离骚”。可见，一切外部条件，都不是成才的关键。当然，这不等于说外部条件无足轻重。李四光——地质力学的创始人，假如没有新中国，没有周恩来总理的爱才重才，他也不可能建立“构造体系”这一地质力学的基本概念。不过，这一事例仍然在证明着：只有有了爱国的李四光，有了具有深厚的理论基础和勇于实践精神的李四光，在新时代里，才有属于我们民族的地质理论专家。

文章不单是针对外因或内因中的某一点进行论述，而是意在揭示内因与外因之间的关系。通过具体事实的分析，有力地证明了内因——志、力、德，是成才的关键；而外因——顺境、逆境、机遇、社会制度，仅是成才的条件。如此写来，内外兼顾，有理有据，辩证统一。

3. 实践训练

（1）根据以下材料，自选角度，自拟题目，写一篇不少于800字的议论文。

现实生活中有不少人存在数据依赖：出门穿什么衣服不是到外面亲身感受冷热，而是依靠“穿衣指数”“阳光指数”；一天过得好不好也不是问自己的内心，而是看“幸运指数”；甚至谈恋爱也要用“星座配对指数”……

要求：学会归因分析；学会整体构思。

（2）阅读以下材料，自拟标题，写一篇不少于800字的议论文。

日前，华中科技大学附属协和医院泌尿外科主任、教授、博导、国家973项目首席科学家肖传国在浦东机场被捕，原因是他涉嫌雇凶。肖传国承认，他用10万元人民币雇人袭击“学术打假斗士”方舟子，意在报复方舟子。肖传国认为，方通过媒体、网络对他的学术成果进行打假，导致其未能当选中国科学院院士。事发后，华中科技大学表示绝不会袒护肖传国，将根据司法部门调查结果对其作出相应处理。记者电话采访了协和医院泌尿外科的几位医生和多位武汉医疗界知名人士，他们告诉记者，肖传国手术做得很棒，但个性太强。一位泌尿外科医生甚至称，肖传国情商较差。一个熟悉肖传国的医疗界人士透露，肖个性偏强，在学术交流时有些偏激，他的一个北京的好朋友就因一次聊天时，肖传国有人身攻击之嫌而与之绝交了。

（3）请以《留给明天》为题，写一篇文章。

要求：学习运用“原因与结果”的哲学观点分析说理。

附【点拨指导及学生习作】

题（1）写作提示：

材料的核心词是“数据依赖”，对此我们可以进行归因分析，可以从主观原因、客观原因、历史原因、现实原因等角度作由表及里地剖析。如按“起—承—转—合”的结构可拟以下提纲：

俯视量化

起：分析数据依赖，得出观点——数据化的时代让我们对数字的依赖之心愈发厚重，往往只有在看到准确的数字后我们才会安心，殊不知，这种所谓的量化依赖其实是对自我内心思想的亵渎。

承：归因分析

承1：我们为何会如此依赖数据？究其一，是因为这个时代太浮躁，导致个人不断追求速度效益。

承 2：究其二，是自我内心深处的不自信。为何连穿衣这种只有自知冷暖的事却还要让“阳光指数”来评判？因为我们越发相信所谓的科学而忽视自我的真正需要。

承 3：影响分析

量化所带来的影响有哪些？缺乏对自我情感心理的真实认识，缺失坚强自信、独立思考的品格。

转：对策分析

如何学会对密密麻麻的数据说不？首先，适当控制自己对数据的依赖，学会自己分析。其次，多和自我对话，了解内心所需。最后，学会以自己的眼光看待数据。

合：总结重申观点

学会俯视量化，遵从自己的内心。

题（1）学生习作：

回归常识

上海市崇明中学　宋秦宇

古人信神、信佛、信天地，以当下科学的眼光视之，确实有些违背常识；而今人信名、信利、信数据，仅凭数据衡量自己的名利，并草率决定自己的价值取向，缺少以身躬行、扪心自问的精神，虽跳出迷信的泥淖，却又不免掉入另一个名为“盲目依赖”的大漩涡。这难道也符合常识吗？

是否依赖“穿衣指数”比亲身感受冷热更可靠？是否我们不再需要叩问自己的内心，只需看“幸运指数”就够了？非也。常识是通过身心体验而深深刻印在脑子里的东西，而数据虽也是他人实践所得并总结的规律性内容，但有时候我们只能浅尝辄止，不知所以然而盲目相信的后果便是阻碍我们正确的价值判断。在我看来，冰冷的数据终抵不过身心的实践体悟来得重要，对外界的认识也并非只有数据这一条途径，更多时候，躬身践行、听从内心获得的常识比机械的数据更为真实可靠。

然而，似乎相信数据在如今科技发达的时代已是一大热潮，是什么迷住了我们的双眼，总也让我们违背常识？

我想也许是急功近利的贪求，无形之中让GDP成了衡量政绩的唯一指标，使考试成为检验学生素质的唯一手段；也许是浮躁虚华的心灵，就当下而言，国人很少有宗教信仰，没有信仰的人生是空洞的，因此信仰数据似乎是寻觅人生意义的一条捷径；也许是我们缺乏理性的思考，没有理性的引导和制约，盲目与依赖就会恶性膨胀，情感和意志就会异化变形，美好的“信仰”也会误入歧途。

当然，不是常识不可打破，数据也并非一无是处，问题在于什么样的常识被打破了，什么样的数据人们应该去相信、去认同。真理是在与谬误不断的抗争中发展的，数据也有真假之分，说到底，我们需要做的就是取其精华，去其糟粕。不断实践获得的可信数据谓之“精”，没有这些数据，科学家没有事实根据支撑他们的理论，更不可能帮助他们为人类谋求福祉。那么泛泛而谈、空穴来风的数据就显得“糟”透了，遗憾的是，如“星座配对指数”这样的娱乐数据好像才是大众所望。

回归常识，尤须“筚路蓝缕，以启山林”。也许人们心中是知道常识的，只是有时对数据的依赖起着主导作用，但矛盾尚可以相互转化，回归常识更不是天方夜谭。在快速汲取数据的时候，别忘了，人生需要一颗审美的心，数据并不足以令人喋喋称赞，再复杂的事物都是有其必然规律所在，他们都是通过身心体悟所得。常识之“常”字也并非万古不变，随着切实的体悟，它所涵盖的底蕴远比遥遥相望而不可感受温暖的数据来得深沉。

数据的价值在于通过实践肯定常识；常识的价值，在于上下求索摒弃错误的数据。说到底，常识的回归同样也是一个由相信转为躬身探索的过程。

题（2）学生习作：

把纯粹还给学术

上海某考生

日前，华中科大教授、国家“973”项目首席科学家肖传国被捕，原因是雇凶杀人。而事情的起因，只是他认为方舟子的“打假”行为使他未能当上中科院院士。

这样一件似乎有些荒诞的事，让我们痛心疾首，唏嘘不已。原本一个前程似锦的科学家，完全地毁在了自己手里。有人说他个性太强，情商偏低，甚至有些偏激。诚然，他的这些特点是这件事发生的原因之一，我们看到更多的是现如今学术界的功利和一种纯粹的流失。

中国人一直在问：为什么我们没有自己的诺贝尔奖获得者？有识之士把它归咎于教育体制和教育改革的力度问题，可改革开放三十几年过去了，一切还是老样子。反观日本，在提出一个狂妄的“五十年出三十个诺贝尔奖”计划后，却一步一步地接近自己的目标，并不因为别的，而只是学界的风气。像日本的一位获奖化学家白川英树，他研究了一辈子高分子材料，在晚年才获得诺贝尔奖。而在中国，很少有科学家耐得住性子十几年研究同一个项目，总是想着如何出成果后晋升，名利双收。更别提肖传国之流，为了中科院院士的头衔急红了眼。科学本身就是最神圣、最奥妙的，它需要潜心地去研究，它本是一个纯粹的圣地，如今却似乎夹杂着一些铜臭气。肖传国正被这样的铜臭熏坏了思想，为中科院院士的头衔葬送了自己的一生。

同时让我感慨颇深的是斯蒂芬·霍金，一个几乎与牛顿、爱因斯坦齐名的物理学家。有人曾这样描写过他在剑桥大学的生活：远处缓缓地过来了一辆轮椅，斯蒂芬·霍金坐在上面，似乎在沉思什么。没有人打扰他，没有人找他索要签名，更没有记者。是的，只有在剑桥才可以有一个如此纯粹的环境，只有在剑桥才会孕育出像斯蒂芬·霍金这样的人物。那里没有喧嚣，没有名利，有的只是智者在剑桥上沉思的风景，还有惊世骇俗的一篇篇论文。

试想如果肖传国一直都处在这样一个纯粹的环境里，或许他也没能当上中科院院士，但他一定是一个出色的医生、教授、博导，一个令人景仰的科学家。只是现实没有如果，功利心已经“残害”了无数才华横溢的人。中国学术界如今最缺的是一个纯粹的环境。

曾有外国学者来华交流，看到校内的等级制度大为不解。原来，中国大学的校长都是有“官位”的，有的是正厅级，有的是副厅级，校园俨然成了一个小官场。回想蔡元培时代，他的第一守则就是不当官，甚至还曾为一学生看行李在门口等了一天。这样纯粹的学风实令人向往。

呜呼！谁能带走嫌犯肖传国，而还回一个教授肖传国呢？谁能把纯粹还给中国学界呢？也许我们的教育改革还有很长一段路要走。

题（3）写作提示：

对于一些内涵比较宽泛的命题作文，在审题立意时我们可以采用“增加内涵法”，即在题目的或前面或中间或后面加上修饰、限制词以增加新的信息，从而化大为小，明确题旨。就本题而言，我们可以增加主语和状语，即谁把什么东西留给明天？继而运用“由果溯因”的方法行文构思：谁为什么要把什么东西留给明天？其中“谁”可以是自己，亦可以是他人、国家、社会；“什么东西”可以是物质的，更可以是精神的、文化的，可以是现今拥有的，也可以是如今缺失而必须找回的；“为什么留给明天”则强调今天的“留”于明天发展的价值，而这应是文章讨论的重点。若能由题目联系现实，看到当今社会普遍存在的目光短浅、不顾未来和长远的现象，继而推究造成该现象的原因（外因与内因），那么文章更有“合为时而著”的现实意义。总之，本题要求我们能从关注自身到关切他人、社会，从立足现实到放眼未来，或能抒发真性情，或能写出大境界。

第四节　实践训练3：把握临界思维的“度”

1. 哲理例说：量变与质变

在辩证思维的诸范畴中，“量变与质变”是中学生比较容易理解和掌握的一对关系。我们先来看报刊上一篇文章《大桥为什么“腐蚀”》：

加尔各答的豪拉大桥是印度最负盛名的桥梁之一，也是世界通行人数最多的桥梁之一。除了各种车辆穿行，每天还有数十万行人往来于大桥，他们中很多人都会在咀嚼一种名为“古特卡”的由槟榔和烟草混合、具有兴奋作用的口嚼烟草后又随地吐痰。当地政府表示，这些唾液中所含的高浓度酸性物质正在使桥面遭到严重腐蚀。目前政府已委派一个工程师小组担负起拯救大桥的任务。

似乎谁都难以置信，“随地吐痰”竟然会“腐蚀桥面”，以至令大桥减寿。然而，豪拉大桥无疑向我们提供了一个最现实的标本。尽管真正的起因，是由于人们习惯于咀嚼“古特卡”并致唾液“含高浓度酸性物质”，但直接的原因，则是“随地吐痰”。若人们能够摒除自己“随地吐痰”的陋习，那么，豪拉大桥也就安然无事。

“风起于青萍之末”，无形的陋习自然是长期累积的结果，而其导致的后果有时似乎谁也难以预料。记得西方流传的一首民谣对此说得颇为形象：“丢失一个钉子，坏了一只蹄铁；坏了一只蹄铁，折了一匹战马；折了一匹战马，伤了一位骑士；伤了一位骑士，输了一场战斗；输了一场战斗，亡了一个帝国。”如果说，“丢失一个钉子”是由丢三落四的坏习惯所致的话，那么，“长期”效应必然导致连锁效果，量变必然发生质变，“帝国之亡”定然在所难免。每个人不妨扪心自问：在自己身上，是否经常“丢失”“钉子”呢？

是啊，陋习是可怕的，陋习的发酵和膨胀、集合和延伸，有时不仅影响个人形象，更会折损国家声誉。想一想吧，国外有人为何说我们的素质不高？就是因为有人去国外旅游，将陋习带到了那里。可不是？有的人或不分场合高声喧哗，或随地吐痰，或随处吸烟，或随意闯红灯，等等。难怪，人家要给我们扣“帽子”。“几粒老鼠屎，坏了一锅粥”，乃此之谓也。

朱德庸说得好：“做一个正直的人，我们自己要付出代价，做一个不正直的人，我们的社会要付出代价。”“正直”的含义，当然是指人的素养，包括文明道德。每一个有文明道德的人，每一个正直的人，就必须为自我的文明道德、为自己的正直去付出必要的代价。要知道，有些代价，有时只是举手之劳，只是坚持而已。如果我们连这些都做不到，又遑论做正直之人？记得前些年“非典”流行时，有人戴起了口罩。有位戴口罩的人解释说：“表面上看，我戴口罩是为自己，但客观上也是为了别人。因为这样做可以有效阻断传染，防止蔓延。”疫病流行时，“戴口罩”无疑是一种良好习惯的选择，虽微不足道，但意义不可小觑：个人小小的“付出”，社会却大大地收益。

当关乎道德、文明的良好习惯成为大多数人的习惯的时候，当越来越多的感动细节出现在我们的学习、工作、生活中成为一种常态的时候，我们掂量一下好习惯的重量，才会觉得很珍贵；掂量其分量，才会觉得很沉重，传播却可以很久远。

（2011 年 12 月 7 日《解放日报》，作者赵畅）

在文章中，作者先摆现象：“随地吐痰”竟然“腐蚀桥面”，以致令大桥减寿。接着由现象而及本质，由结果而追溯原因，指出是人们的“陋习”毁了大桥。接下来以西方的一首民谣分析长期累积的无形陋习会导致难以预料的后果，进而指出“陋习是可怕的，陋习的发酵和膨胀、集合和延伸，有时不仅影响个人形象，更会折损国家声誉”，并呼吁大家养成良好习惯并使之成为我们的生活常态。整篇文章分析问题时都贯穿着“量变与质变”

的哲学思维，入情入理。

所谓量变，就是事物在数量上的增减，即事物在大小、速度、程度和规模等方面的变化。所谓质变，就是事物从一种质态到另一种质态的飞跃，是事物性质的根本变化。世界上任何事物的变化，都是量变和质变的统一，量变是质变的前提和必要准备，质变是量变的必然结果。但是，一次量变到质变的过程，并不等于事物发展的终结，事物在新质变的基础上，又开始新的量变。事物就是不断地经过量变、质变，由低级到高级，由简单到复杂，循环往复以至无穷地向前发展。

事物的发展是从量变开始的，没有一定程度的量的积累，就没有事物性质的变化。古人说“千里之行，始于足下”“勿以恶小而为之，勿以善小而不为”“祸患常积于忽微，智勇多困于所溺”“涓涓细流，汇成江河”“积善成德”“积学成才”“熟能生巧”“防微杜渐”，道理就在于此。

量变和质变的规律还告诉我们，超过了一定的限度，事物可能向相反的方向转化，这就是所谓“物极必反”。在学习上、在体育运动上，要取得好的成绩，都必须付出辛勤劳动，但是如果不注意劳逸结合，辛劳过度，结果往往适得其反。在艺术创作上也是如此，20 世纪 30 年代著名电影导演郑君秋将表演归结为四个字——情理分寸，所谓分寸，就是指表演要适度，“不火不瘟”。

2. 写作要领：把握多种关系，巧用临界立论

把握事物“质”和“量”的变化规律，要把思维的焦点集中于事物“度”的临界区，运用临界思维即“从事物量的变化界限、幅度和范围所允许的限度看事物发展变化的规律”①，在审题时，把握“量”和“质”的多种话题呈现，在立论时，注意临界立论的三种情况，在构思上，让临界思维彰显文章辩证的力量。

---

① 徐江：《新课程议论文写作实验教本》，上海教育出版社，2009 年 6 月版。

话题呈现：把握“量”和“质”的多元关系

在写作中，“量变与质变”的哲学观点有多种话题呈现，诸如“广博和精深”“伟大与平凡”“祸患与忽微”等，在审题时，我们要善于辨别题目或材料所呈现的“量”和“质”的关系。

如以下材料：

材料一：蜜蜂能够博采，还能够提炼。一只蜜蜂要酿蜜1公斤，须在100万朵花上采原料。假如蜜蜂采蜜的花丛同蜂房的距离平均是1公里，那么蜜蜂酿造1公斤蜜，就得飞上45万公里，差不多等于绕地球赤道飞行11圈。

材料二：一个青年苦恼地对昆虫学家法布尔说：“我不知疲倦地把自己全部精力都花在爱好的事业上，结果却收效甚微。”“看来你是一位献身科学的有志青年。”法布尔表示赞许说。“是呵，我爱科学，可是我也爱文学，音乐和美术我也感兴趣，我把时间都用上了。”法布尔从口袋里掏出一块放大镜说：“把你的精力集中到一个焦点上试试，就像这块透镜一样。”

第一则材料说的其实是“广博”的问题，第两则说的是“精深”的问题，“广博”和“精深”实际上是“量”与“质”的辩证统一：由“博”而“专”，先“博”而后“专”；“博”是为了“专”，“专”离不开“博”；“博”而不“专”，虽“博”也不能出成绩；“专”而不“博”，“专”就失去了基础和条件……抓住了“广博”和“精深”的辩证关系，就抓住了写好这类话题作文的核心。

“伟大与平凡”的关系如以下材料作文题：

在自然数中，“1”是最小的数，但是最大的数中都包含着“1”；离开了“1”，便不能计算成千上万。

材料是人人皆知的事实，但包含着深刻的哲理——“质”的变化离不开“量”的积累，明白了这一点，我们就可以引申出去谈生活中的“1”的价值了，比如可以谈“学问来自积累”，也可以谈“美德来自修养”，也可以以《微也足道》为题写一篇对“大与小”“平凡与伟大”的辨析文章，等等。

西谚有云“少了一个铁钉，丢了一只马掌；少了一只马掌，丢了一匹战马；少了一匹战马，丢了一个国王；丢了一个国王，败了一场战役；败了一场战役，亡了一个国家”，说的正是“祸患与忽微”的关系，上面所举例文《大桥为什么“腐蚀”》也属于这类。这类作文应该从量变所引起质变的反面效果或结果的角度来谈，从而引起读者的深思，体现文章的深度。当然，对于“忽微”我们还可以作深入辨析，比如有篇文章在论述“祸患常积于忽微”的观点后，又补充如下论述：

人们一时有小小的疏忽，并无可厚非，但更重要的是，对于自己的过失，不能不重视，不以为然，更不能开脱和原谅。因此，“忽微”并不可怕，可畏的只是“忽微常积”。而能否化“小”为“无”，则取决于自己对“忽微”的态度了。如果不注意自己品行方面的“忽微”，长久以往，又怎能不发生恶性膨胀呢？“勿以恶小而为之，勿以善小而不为”，刘备临终前留下的这句话对于我们不也是个很好的启示吗？要戒恶修善，不可以其小而等闲视之。因此，在平时，我们就必须防微杜渐。假如我们每一个人都能做到“见小善皆为之，绝之恶于初萌”，那么，社会的文明将向前跨出更惊人的一步！

临界立论：把握三种不同的情况

议论文写作运用临界立论，一般来说有以下三种情况①：

① 徐江：《新课程议论文写作实验教本》，上海教育出版社，2009年6月版。

其一，问题所涉及的事物量变因素达到或超过了它的临界点，引起该事物向新的阶段的飞跃，促进事物向积极方面转化。如讨论读书与写作的关系，我们便可以老杜的“读书破万卷，下笔如有神”为论点，这句诗实际上就是从临界角度概括了读书对写作的影响：

写作，需要有见解、有材料、有章法。而书中便蕴藏着见解、材料、章法。读书明理，长人们的知识；积学储宝，丰富人们的材料；临篇悟道，提高人们对写作规律的认识。但是，这并非一篇两篇文章便能奏效的。“长”“积”“悟”，都需要一个过程，有一个量的准备。当这量的准备达到一定的程度之后，读书人的写作能力就会有一个质的飞跃。“读书破万卷，下笔如有神”，就是这一过程的精辟概括。

其二，问题所涉及的事物量的变化由于达到或超越了它应有的临界点，而引起该事物向消极方面发生转化。《近墨者黑》这一论题就是一个典型范例：

在“近墨者黑”与“近墨者未必黑”的争论中，我特别强调“近墨者黑”，就是怕某些人在“未必黑”的舆论中，放松警惕而走向“黑”的泥淖。

“人之初，性本善。”一个人变坏往往是受不良因素的影响而逐渐堕落的。许多人都在“未必黑”的信条下，对那些“黑”的人和事听之任之，觉得亲点、近点没啥。由小而大，由浅而深，随着时间的推移，这些人也慢慢地走上蜕化变质的道路。“好人”到“毛病比较多的人”到“坏人”，这就是许多“近墨者”的量变达到一定的程度之后而发生质变的共同公式。

“一个人变坏往往是受不良因素的影响而逐渐堕落的”，这一观点的形成完全是根据量变达到一定的临界点发生质变而提炼出来的。一个人的品格、思想受到坏习气、坏作风的影响而不觉察，从“好人”变成“毛病多的人”，再变成“坏人”，这一公式本身就是由量变到质变的具体体现。英国哲学家休谟说：“某种程度的热给人以快乐；如果你减少那种热，快乐也就降低；不过并不能由此推断说，如果你把热加大到超出了某种限度，快乐也同样会增加；因为这时我们发现，快乐就变为痛苦了。”很显然，我们从休谟这番论述里，可以清楚地了解临界立论中量的积累超过应有的“度”而使事物发生消极性转化。休谟的话语方式就是一种临界思维。

其三，所评论的客观事物量变不足以达到质变的临界点，因而不能促成事物向另一个新的阶段发生质的转化。任何事物的量变都是质变的必要准备，质变是量变的必然结果。事物从无到有，发展、壮大；或者从大到小，直到消亡，都是量的变化过程。荀子《劝学》中说的“积土成山，风雨兴焉；积水成渊，蛟龙生焉；积善成德，而神明自得，圣心备焉。故不积跬步，无以至千里；不积小流，无以成江海。骐骥一跃，不能十步；驽马十驾，功在不舍”都是临界思维的名言。“揠苗助长”的寓言告诉人们，一个人企图跨越这一过程，不做艰苦的努力，而妄想快速实现自己的目标，必定走向失败的结局。

构思运用：局部构思彰显辩证的力量

临界思维还可用于作文的局部构思中。

一是在“提出问题——分析问题——解决问题”的层进式结构作文中的局部运用。这类作文的思路其实是“是什么——为什么——怎么办”的三问式。在“怎么办”这部分中，运用临界思维提出解决问题的办法，一般可以谈改变个体的行为、关注细节、大处着眼小处着手，从而达到积少成多、集腋成裘之效，引起社会整体氛围的变化和良好风气的形成。

二是运用“万事皆有度”的思维对文章的观点作辩证分析，一般放在文章的第二部分（即“起承转合”式文章“承”的部分，或“承”的核心段落）。例如2000年上海春季高考作文题《人与机器人》。题目给的是图画类材料，漫画大意是这样的：老B买了两个机器人，他外出，就坐在大筐里，让这两个机器人用扁担抬着他。谁料想，两个机器人一往直前，遇到大河也不绕道，径直涉水而行。机器人到了对岸，筐底朝天，只剩下烟袋和帽子，老B不见了。这是一道关系型的作文，可以先从现代科技的高速发展给人类带来了便利谈起，接着再论述人与现代科技之间的辩证关系：

> 自然，现代科技是好的，问题出在我们人自己身上。人不能沉迷于高科技乐此不倦，废寝忘食，甚至不知身为何物。如果老B不过分依赖这两个机器人，怎么会有如此可悲的下场？如果他能在两个机器人过河的时候及时调控好它们……机器人毕竟不是人，老B却恰恰忽视了这一点，他把机器人看成是万能的了，岂不悲哉！照这样下去，现代科技必定要成为人类社会的主宰！

有时候，“万事皆有度”也可以放在“起承转合”结构式文章“转”的部分，作为对全文论述的补充（但不要详写，避免削弱文章主体部分论述的力度），以体现文章全面看问题的思辨性。

3. 实践训练

（1）阅读以下材料，运用临界思维，自拟题目，写一篇不少于800字的议论文。

作秀，是近年来媒体使用较为频繁的一个词，含有夸大其词和做表面文章的意思。比如最近见诸报端的一些新闻：某县县长酷暑期间帮助环卫工人扫大街；某市交警在烈日下列队半小时，恭候政委来给他们擦汗；某市公安局领导走上街头，替换一线民警值一天勤；某省长为响应低碳生活号召，带头骑车上班……

（2）阅读下面的材料，从“量变与质变”的角度写一篇不少于800字的文章。

2003年诺贝尔化学奖获得者日本的田中耕一既非教授，又非硕士、博士。他只是“日本企业社会最低层”的一名普通工程师，一个名不见经传的小人物，甚至连同行专家对他也一无所知。田中发表论文很少，但他默默无闻，潜心钻研，于1987年发表一篇论文，在高分子研究领域提出了性质界定和结构解析的原创思想。经过十几年实践，这个思想现已发展成为世界感应度、精确度最高的生物高分子分析方法，受到欧美学术界高度评价，终于成为此次获奖的重要依据。诺贝尔化学奖评委会主席称田中耕一是开启生物大分子新研究领域大门的第一人。田中耕一的获奖让日本人吃了一惊，也给我们很多启示。

（3）以《小议水滴石穿》或《水滴不一定能穿石》为题，写一篇包含“量变与质变”哲学思想的议论文。

附【点拨指导及学生习作】

题（1）参考例文：

作之不止，乃成君子 ①

齐　夫

作秀，是近年来媒体使用较为频繁的一个词，含有夸大其词和做表面文章的贬义。比如某县县长酷暑期间帮助环卫工人扫大街；某市交警在烈日下列队半小时，恭候政委来给他们擦汗；某市公安局领导走上街头，替换一线民警值一天勤；某省长为响应低碳生活号召，带头骑车上班……

其实，如果能辩证地看待作秀，还是有其积极意义的。这一点，古人比我们还明白。《资治通鉴》卷六记，魏国国君安厘王向孔斌询问谁是天下高士。孔斌说：“世上没有这种人。如果说可以有次一等的，那么这个人就是鲁仲连了！”安厘王说：“鲁仲连强作之者，非体自然也。”孔斌说：“人皆作之。作之不止，乃成君子；作之不变，习与体成，则自然也。”意思是说，人都有作秀的心理，都会强求自己去做一些事情的。如果这样不停地

① 本文摘自2010年8月30日《解放日报》，有删改。

做下去，便会成为君子；始终不变地这样做，习惯与本性渐渐结合，也就成为自然的了。

作秀，如果只是一次、两次，那确实表演成分居多，意义也十分有限；但如果“作之不止”，一直坚持下去，长年累月地去作秀，最终“习与体成”，形成习惯变为本性，那就非常可贵了，谁还能说你是作秀呢。比如，省长骑车上班，一次、两次可能会被说成是作秀，可是如果他长年累月都坚持骑车上班，那我们除了佩服就剩下敬仰了，而且还可能会带动一批干部骑车上班，善莫大焉！而公安局领导为民警替班，倘若只有偶尔一次，那就叫作秀，如果形成制度，每月或每季度替班一天，既了解了一线的真实情况，也温暖了基层民警的心，这样的事恐怕也不能再叫作秀，而是多多益善啊！

退一步说，即便他就是赤裸裸的作秀，是目的不纯，为了出名或哗众取宠，但只要是在做好事，有益社会，造福民众，我们就应该给予鼓励，为其叫好，以增强他的荣誉感和成就感，促使其坚持下去。这样，也许一开始他确实是为了表现而刻意作秀，但多做几次，习以为常，也会“作之不止，乃成君子”，这样的君子多了，我们的社会不是也会越来越美好？

作秀，或曰有表演嫌疑的做好事，难在“作之不止”，说其难，既有内因也有外因。毅力不够，恒心不足，动力缺乏，信仰不坚，乃为内因；缺乏宽容、理性、积极向上的社会环境，则为外因。很简单的道理，如果有人做好事，不管出于真心实意还是为了表现自己，我们就不分青红皂白当头一棍，说人家是作秀，形成这样的舆论氛围，恐怕将来愿意做好事的君子会越来越少。

“作之不止，乃成君子”，请记住古人的这句至理名言，为那些善意的作秀者提供一个宽松的环境吧！

题（2）写作提示：

材料给人很多启示：普通人物与世界伟业；原创思想与长期实践；默

默无闻与吃了一惊；潜心研究与开启领域；社会底层与高度评价；一无所知与荣获大奖……小人物默默无闻、潜心钻研，在持之以恒的长期实践中，做出原创性的贡献。按照“量变与质变”的角度要求，可以选择“原创思想与长期实践”“默默无闻持之以恒与吃了一惊”“潜心研究与开启领域”等方面立意行文。

题（2）学生习作：

静中生慧

上海某考生

何为“静”？静，不光是指听觉上的静，更应是心静。要想有一番成就，你得先静下心来。

要想有成就，想“生慧”，你就得“静”。佛教创始人释迦牟尼要是不静，怎么能独自坐在菩提树下，苦思冥想，最后得到拯救众生的真谛？东晋的陶渊明要是不“静”，怎么能“采菊东篱下，悠然见南山”，留下许多脍炙人口的诗篇？诺贝尔化学奖获得者田中耕一要是不“静”，怎么能默默耕耘，潜心研究，最后开启生物新领域的大门？这些人面对尘世的喧嚣，静下心来，潜心于自己的事业，静中生慧，最后才获得成就。

作家陆文夫在《快乐的死亡》中从作家的“静”与“不静”，谈到了作家的艺术生命问题。如果作家不静，他就不可能潜心于自己的作品，那也就是他艺术的死亡。所以，要想有成就，你就一定要做到心静。要是不静，又会如何呢？让我们假想一下，田中耕一对日本繁华的社会，心浮气躁，每天忙于社交圈里的应酬，心早飞到九霄云外去了，又怎么能静下心来刻苦钻研呢？没有“静”，“慧”从何而来？诺贝尔奖则永远是望尘莫及的了。

说了这么多，到底什么才算“心静”？怎样才能“心静”呢？释迦牟尼静坐于菩提树下，放弃王子之位，静思以悟道，这是一种方法；陶渊明不为五斗米折腰，侍奉“乡里小儿”，远离邪恶，躬耕田园，踏踏实实地做一点实在事，也是一种方法；而田中耕一甘于寂寞，埋头苦干，勤于实践与积累，抛开浮躁的心，远离那些整日出书、作报告的“科研工”们，他的做法也很简单。由此可见，让自己心静的办法很多，从这些人的成功，我们可以得到这样一个道理，要想做到心静，就要“心归于我”，不要让“心为行役”。

当然，这里的静，并非是不“为”，默默无闻，并非“默默无为”，而劝谏人们去隐居深山，远离社会生活，或去追求幽深的象牙之塔。我只是希望大家不要刻意追求一些不必要的东西，为声名所牵累，而是要在知识的海洋中一个猛子扎下去，静心琢磨，潜心钻研，去掉浮躁之心。在这种“静”的心态中，就一定会取得更大的成就。作为高三学生，在胸怀祖国的同时，静下心来认真地读几本“圣贤书”，不仅对我们的升学，而且对我们今后的成长都大有好处。因为“静中生慧”！

心静，可以帮助你生出智慧之花，田中耕一给我们如此启示。

题（3）写作提示：

水滴石穿，原意是水不绝地滴下来，能将石头滴穿。喻意是只要坚持不懈，力量虽小也能做出看来很难办到的事情。如果从“量变与质变”的角度来看，水滴石穿给我们的启示是量变会引起质变，祸患常积于忽微，故需防微杜渐，“勿以善小而不为，勿以恶小而为之”，聚沙成塔、集腋成裘，积跬步而至千里。

当然，从其他角度出发，水滴石穿也给我们诸多启示。启示一是集中专一。滴水之所以能穿石，贵在持之以恒，集中专一。做事务须目标明确、力量集中、锲而不舍、矢志不渝，“咬定青山不放松”。“小猫钓鱼”“打一枪换一个地方”不行。启示二是柔可克刚。从水滴穿顽石，悟出柔能克刚。滴水与顽石谁坚硬，不言自明，但滴水却能穿石，似乎不可思议，但毕竟是自然界中存在的事实。因此，柔与刚不能仅从形态上来判断，要学会用辩证的方法看问题。启示三是赞颂一滴水的作用和气度。滴水汇聚成江河，江河横流，方有大海汪洋。一滴水乐为“穿石”默默奉献、粉身碎骨不足为惜的精神令人钦佩，值得效仿。一个人也只有投身集体，才能发挥其作用，显示出其力量。启示四是条件也很重要。足够的水是穿石的前提。要过河，就得有“桥”和“船”，任何问题的解决必须依赖于一定的条件，欲解决工作、学习、生活的实际问题，没有一定的知识和能力是不能奏效的。这就是“巧妇难为无米之炊”的道理。启示五是主观能力的发挥不能脱离客观实际。水滴在石头上创造出“石穿”惊人的结果，而水落在池潭中须臾便销声匿迹。凡事须从实际出发，实事求是，脚踏实地，切忌好高骛远。

因此，如果选择《水滴不一定能穿石》为题来写，便可以从以上最后两点启示出发，用假设思维来分析，如果没有足够的水，如果水不能坚持如一、持之以恒，如果天气条件不允许（比如冬天水结成了冰），如果水落在了池潭中，等等，水都不能穿石。

第五节　实践训练4：避免犯“一叶障目，不见泰山”的错误

1. 哲理例说：整体与局部

1986年全国高考考了一道别具个性的作文题，题目要求给《树木·森林·气候》加个副标题，并从现实生活中选择一个有意义的话题，发表自己的见解，写一篇议论文。这是一道三元关系型的作文，要写好这个题目，首先就要对“树木”“森林”“气候”这三个形象化概念之间的关系理清楚。从唯物辩证法的观点来看，三者之间除了有量变和质变、原因和结果的辩证关系之外，还存在着局部与整体的关系——树木构成森林，森林影响气候；人类只要砍伐一棵树木，就会对气候形成影响、造成破坏；同时，气候又反过来影响森林的生长状况，影响树木的成长。

当年有一考生从尖子生与普通生关系的角度切入，写了一篇文章：

树木·森林·气候

——谈“尖子生”与芸芸众生

客观地说，“只见树木，不见森林”在我们现存的教学中，确实是一种常见的现象。

我们刚进小学，就被老师放进一个恢恢而终不漏的筛子里，老师筛呀，筛呀，精挑细拣，于是“快班”“慢班”“尖子班”“差生班”的名号应运而生，当然还有“大灶”与“小灶”之分。

不能说老师这么做完全没有道理。不管何种场合，突出拔尖的总是少数。而用“尖子”的名头进行刺激，的确能使“尖子”们产生一种积极的自我暗示，从而自尊、自爱、自强，取得更好的成绩。老师对“尖子”特别予以照顾，自然能快出人才，出好人才。然而，物极必反。

常说一棵树不能改变气候，只有森林才能改变气候。有人笑着对那些在教学中自谓要打破“大锅饭”的老师说：“我佛以慈悲为本，当普度芸芸众生。”要知道“十年树木，百年树人”，教育是天下大计，百年大计，“四化”建设需要人才，而且所需要的是济济人才。“月明星稀”在这里不适用。老师是辛勤的园丁，甘当扶花的绿叶，那精神自然是高尚的，但“万绿丛中一点红”其实并非什么好景致，“一花独放红一点，百花齐放春满园”。

在我们学校里，尖子班总是那么一两个，更多的是普通班。在这“普通”班的头上总罩着那么一层阴影，因为他们承蒙“另眼相待”，受到“另行安排”。这些学生有一种难以摆脱的失落感，说什么自己正处在“春风不度的角落”。虽然自暴自弃、破罐子破摔看来是他们的自我选择，但如果客观条件好一点，这种消极现象不是很大程度上可以避免的吗？这些虽然是学校里、班级里的现象，但学校作为教育阵地，是一条战线，事关社会大局呀。

要形成一片森林，需要一定的条件。只有温度、湿度适宜，树木才能迅速生长起来，形成茂密的森林，也就是说，我们的教师必须解放思想，放开眼光，有“普度芸芸众生”的佛量，不要只致力于那几个“尖子班”“尖子生”，而要统筹兼顾，适当安排，在“快出人才，出好人才”后面加上“多出人才”。诚如此，那真是社会之大幸。

老师的性格，在世间所有性格中，可以说是最优秀的，他们一定深刻理解尼克松评论周恩来时说过的这句话：“他即使在护理每一株树木的时候，也总能看到整片森林。”

（2009 年第 3 期《新读写》）

文章从“尖子生”“芸芸众生”与社会进步的关系切入，以整体与局部的哲学思想为支撑，来思考教育为芸芸众生服务、“多出人才”为社会进步服务的本质，批判了“只见树木，不见森林”的教育怪象。

整体和局部的关系是：整体是由局部组成，整体离不开局部；局部又隶属于整体，服从整体。因而“只见树木，不见森林”是片面的，“只见森林，不见树木”同样是错误的。

认识了事物整体和局部的关系，我们观察事物、思考问题，就要着眼于有机的整体。德国天文学家开普勒提出行星运动的三条定律，意大利科学家伽利略总结出地面物体在力的作用下的运动规律，英国物理学家胡克在研究中获得了引力的观念，但他们都囿于一人局部，因而没能以更广阔的视野、更深邃的目光揭示本质的规律。牛顿则从整体着眼，从全局着力，把行星绕太阳、月亮绕地球和物体落地等表面上毫不相干的现象联系起来，做出了一个划时代的概括——宇宙间的一切物体都有引力，这就是著名的万有引力。牛顿的研究发现告诉我们，只有从全局和整体的高度，才能把事物潜在的规律揭示出来从而获得更本质的认识。

当然，我们也要学会抓住关键和要素，从已知的局部推出未知的全局，从个别认识一般。古人云“审堂下之阴，而知日月之行，阴阳之变；见瓶水之冰，而知天下之寒，鱼鳖之藏也”，我们要学会见微知著，见近知远，见显知隐，锻造自己的远见之功，先见之明。

我们教材中的多篇课文，均体现了“整体与局部”的辩证思想。如《秋水》一文，河伯从只见到自身而“欣然自喜”到看见海若后“始旋其面目”的变化，告诫我们不能成为井底之蛙，不能“拘于虚”“笃于时”“束于教”，不能只知树木而不见森林，要谦虚谨慎，努力进取。《秦晋崤之战》一文的“整体观”，主要表现在故事里周襄王之孙王孙满身上，他在观察秦师过周北门的军容军纪过程中，以“窥一斑而知全豹”的眼光断定“秦师轻而无礼，必败”的结局，并以“轻则寡谋，无礼则脱，入险而脱，又不能谋，能无败乎”的精致分析支撑了自己的全局观。马克思在《青年在选择职业时的考虑》中告诉我们，青年应选择“一种能给我们提供最广阔的场所来为人类工作，并使我们自己不断接近共同目标的职业”，“人只有为同时代的人完美、为他们的幸福而工作，自己才能达到完美”，这样的全局观极富激情与理性。莫泊桑在其小说《项链》中说："人生是多么奇怪，多么变幻无常啊，极细小的一件事可以败坏你，也可以成全你"，从某种意义上，细节可以决定人生的成败。

2. 写作要领：既作整体观照，也需局部探究

在议论文的写作中要用好"整体和局部"的哲学思想，有三点值得注意：

审题立意：整体观照与局部把握

前面我们说到过，材料作文的审题立意要注意透过现象看本质，要由果溯因找规律，除此之外，还要善于对材料进行整体观照与局部把握。对于材料，我们首先要整体理解，方法是尽量用一句话概括材料的内容，这样做的好处是把握材料的总体方向而不至于有所偏离。但是整体的观照之外还须进行细节与局部的把握：逐字逐句分析揣摩，弄清楚材料有几层意思，有什么样的内在逻辑，关键词句有哪些，这些都要我们对局部细节进行仔细分析。

以 2009 年上海高考作文题为例。材料有三句话：

> 郑板桥的书法，用隶书参以行楷，非隶非楷，非古非今，俗称"板桥体"。他的作品单个字体看似歪歪斜斜，但总体感觉错落有致，别有韵味。有人说"这种作品不可无一，不可有二"。

材料可分三层，第一层论郑板桥书法对前人的继承借鉴，第二层论其书法局部与整体的关系，第三层论其书法的独特性。而从材料的总结层次（往往是最后一层）得知关键词是"创新"，因此主要内容可概括为"郑板桥书法与创新的关系"。因而文章笼统写"创新"不行，一定要结合前面对三个层次的具体分析来写，既可以写创新与继承借鉴的关系，也可以写创新中整体与局部的关系，还可以对"不可无一，不可有二"进行理性思辨。

再如以下作文材料：

《管子》：海不辞水，故能成其大；山不辞土石，故能成其高。

《韩非子》：太山不立好恶，故能成其高；江海不择小助，故能成其富。

从整体着眼，材料中两句话的关键词有“不辞”“不立”“不择”，可见两则材料均阐述了兼容并包的道理，具有相似性。但具体分析这两则材料，则发现有不同之处，《韩非子》中“太山不立好恶”与其他三个分句不同，“不辞水”“不辞土石”“不择小助”实际上均是从正面入手，也就是不拒绝的至少是“不坏”的东西，而“不立好恶”则让我们思考“恶”的东西如何容纳，兼容之后如何转化、吸取。如此思考，文章的立意或许会向更深处推进，学生习作《不辞之舍》的核心段落如下：

故而，我以为，兼容并包之中亦当有所舍，即不辞之舍。何为不辞之舍？就是在兼容并包的大前提之下，有选择性地兼容。而不是一味地为了“成其高”“成其大”，营造出一种假象的繁荣，空有一袭华袍，其内容却满是虱子。

兼容并包的来源其实无需去担心，互联网的大背景下，自有不同的声音出现。而如何有选择性地兼容却是关键亦是难点。仅从互联网上的管控与选择而言，就需要政府的宏观“大手”进行推动。微博与朋友圈等社交软件的出现与流行的背后正是因为其“不辞土石”。低门槛，高保密，谁也不知道这个账号的背后是一只猪还是一条狗。因此，账号背后的秘密操纵者也就想当然以为自己无需为自己的“土石”去承担一定的责任，以至于任性而为。或许，选择性兼容的第一步也是重要的一步，就是将这类软件进行实名制。

但所谓不辞之舍，在“舍”的行为基础之上还有一个前提，即“不辞”。“舍”，是舍去一些实在是暴力、无营养甚至是反动反社会的言论与思想，以此来推动文化、思想以及互联网产业的健康发展。而

“不辞”则是指，政府、社会团体甚至是个人不应为了单方面的利益，或自己的意识驱动而主观性地选择删除。这一点，或许北大校长蔡孑民就是一个极佳的例子。

文章正是在关注“不立好恶”的基础上整体把握了材料，从而写出具有深度的文章来的。如果仅仅抓住“水”“土石”“小助”等概念，写“要懂得包容”“成大事要不拘小节”等主题，对材料的把握是有偏颇的。

因此，审题上的只看局部不看整体，或仅观整体丢了局部，都会对文章的立意造成重要的影响，甚至有时会差之毫厘、谬以千里，文章写得再好，也都在不及格之列。

分析问题：全局视野发人深思

在对某些现象事件进行思辨的分析时，如果能从整体与全局的角度去分析问题，那文章的立足点更高，视野更阔。全局的视野就是看事物既要看正面，也要看负面，要看这一点，也要看到另外一点。比如我们看到个别官员的贪污腐败而并不就下“领导已严重堕落腐化”的妄断，因为还大有兢兢业业奉公廉洁的人民公仆在；新闻报道某某作家、科研工作者的成果系剽窃他人所为，但也不据此以偏概全地说中国的文艺创作和学术研究已是抄袭之风病入膏肓无药可医……总之，看问题时不犯一叶障目、不见泰山的毛病，不陷入盲人摸象的思维误区，这样，我们分析问题就能更准、更深。

当然，我们对个别现象又不妨作适当的放大分析，将其危害上升到全局的高度，将问题的分析引入深处发人深思，这是全局视野的“变式”运用。比如选秀节目如雨后春笋的当下，有评论家发出了“娱乐至死”时代的呐喊，以引起人们对娱乐可能误导受众的反思与正视；对近两年兴起的名人故里之争，我们也不妨从文化改造与传承的角度来谈文化与商业联姻的利弊；看“真人秀”节目抢占收视率的怪相，我们也可以指谪电视节目的“三俗”（庸俗、媚俗与低俗）恶风；从“给力”一词登上《人民日报》的头版头条和继而成为热词，正视网络用语给书面语带来的冲击和中学生语言学习所带来的危害；从“我爸是李刚”和“宁愿坐在宝马车里哭”嗅出社会转型期的“二代”问题和拜金主义的成灾泛滥……或许，这样的分析反而会显得入木三分和针砭时弊。

当然，分析问题的全局视野不是看问题的面面俱到，而是站在更高的立足点去深入地观照。写作议论文，尤其不能“凡事要一分为二地看”，既分析现象或问题的好的一面，又看到其不足之处，仅仅留下个利弊对半分的宽泛论证的“效果”，实为浅显之作，狭隘之论，这种思路尤不足取。

选用材料：局部考究以一当十

这主要是指写作中选材取材的典型性。议论文中，必须选用最有代表性、最有说服力的“个别”“局部”材料。个别不等于一般，局部也不能代替整体，但典型的材料既是生动具体的“这一个”，又是“一般”的，是最能体现同一类事物的本质特征和普遍意义。它应是个性与共性的统一，具体性与普遍性的统一，因而能起到“以一当十”之效。当然，这要求我们要以老舍先生所说的“宁吃鲜桃一口，不吃烂杏一筐”的态度，严格地比较遴选论据，不用则已，一用就能获得以一斑而知全豹的效果。

当然，文章的结构布局也要有一个整体观。比如开头与结尾的照应，总论点、分论点和主要论据要有“纲目”意识，使总论点、分论点和论据间形成严密的逻辑关系，这是重要的写作过程，同时也是重要的写前思维过程。

3. 实践训练

（1）阅读以下材料，运用“局部和整体”的哲学观点进行分析，写一篇不少于800字的文章。

到了麦子成熟的季节，麦田里一片金黄。农民们都在准备收割。有位割麦人突然发现，他的麦田里还有一穗麦子泛着青色。于是他决定等这一穗麦子黄了再来割麦。这是他一贯的风格，他的眼睛里容不得半粒沙子。等这一穗麦子黄了的时候，满地的麦子都已经落地。

（2）以《“一叶知秋”析》为题，写一篇不少于800字包含“整体与局部”哲学思想的议论文。

（3）请根据下面这句话，写一篇不少于800字的议论文。

所有伟大的事业，都不会只是马拉松的成绩，而更是接力赛的成果。

附【点拨指导及学生习作】

题（1）学生习作：

站得高才能看得远

某考生

生活好似围棋局，黑白子儿定乾坤。只有不计较一城一地的得失，踮起脚尖，放长眼光，才可披荆斩棘，驰骋疆场。若不想损失一兵一卒，那在你踌躇之余，便失去一片河山。

割麦人眼里不容沙，为了一穗麦子，失去整片麦田；持玉人眼里不容沙，因为一丝瑕疵，不惜将玉石加工成玉珠，但珠未成，玉已碎；节俭人眼里不容沙，为了在黑夜里找到丢失的火柴，不惜损失一盒火柴。幽默的故事不禁使我深深感悟：且不可把自己夹在阴暗的一隅，要放长眼光，纵览全局。

曾有多少人试图为维纳斯接上断臂，但最终以失败告终。因为当他们从塑像的整体造型欣赏时，发现塑像因残缺而具有难以言喻的美，塑像损失了手臂，但我们却收获了一件艺术品。是啊，人生就是得与失的反复，失之东隅，收之桑榆。只有心怀“会当凌绝顶”的抱负，才可以尽收山河迷人的景色。如果你因一个花骨朵的飘落而放弃欣赏春天的芬芳，如果你因一场暴雨的侵袭而放弃欣赏夏日的激情，如果你因一片树叶的凋零而放弃欣赏秋日的丰收喜悦，如果你因冬日的肃杀而放弃欣赏白雪的纯净，那么，朋友，你不仅逝去纷繁的四季，更失去人生的传承与更替。

纵观全局，是一种睿智的生活态度。只有懂得这一道理者才可得民，得心，得天下。古有赵威后，放手长安君质于齐，不仅赢得了民心，更替爱子巩固帝位。一时的安逸与世代相传的地位相比，孰轻孰重？纵观全局便可心知肚明。近有毛泽东，大胆放弃延安，实现部队转移，为革命保存了胜利的火种。纵观全局，要有“留得青山在，不怕没柴烧”的胸怀气概。

但他——项羽，昔时的帝王，今日的败寇，却放弃了东山再起的机会，自刎乌江，为了虚无的面子，为了一时的傲气，最终淹没在历史的洪流中。

纵观全局，需要遵守“大行不顾细谨，大礼不辞小让”的真谛，要谙知“水至清则无鱼，人至察则无徒”的道理。当然这不是让你面对邪恶，不管不顾，助长社会歪风邪气，而是让你在无关是非面前，舍小取大。

纵观全局，谁说眼里不容沙？你可以像蚌一样，用身体的韧将它化为明亮的珠，实现人生的梦。

题（2）写作提示：

“一叶知秋”包含着整体与局部关系的认识。“一叶”对于“一树”，是一个部分，“一树”对于“天下”，也是一个微小的局部。但局部从一个侧面反映了整体，是整体的一个浓缩与聚焦。从“一叶”知“天下”，正是从局部知整体的认识方法。以近知远，以显知隐，以方寸知天下，以所见知所不见，这是有远见之功、先见之明的表现，而要达到这样的境界，必须学会从小处入手，分析矛盾，进而认识事物，认识规律。当然，对于这“一叶”，还需作更深层次的认识。从树上飘落下来的一叶，是多种原因所致。所以，观察与分析凋落的“一叶”，还得观察与分析生于斯、长于斯的“一树”，乃至一树所根植的土地，一树所依傍的环境，一树所承受的气候。只有将“一叶”放到这一大背景、大环境、大气候下去观察与思考，才能获得全面的而不是片面的、完整的而不是零碎的、深刻的而不是肤浅的推理与判断。

题（3）写作提示：

题干的一句话里没有否认任何一方面，只是突出了侧重：更为重要的，是“接力赛”的成果。马拉松好比是个人的耐心、毅力和坚持，一个人要成功，必须具备这些素养。而接力赛，有人会理解成团队协作，比如一件事情分成多个步骤，每个步骤交给不同的人，最后构成了完整的成功。也有人会理解成传承，许多事业，需要一代一代人不断传承，才会越发壮大。这两个角度都是没有问题的。我们需要突出的是，个人能力有限，任何伟大的事业，不是光依靠个人就能成功。

题（3）学生习作：

连结出历史

上海市崇明中学　吴彩旋

“命运之手会随时随地把我们攫住，把我们拽到她永不知足的戏弄中。”茨威格这样写道。想是吧，我们难以预见究竟在人生的何处，命运会将我们捉于其戏弄的手心，此时，余下的事业、未实现的成果，究竟有谁能替之完成？

也许便只有后人了。

我想，“接力赛”的范围，不仅仅限于当时世界上不同地区的人横向的合作，更是在漫漫时间长河中纵向的延伸。一个人在人生旅途上经历了漫长的马拉松，剩余的长路便由下一个素不相识的人继续完成。这样一种跨越时空与认知的信任，是远远超出于当下范围的合作的。

“耳得之而为声，目遇之而成色。”一个人不可能尽凭自己去知晓其他时间所发生之事，这时，对于前人之论、前人之成的信任便凸显出来了。私以为，信任是社会稳固的基石，也是空间与时间范围之内“接力赛”的必要条件。人们仅通过对于他人的信任便建立了自己的“常识”，以此进行接下来的赛跑。就比如史学，其所有伟大的成就必然是接力赛的成果。依据前人的文化典籍推测过去，通过遗留的物品知晓情状，如果没有对于他人的信任，何来如今辉煌灿烂的史学成果？时空范围内“接力”的重要性，便在于此。

然而这并不是否定了“马拉松”的价值。所谓“马拉松”，我以为是一种甘坐冷板凳，甘于奉献的执着精神。世界范围内的“接力赛”也许仍是少数，于是人们大多为孤独的跑者。那么支撑其信念的是什么呢？也许就是一种对未来“接棒者”的殷殷期盼吧。

“接棒者”，轻声的三个字，代表的是无数个时代的人。将他们连结在一起的，仅仅是普通而又奇妙的信任。但是《一九八四》式的乌托邦社会实在是令人不寒而栗，为了社会稳定而杜撰的历史实是瓦解了社会之信，违背了社会之理，“双重思想”所标榜的美好，不过是虚无的泡影罢了。我想，这样的接棒者，起初痛苦，之后便会蒙昧起来。而这样的接力，必定会给后人带来更大的灾难。

时空内的接力，连结出的是人类的福祉。我们从不否定一个人努力的价值，但千万个人的努力，才可能创造有无限可能的未来，连结出一个真实的历史。

第六节　实践训练 5：捕捉对立背后统一的契合点

1. 哲理例说：对立与统一

2011 年上海高考作文题要求考生对“一切都会过去”和“一切都不会过去”展开辨析写作文章，当年接近满分的一篇文章见诸报端：

风中的余香

上海某考生

那辉煌的盛唐早已逝去，但诗歌，千百年来仍在人们心间流淌；那希腊的城邦早已覆亡，而那自由民主的星火却依旧蔓延，在更深广的土地上，燃烧了几十年。

犹太王大卫的戒指上刻着：“一切都会过去。”是的，没有什么可以永存，最宏伟的大厦最终也不过化作历史风尘中的一把碎土，但我们创造过的思想与美，却在它们的载体与躯壳湮灭后，化作历史风沙中的一缕余香，缠绕亘古，永不逝去。

当年左光斗被魏忠贤杀害后，他的尸骨被命令磨成粉，被魏忠贤一饮而下，连喉骨也彻底碎了，魏忠贤才彻底放心了，如此，你还如何再上书、进言？他却不知，自己饮下的，是一生的恐惧。那东林党人的傲骨不灭，他们的灵魂成为奸恶之人永远的噩梦，他们也成为历史一曲永恒悲壮的绝响。

是的，一切都不会过去，形式的过去其实是内涵的永存。

而今，在这个身边风景迅速变化的时代里，你是否曾闻到，那风中的余香？古龙曾说：有人的地方就有江湖。而有生活的地方，有人生活的地方，就有传承与遗留。有那么多人感慨非物质文化遗产的流失，于是他们迫切想重建，想发扬光大。如此没有错，只是有许多的文化，它随着历史的云烟，早已在当今世界登上一把辉煌的交椅。它们的位置，应当成为风中的淡淡香气，人们精神家园的盆景，在无声中滋养与浸润我们的感情。那些遗留是必然的啊，传统的审美或是略带迷信色彩的风俗，它们其实未必在身边消散，只是硬性地想换回轰轰烈烈的纪念形式，我们才反而会感觉到，他们逝去的姿态。

并且一切都能，都值得成为那风中的余香。逝与留的辩证正是自然与历史最智慧的斟酌。当表面随着封杀渐渐融化，那内核也正缓缓显露它的精华。时光逝留的沙漏更能让我们看清一样事物它真正的价值。大西北的敦煌，曾经的它完整而清晰，但对画上它的人，它只是壁画；如今的它虽已千疮百孔，却更能承担历史的厚重。真正的杰作，必是经过历史风霜的淘洗，然后逝去了一些，却更余留了真与美。

我们这个时代，是否想让后世回望的时候，能找寻到如此一些不灭的灵魂？那就让文学的泡沫，让市场的包装淡去些吧，它们，只会在风中飘散。

一直难忘的一次画展，是最时兴的画家自办的，朋友看到一幅画问我，那究竟是传统画风还是后现代的？我看着那符号，很温暖。

那一刻，我仿佛闻到了风中的余香。

（选自 2011 年第 8 期《语文月刊》）

面对题目中两句充满矛盾的论点“一切都会过去”与“一切都不会过去”，作者深刻地捕捉到两者之间对立背后相统一的契合点，也就是抓住了矛盾双方相互转换的条件，立足于此便很容易使思考引入纵深。文中诸如“形式的过去其实是内涵的永存”“逝与留的辩证正是自然与历史最智慧的斟酌”等表述中都很好地把握住如何能够在“过去”中把握“不会过去”的关键，作者在传达、驾驭观点时，选取了极具说服力的“左光斗”的精神绝响、逝去的文化留存的“内核”等材料让“风中的余香”传达出逝去与存留之间的辩证统一。

“对立统一”规律是唯物辩证法的核心与实质，它揭示出自然界、人类社会和人类思维等领域的任何事物都包含着内在的矛盾性，事物内部矛盾推动事物发展。它包含如下内容：世界上的一切事物都是矛盾的，矛盾的双方既对立又统一，它们既相互依存又相互排斥。王籍诗句“蝉噪林愈静，鸟鸣山更幽”便充分地体现了这一规律。“蝉噪”“鸟鸣”的声响与山林的幽静形成一组矛盾，两者无疑是对立的双方，相互排斥，“蝉噪”“鸟鸣”的声响势必打破寂静，而山林要幽静就定要排除声响；但同时两者却又是相互统一、相互依存的。没有“蝉噪”“鸟鸣”便反衬不出山林的幽静，同样，不是山林幽静，“蝉噪”“鸟鸣”也不会声声入耳，营造出别样的意境。

矛盾双方的对立统一也就是矛盾的同一性与斗争性这两种基本属性。同一性和斗争性辩证关系的原理，是我们认识和改造世界的有力工具，也是我们做好一切工作的重要方法。任何事物都包含着矛盾，矛盾着的诸方面既对立又统一，并在一定条件下相互转化。这就要求人们在分析和解决矛盾时，必须从对立中把握统一，从统一中把握对立，并促使事物向着有利于进步的方向发展。“天下事有难易乎？为之，则难者亦易矣；不为，则易者亦难矣。”“难”“易”这一组对立的矛盾统一在“天下事”之中，“难”“易”之间的转换条件在于“为”与“不为”，难事因为我们的“为”而转变为易事，同时，易事因为我们的“不为”而成为望而却步的难事。但是，为了促进事物向着有利于进步的方向发展，我们需要立志于“为”，使“难事”转变成“易事”。

高中教材有多篇课文体现了这一辩证思维。鲁迅的《为了忘却的记念》最为典型，“忘却”和“记念”是一对反义词，作者用“化悲痛为力量更好地与敌人斗争”将两者统一起来，表现出深刻而复杂的思想感情：其一是实在难以忘却，可见作者内心悲愤之深；其二是化悲痛为力量，更好地与敌人斗争，可见鲁迅的骨头之硬。《简笔与繁笔》一文，“简”与“繁”本也是对立的，作者认为，文章的繁简不可单以文字的多寡论，“简笔与繁笔，各得其宜，各尽其妙”，语言精辟，充满辩证意味。文言文中，《〈孟子〉二章》当属典例，文章以“鱼”和“熊掌”起兴（为喻），引出对待“生”和

“死”的话题，孟子用“义”将对立的两者统一起来，认为只要符合“义”，甚至可以不惜生命的代价，而如果不合“义”，生也没有任何价值和意义，从而揭示人皆有“所欲有甚于生者，所恶有甚于死者”的“本心”，只是“贤者能勿丧耳”。

2. 写作要领：辨清类型、捕捉矛盾和探寻转化条件

辨别材料类型，找准立意方向

孙绍振教授在分析2010年全国高考作文题时将对立统一的作文命题分为两类：一种是保守性的，将矛盾消解，倒退到规定主题的老路上去。“一种是对二元对立的思维模式进行突围，这种突围的努力，为命题展开了广阔的前景，其具体表现就是：从单纯一个系列的矛盾转化为复合的多重矛盾。”①

前一类作文题略带封闭性，如2010年全国Ⅰ卷：“许多猫吃鱼，就一只猫捉老鼠，别的猫说‘都什么年代了，有鱼吃还捉老鼠！’”题目提示了两个矛盾。第一个矛盾：吃鱼者多，捉鱼者少。这是正面表述出来的。第二个虽然没有直接表述出来，但是，一望而知，吃现成鱼成为不捉老鼠的原因。材料作文的优越，就是主题的开放性，也就是多元性。但是，在这里开放性是假的，因为不用捉老鼠的唯一原因，已经不言而喻。考生只能以唯一的原因作为主题。当多元变成唯一的时候，开放性就转化为封闭性。这类文章，难度较小，结论偏浅，停留在常识层次，高水平的考生发挥的空间有限。

第二种作文题如2010年的天津卷。材料大意为：世界在画笔下是“色彩缤纷”，在琴弦上是“跳动的音符”；世界因创新而进步，因和谐而温馨；“神奇虚拟的网络”，更演绎着“平凡真实的”人生；说起来“很大”，其实又“很小”……材料中包含着多组对立的关键词——创新与和谐，虚拟与真实，大与小，因而这种矛盾不仅仅是二元的，而是纷繁的，有复合的多重矛

---

① 孙绍振：《对立统一命题模式的突围和退守——2010年高考作文命题纵论》，《语文建设》，2010年第7、8期合刊。

盾，是多元化的二元对立。当然，作文的开放度越大，难度也就同步地扩大了，但正因为有了一定开放度，高水平的学生才有了发挥的可能性空间。

对于以上两类作文材料，我们要辨清类型，方能进行突围，找准立意方向。

捕捉材料矛盾，集中深刻立意

把握“对立统一”这一规律，我们能够尽快从材料纷繁的角度中突围，较快捕捉到材料中的矛盾所在，从而达成集中而深刻的立意。

首先，循着统一与对立的方向深入探求矛盾双方依存与斗争的原因，很快抓住立意的要点，如以下材料：

> 随着时代的发展，家庭教育渐渐被家长们所重视，于是“不让孩子输在起跑线上”成了一种潮流，胎教、早教、各类兴趣班成了当下的流行，一切要趁早的观念可谓深入人心；然而有的人却认为一切趁早带给孩子的是一个丧失自由、泯灭天性的灰色童年，这对孩子是不公平的，“还孩子自由”的观念逐渐被人们关注。

我们可以很清楚地看到材料中存在着两种相互矛盾的观点，从矛盾的对立性出发，我们可以在非此即彼的矛盾斗争性中立意，尤其从矛盾的对立面出发思考更易使立意具有针对性、深刻性。也就是我们的立意赞成一方时，并不是简单地单从赞成这一方思考，还要从否定的一方思考，以否定来突显肯定。

赞成“一切要趁早”，我们可以这样立意：

（1）趁早并不意味着扼杀天性，而是适度引导教育；

（2）一切趁早让人生路更加自在悠游；

（3）一切要趁早是一种主动积极的态度，会让童年更有色彩。

赞成“还孩子自由”，可以有如下观点：

（1）起步晚不影响一生发展；

（2）早不是关键，适时适宜孩子天性才最重要；

（3）早会让孩子淹没在功利的潮流中。

从矛盾双方的统一性出发，我们可以辩证地看待这两种观点，一切矛盾的对立面都不能孤立地存在和发展，一方的存在和发展必须以另一方的存在和发展为条件，也就是充分挖掘矛盾的合理性，力争寻找两者的契合点，形成辩证的观点。上述材料，我们可以形成以下立意：

（1）“趁早”给孩子“自由”的引导；

（2）适度的早给孩子自由的童年及人生；

（3）孩子的自由天性不是放纵，而是要有效教育。

需要注意的是，从对立性入手立意，尽管要有一个非此即彼的鲜明的态度，但是，也不可失于偏激，让自已的观点缺乏稳重。如从赞成“还孩子的自由天性”角度立意，不可得出诸如“不让孩子输在起跑线上就是戕害儿童天性”等绝对化的观点。从统一性入手立意并不意味着模棱两可的观点，不是莫衷一是的态度，它必须建立在一个相对统一的较为深刻的观点之下。如上例中不可以“公说公有理婆说婆有理”来立论，否则便失去了行文的意义。

探寻转化条件，展示纵深思维

对立统一规律在行文中则可以使我们在探寻矛盾双方相互转化的条件中，把文章引入深刻，展示思维的纵深。例如 2010 年上海高考作文题：

> 丹麦人去钓鱼会随身带一把尺子，钓到鱼，常常用尺子量一量，将不够尺寸的小鱼放回河里。他们说：“让小鱼长大不更好吗？”两千多年前，我国孟子曾说过：“数罟不入洿池，鱼鳖不可胜食也。”意思是，不要用细密的渔网在池塘里捕捞小鱼，这样才会有更多的鱼。

丹麦人与中国古人的做法中“放小鱼”的行为本质上是一种“失去”，然而他们都有着对鱼“获得”的希求，看似矛盾，如果能够从两者的相互转化入手思考，自会形成思维的纵深。从对立面立意行文的话，我们便可以尽可能挖掘避免使自己观点堕入相反观点的关键点。如“放小鱼的智慧”这一立意，在确立观点后，可以从对面着笔，“放小鱼”本身是为了让小鱼进一步成长从而为了将来再次获得大鱼打下基础，如此，暂时的“失去”实际上能够获取更长远的利益。这样我们便从单一角度入手，让思维兼顾到另一方面，从而让行文更深入。

从辩证角度立意行文的话，则要深入分析矛盾双方相互依存，相互转化的条件。如“放小是为收大”这一立意。行文中重点阐释的应该是怎样才能从目前的“放小鱼”的失去中参透长远的收获。因此，便可以从材料中寻找相应的转换角度，那就是把握好“度”，不论是丹麦人近乎严苛的“尺子”还是中国古人对“数罟”的拒绝都是很好的“尺度”。找准这样的转化条件，文章自然可以在辩证中走向思维的纵深。

3. 实践训练

（1）请运用“对立统一”的哲学观点对“有所不为”进行分析，并以此为题写一篇不少于800字的议论文。

（2）根据以下材料，自选角度，自拟题目，写一篇不少于800字的议论文。

方孝孺：凡善怕者，必身有所正，言有所规，行有所止，偶有逾矩，亦不出大格。

培根：如果问在人生中最重要的才能是什么？那么回答则是：第一，无所畏惧；第二，无所畏惧；第三，还是无所畏惧。

（3）阅读下列材料，运用“对立统一”的哲学观点，写一篇不少于800字的作文。

随着各地申遗的推进，我们可喜地看到一些文化遗产获得了人们的重视，“皖南民居”“开平碉楼”等等充满着古代劳动人民智慧的古建筑遗产获得保护与重视。然而，我们也看到一些地方因为对这些资源的开发，导致一些古建筑不堪重负，甚至有一些不合理的开发导致对建筑不同程度的破坏。有一些整旧如新，使得它们丧失了原有的意蕴，失去了原生态的美。

附【点拨指导及学生习作】

题（1）写作提示：

“有所不为”本身便含有对“有所为”的观照，这两者之间就是对立统一关系。实际上，对“有所为”的关注与思考便是审题立意的重要一环。按照一般情况，人们总是希求“有所为”，往往赋予其积极进取的定义和更多的价值意义。然而，题目却以“有所不为”命意，那么它的价值意义是什么？是不是“有所不为”便意味着消极？这与“有所为”之间如何处理？带着这些层次的追问，便很自然地形成思维的深度。那么，从辩证的角度便可以获取如下立意：“有所不为需要审时度势”“有所不为不是消极避世”“有所不为是为了更好地有所作为”等。如此审题立意才能够让文章形成思维的纵深，而具体的行文过程中，还需要深入思考两者之间互相转换的条件，如“有所不为是为了更好地有所作为”这一立意，“有所不为”在什么情况下或者说在怎样的条件下才能够为“有所作为”服务，这是具体行文中要清晰呈现的，也是行文纵深所在。

题（2）写作提示：

材料给出了两个看似矛盾的论述，方孝孺主张人应该有所“怕”，且要“善怕”，即懂得有所敬畏，才能守正，语言和行为才能合规知止，培根则以“无所畏惧”为人生最重要的才能。两者观点看似矛盾冲突，实则辩证统一。方所谓“善怕”者，重在强调品德操守的自律守正，不可胆大妄为；培根所谓“无所畏惧”者，重在强调做人行事的勇气张扬，不可畏首畏尾。明于此，立意并不难，可侧重一面立意，最好整体立意，辩证论述。如“心出于畏，行无所惧”“知所可畏，方能无所畏”“无所畏惧中的理性枷锁”“畏，而后无畏”“善怕与无畏的平衡”等等，都是可以的立意。

题（2）学生习作：

无畏且存惧

上海市崇明中学　施好婕

苏轼于《伊尹论》中分析伊尹身居人臣却冒天下之大不韪废帝辅政，后再拥立废帝时，用了“狭天下者也”表示对伊尹其人的激赏，或者说，对伊尹“无所畏惧”的逾矩的激赏。

培根有语，人生中最重要的才能是为“无所畏惧”。伊尹不失为最好的例证。

然而更多时候，我们更似方孝孺口中“不出大格”的“善怕者”，流俗浅薄，畏畏葸葸，终其一生，只是既定框架里的产物。这种深植人心的“畏惧”，助力之一即是中国人普遍对“中庸”二字的误读。事实上，“中”是“合乎”，远非“平凡”；“庸”取自“庚”与“用”，呼吁的是“变革”而远非“庸碌”。当苟且偷生的我们将一切自我的舒展定义为逆底线、逆传统、逆常态时，自然将被反噬其力，由“人”物化为肉体符号。

畏惧来自他人的不认同或可解释一端，另一深层诱因却源于我们对未知的本能逃避，对自我的不自信。没有人明了任何一次“小小的逾矩”是否会是“人生的行差踏错”，自己又是否能直面或将伴生的潜在危险破解。因而我们对“格”的认知是“模具”型的：多余的棱角意味着要么是残次品，要么是上等的意外之喜。后者再诱人，我们也只贪图安全，而自甘为一介“身有所正，言有所规，行有所止”的“善怕者”。

因而我们亟需架构一种正确的社会价值观。它鼓励每一个人做自己，无所畏惧。它不以“异类”与否评价人、事、物，全凭社会影响为某种现象打上注解。而每一个个体，也不应失却对自己的信任与勇气。茨威格曾说“历史不赏识温和派”，变革者的姿态就是无畏惧地跳脱出常态逻辑。“相信自己有能力”并非是诗意错觉，更是每一个理应于这世界留下点什么的人的积极暗示。“作无畏之人”的想法一旦形成，你也便真的成了一个“无畏之人”，自有大段快意人生待你抒写。

但“无规矩不成方圆”的历史警诫确不应失其指导生活的功能意义。“无畏”的同时，也应“存惧”。“无畏”的是桎梏、是枷锁，是前路漫漫的未知“危险”，而不是伦理、道德甚或是法律。

伊尹若失其“无畏”，历史就少了一位贤相，我们若失之“无畏”，也将不复为“人”，并将社会主知倾向推向“畏缩”。如斯沉疴流毒需要每一个人的觉醒，方能御之。

且行且无畏，也且行且存惧。

题（3）学生习作：

申遗需要突围

某考生

在申遗的道路上，可以说我们遭遇了前所未有的挑战。申遗的成功带来的争议也往往因为“开发”与“保留”这一对矛盾更加凸显。面对一些湮没无闻、遭遇破坏的古建筑、古遗址因为申遗的成功，一时间名声大噪，获得人们的关注、得到人们的认可，从而获取保护，这时候，“开发”便成了人们心目中的救世主。然而，面对那些因为申遗成功，开发利用资源，从而导致其不堪重负，最终丧失原有风貌的遗产时，人们往往又希望它回到它的原生态，让这些遗产获取一个自然的环境。

这让我们陷入一个极大的尴尬中，向左，还是向右？人们在这样的抉择中往往会陷入到哈姆雷特王子式的追问中，但是，哪一方都无法达成一个完美的结果。其实，问题的关键正在于人们思维之中。我们似乎更多地在非此即彼中执拗，其实，无论是开发还是保留都无法达成对于这些遗产最佳的利用。那么，我们何不完成思维的突围？对于遗产的开发与保留触及的核心其实都是对于遗产的保护心态，只要人们秉承这样的心态，“开发”与“保留”便会相得益彰，使得申遗的历程变得深入人心。

值得关注的是，每当一个申遗项目浮出水面，面对申遗目的这样的问题时，所有的当事人都信誓旦旦地回答：一切为了保护。然而，我们看到的是什么呢？投资申报可谓一掷千金，不惜血本，动辄数亿，可谓尽心尽力，如履薄冰般地达成各项指标。一旦申遗成功，名声在外，再看看我们的当事人要做的是什么呢？我们不是听闻中国丹霞与嵩山“天地之中”申遗成功后门票涨价吗？我们不是看到张家界保护区内建了数十万平方米房屋，受黄牌警告后不得不全部拆除，光这一项就损失了10多亿元的折腾吗？我们不是看到敦煌莫高窟“申遗”成功后，游客数量猛增，由此带来的二氧化碳排放过多和文物见光过度，许多壁画出现变色剥落现象吗？……我们不禁要问保护何在？我们终于明白在申遗的征程中，更多的是利益追逐之下的盲目甚至疯狂。保护只是一种堂而皇之的幌子，一旦敲开世界遗产的大门，这幌子便弃之如敝屣，行一场前恭而后倨的丑剧。所以，我们必须摒弃这种盗保护之名行逐利之实的行为，我们需要真正的保护心态。那种发自内心的，源于真诚的保护。

故而在这样的心态下，我们必须把握好开发的尺度，一些地方政府必须摒弃经济先行的心态，表面做着申遗的文化文章，私底下打起财政收入、经济支柱的小算盘，结果只能是给我们的遗产带来不可估量的伤害。我们希望看到的是“修旧如旧”般的严谨负责，是限制人流的理性克制，我们希望多一些文化的开发与传播，少一些旅游、房产的所谓配套开发；多一些原生态与现代文明的协调并进，少一些物质文明、现代文明的冒失突进。

第七节　实践训练6：知联系、晓发展方能道深广

1. 哲理例说：联系与发展

我们先来看两个作文片段：

片段一

薛宝钗作为封建淑女的典型形象，得到这么多人的赞扬，原因是多方面的。那么，我们到底当如何看待这温柔的性格呢？

对温柔这种性格的评价，不仅因时而异、因地而异，而且还应因人而异。人们的社会实践、思想操守不同，温柔的性格被抹上不同色彩，也应当得到不同的评价。

中国历史上虽然都崇尚喜爱温和、敦厚的性格，而在实际上是有区别的。统治阶级历来提倡“中庸之道”，侈谈“仁者爱人”，崇尚温柔敦厚，但在某种程度上仍带有虚伪性。贾政对儿子宝玉大打出手，可见其并不敦厚。宝钗在黛玉面前向妈妈撒娇，硬是触动她内心的隐痛；当黛玉向她诉说寄人篱下之苦时，她竟用“嫁妆”一事来讽刺她，可见她对付“敌手”并不“温柔”。许多反动政客如口蜜腹剑的李林甫之流，看上去温文尔雅，道貌岸然，其实都是包藏祸心、无所不为的伪君子。被统治阶级一方面受“中庸之道”，“仁、义、孝、悌”之类思想的影响，一方面在劳动斗争中，长期的社会实践中团结互助，这些都有助于形成“温柔敦厚”的性格。但是由于各人的思想感情、生活道路不同，他们的“温柔”性格又不尽相同：有的表现为逆来顺受，甘于忍受剥削和压迫；有的则表现为刚柔并济，对友谦和体贴，对敌则毫不心慈手软。《家》中，觉新的妻子梅珏温柔善良，但她甘心忍受一切压迫，从而导致了她最终的悲剧下场。而我们的名誉主席宋庆龄同样也是一位温柔可亲的东方女性，她却不是一味的温柔，她也是一

位敢于向黑暗势力勇猛战斗的女杰。

可见，我们不能孤立地评价一个人的性格，而要将它放在具体的环境中，与这个人的思想情感、社会实践联系起来加以评价。

（汪新芽《“温柔”小议——电视连续剧〈红楼梦〉观后》，摘自蒋念祖博客）

片段二

丹麦人会将捕获的体形过小的鱼放归水中，孟子主张留下鱼苗。因为现在的鱼苗就是将来的大鱼。可是人若无法放远眼光，又怎能看到鱼苗和大鱼、今日与明日的联系？又有多少人选择涸泽而渔，完全不考虑将来、不考虑事物的发展？

也许未来美好的事物表现在当下，则是令人避之唯恐不及的“废品”。正如丑小鸭向白天鹅的褪变。眼光的远近注定了选择的远近，也注定了美好的远近。苏洵在《六国论》中提出“非兵不利，战不善，弊在赂秦”，因为六国的君主只顾当下的“一夕之安”而没有具有长远眼光识明今之安与明之苦的关系。在当下，以城赂秦是美好的，而举兵抗秦是令人却步的；在未来，两者的结果正好相反。目光短浅的涸泽而渔显然无法带来成功，只有拥有了看得到事物发展、看得到远处美景的慧眼，才可能带来真正的成功。

（2010 年上海高考优秀作文《眺望远方的山》）

对于温柔的性格应该如何评价？片段一作者指出，应当具体分析，因时而异、因地而异、因人而异，这当中便渗透了“联系的观点”。片段二中“可是人若无法放远眼光，又怎能看到鱼苗和大鱼、今日与明日的联系？又有多少人选择涸泽而渔，完全不考虑将来、不考虑事物的发展”的论点，典型地运用了“发展的观点”。

辩证法中，“联系与发展”是一组重要的概念，是人们认识事物，分析问题的一个重要法宝。事物之间以及事物诸要素之间，是相互影响、相互制约和相互依存的。这就要求我们看待事物时，要用联系的观点，思考其中的关系，不能孤立的看待某个现象和问题；同一事物内部的要素之间也存在联系，这也要求我们分析某一事物时，要看清各要素之间的关系，不能“头痛医头，脚痛医脚”。例如，作为学生，要受到所处学校、班级环境的影响；学生个人的学习成绩也会受到各学科学习状态的影响，学科之间均衡发展，就会有较大优势，偏废某些学科，即使有一门十分优秀的学科，个人的总体成绩也会不理想。

同时，世间万事万物是在不断发展变化的，这就要求我们不能用静止的眼光看问题，而要学会用发展眼光看问题。此外，我们还要认识到：事物的发展变化都是从量变开始的，没有一定程度的量变积累，就没有事物质变的产生，我们要关注对象处在发展过程中的哪个阶段，进行有价值的思考；事物的变化发展，原因是多方面的，有主要原因和次要原因；万物都是在永不停息地运动，并且任何事物的发展过程都是曲折的，呈螺旋式、波浪状的上升状态；对问题的认识要根据时间、地点、条件的变化而变化，不能静止地、一成不变地看问题。比如想提升个人写作水平，是需要一个过程的，写作水平是不断发展变化的，找准每个阶段写作中存在的问题和原因，对症下药，便可期待下一次作文的进步和提升；同时写作又和阅读、生活积累有着直接的关联，没有一定量的阅读积累、生活积累是提升不了的，看到这种关联性，就还要从扩大阅读积累和关注生活等这些写作外围来综合努力。

教材中的课文《爱因斯坦与艺术》，探讨的是爱因斯坦与艺术的关系，即科学与艺术的关系之互补与相通性，同时指出杰出个人的成长离不开广阔深邃的文化背景，均体现了联系的观点；《师说》一文韩愈是以发展的眼光来思考师生关系的：“是故弟子不必不如师，师不必贤于弟子。闻道有先后，术业有专攻，如是而已。”只要认真钻研不断精进，学生也可以超越老师。

2. 写作要领：用联系、发展的观点分析问题剖析事理

议论文的写作，无论审题立意，还是构思行文，都要有联系与发展的思想，只有这样，才能立意新颖，贴近现实，有针对性，也才能提高思考问题的深度和广度，写出内容深刻的文章。

联系不孤立：由此及彼、由表及里地思考分析

联系的思想告诉我们不能孤立地看问题，要扩大视野，由此及彼，深入、广泛地讨论研究问题，写出思想性强的文章。

拿审题立意来说，就是要对题目或材料进行多角度地分析与思考，最后确立有深度的观点。如以“我的读书观”为话题的文章，既可以从“读书，因时制宜”的角度来说，强调我们可以读出自己的时代；也可以从“读书人与非读书人的读书”的关系来讲，强调读书要能研读或静心“小”研读；也可以谈“无意义阅读”，强调阅读不拘泥于“有意义”，不过分追求“意义”，只因为基于被认定和被强加的“意义”而进行的阅读，是缺乏个性的，不仅无法达到阅读本来的目的，反而会危害原本的思维方式，做不到修正“三观”，而最终“三观”尽毁；还可以谈“读书与收获”的关系：读书本身即是收获，因而，或许不求收获，读书方能有所收获。

审题时还要注意“整体论”和“系统论”的观点，关于这一点，本章第五节“实践训练 4：避免犯‘一叶障目，不见泰山’的错误”的“写作要领”中已有介绍，这里不再重复。

高考试题中常提示“读了上边的材料，引发了你怎样的联想、感悟、思考”，其实是在引导考生审题立意、构思写作时要善于联系。这里的联系，有一个重要的“潜规则”，就是联系社会实际，写出文章的当下义。文为时而著，联系社会实际观照思考，或针砭时弊，或警醒号召，或表明写作意图，更能体现出文章的针对性和现实性，从而彰显作文的质量、价值。

写作行文中要注意哪些联系，这也是要考虑的问题。如要注意现象与本质的联系、局部与整体的联系、内因与外因的联系、共性与个性的联系、

量与质的联系，等等。同时，要注意联系彼此之间的对应，或相似，或相反，要有桥梁纽带，逻辑上要严谨，联系不能止于表面，要深入本质，联系要具体问题具体分析。

发展毋静止：揭示客观规律、推断发展趋向

世上的万事万物都处在运动、发展、变化之中。论证一个问题的时候，如果采用静止不变的观点分析，就不可能揭示出它内在的客观规律，只有用发展的观点看待问题、分析问题，才能对事物的发展趋向作出正确推断。

如学生习作《我们都要心怀一个梦想》认为："青春时代的梦想在我们的人生中确实是不可或缺的部分，它犹如黑暗中的星星之火、迷雾之上的云破日出，带来慰藉无以言喻。它是青年在生活环境以及所接受信息的耳濡目染下，内心'隐性性格'、自我认知及社会实践中所萌生的对未来的探测。"但文章没有仅仅停留在梦想重要性的论述上，而是接下来对梦想作了辩证的分析：

> 需要说明的是，梦想虽然能使我们浮想联翩、情感激动，但它不是自欺，亦不是迷误。它能给我们以上进的动力，但不是教我们深陷其中不能自拔、近乎狂热反而耽误现实，它不是给我们理由以好高骛远、不切实际，而是帮助我们确立目标，积小流以成江海、积跬步以至千里。
>
> 梦想也不需要"从一而终"、一成不变，它可根据实际情况不断调整与修改。梦想是一叶扁舟，载我们泅渡至彼岸，但仍需亲手掌舵。

最后一节，作者便以发展的眼光看待梦想，颇有说服力。

再如以《激情和理性》为题的作文中，学生多篇习作中均体现了发展的思想：

> 激情和理性又是事物发展的不同阶段，必须把持有度，在激情中拓展，在理性中升华。今日的激情也许就是明朝的理性，同样，今天的理性也可能转化为日后永不枯竭的激情。（仇晓丹）

进一步说，有时候在一件事情中每个阶段需要我们不同“剂量”的激情与理性。起点需要理性分析与判断，过程则需要激情四溢，结束之时又要求更多理性地审视。因而，激情和理性在不同的时候扮演着不同的角色。（张潇颖）

从整体的历史进程来观，激情与理性皆随时代推移变化而刻有深厚的“当世”烙印。换言之，不同的时代，激情有不同的表现形态与表现目的。不同时期，理性有不同的表现方式与表现意义。（陈祎）

个人的成长，因激情而多彩，因理性而深刻；社会的发展，因激情而腾跃，因理性而持续。一叶落，激情可叹花木之凋零，理性可察岁月之易逝。激情，谓之曰动情，对万事万物、人生世相皆着一颗善感恩之心；理性，谓之曰晓理，从高处观照，自整体着眼，在深处挖掘。故而，激情打开一扇门，理性探索一条路。激情为理性打下基础，理性将激情整饬升华。便是在这般的感知、感动、感性、感悟的循环往复中，生命经荏苒时光而不息，万物历峥嵘岁月而无尽。（蔡佳慧）

发展地看问题其实是一种纵向思维。首先，要懂得事物发展变化是永恒的，不能静止地、僵化地看问题；其次，要看清事物发展变化的阶段，抓住量变与质变；再次，要斟酌厘清事物发展变化的原因，分清主因与次因。

3. 实践训练

（1）阅读以下材料，运用“联系与发展”的哲学观点，自拟题目，写一篇不少于800字的议论文。

船主让漆工给船涂漆。漆工涂好船后，顺便将漏洞补好了。过了不久，船主给漆工送了一大笔钱。漆工说：“工钱已给过了。”船主说：“这是感谢补漏洞的钱。”漆工说：“那是顺便补的。”船主说：“当得知我的孩子们驾船出海，我就知道他们回不来了。现在他们却平安归来，所以我感谢你！”

（2）阅读以下材料，运用“联系与发展”的哲学观点，自拟题目，写一篇不少于800字的议论文。

2011年3月11日日本东北部地区突发9.0级大地震后，位于本州岛福岛的核电站发生爆炸并出现核泄漏。由于外界盛传服用碘盐可以抵抗核辐射，从而引发中国大陆民众大量抢购、囤积碘盐。因为类似于“服用碘盐可以抵抗核辐射”及“此后一段时间内生产出来的盐将受到核污染”的说法并无科学事实依据，只是某一部分人蓄意制造的谣言。此事与盐有关，且与“言”谐音，故以“谣盐”代指此次因谣言引发的抢购碘盐的事件。

（3）最近在媒体上“× 二代”运用得非常广，并且常带有贬义色彩。你是怎么看待这一现象的？请运用“联系与发展”的哲学观点写一篇包含思辨色彩的议论文，不少于800字。

附【点拨指导及学生习作】

题（1）学生习作：

勿以善小而不为

上海市崇明中学　张顺基

漆工在为船主漆船的同时顺手把船的漏洞补好，这无意之举竟救了贸然出海的船主之子。漆工漆船已然尽了职责，然而他顺手而为的小善竟救了他人的性命，看似善小，实则善大。我们身边时时刻刻都有微不足道的小善，举手之劳的小善，积少成多，终能利人利己。

漆船是这位漆工的“职责”，能获得相应的酬劳，补不补洞，都与其酬劳无关。在漆工而言，对于漏洞的视而不见本无可非议，顺手一补，也花不了多少时间。然这小小的“顺手而为”，正体现了漆工善良、助人的优秀品质。

然而有些人行善是出于功利。他们热衷于金玉其外的光鲜外表、众目可见的“高大”善行，他们要的是明星走穴式的慈善、大众舆论中的吹捧，根本不屑于身边那些无利可图的小善。这种人不可能默默无闻地补一无利可图的“小孔”，遑论雷锋式甘于奉献的精神。这种浮夸的、镁光灯下的善如果真有善的结果，倒也罢了，然而这种善因为与私利相关，总不如漆工补船时的一锤来得实在。

像漆工这样行小善的人，是站在他人的角度为他人着想，想其细节、虑其锱铢，补一小洞，足见其心。这小善的背后是大善的心。发于这样的善心，行一处处的小善，才能累积和造就充满温情、美好、和平的社会氛围。

曾经的“最美老师”张丽莉在失控汽车撞向学生时以身相护，汶川地震中的老师用身体保护讲台下的学生，城市消防官兵的舍己救人……英雄以轰轰烈烈的方式向世人传递着大爱。而更多的千千万万的普通人正如那位漆工一样，在自己平凡的岗位上默默奉献的同时，顺手而为身边的小善：给老人让个座，为他人搭把手，扶一扶摔倒的人，等等。我相信，所有施大善的英雄必然是处处行小善的凡人。大善是小善的累积，两者在灵魂上一脉相承。

然而，有些人不但不为小善，反而逃避责任、放任恶行。在环境污染日益严重的当下，曾有记者询问相关部门，为什么辖区里的工厂没有防污措施？为什么没有处罚这些排污企业？这些“相关部门”相互推诿，更有甚者，拿着材料说“这不归我们管”。暂且不论法律文件是否有漏洞，这些推脱责任的“相关部门”在道德上已经不及格。看着国家这艘大船上的漏洞，作为“划船人”的政府部门，在法律规定不是很全面、相互职责有交叉的情况下，应该积极作为实施补漏行为。否则，就是人为的姑息和纵容，何异于置整艘船的安危于不顾？

可见，善小的背后是大善，而恶小的后面隐藏大患。若我们都行举手之劳的小善，何愁大善不至？

题（2）学生习作：

谣“盐”引发的思考

某考生

由于日本核电站的爆炸，使国人人心惶惶。因此，一场“抢盐热”便也揭开了帘幕。据报道：湖北有一家餐馆老板，花了两万多块钱，囤积了1300公斤食盐，而这些食盐，可供一家人吃900年。

也许，作为一个旁观者来看，你会觉得他的行为很可笑。但是，他的举动又何尝不是在抢盐热潮中那些蠢蠢欲动者的缩影呢？

“谣盐”一词的产生，其实也就是因为此事与盐有关，只是“盐”与“言”谐音罢了。但是，在“谣盐”事件的背后，根源是什么？这使我们陷入了沉思。

首先，“谣盐”的产生，主要是因为谣言使人们蒙蔽了智慧的双眼，使人们一味地盲从他人的行为。在日本核泄漏的问题中，人显得如此渺小、无助，生怕核辐射威胁到自己。因此，当人们听到这些诸如“食用碘盐可预防核辐射”“日本核泄漏出现的放射性物质可能污染海水，无法再提炼盐”等毫无根据与论证的谣言时，人们便信以为真，一场抢购食盐的风波也随之诞生了。而这“谣盐”的背后，也正体现了人们内心的恐惧感。而他们种种令人诧异的表现，也正是在寻求所谓的安全感与一份安心。而正是如此，才会使人们失去理性的思维，缺少冷静的思考，从而使其传播迅速，对市场影响深广。

其次，我想说，“谣盐”的产生，一是由于人们自身缺乏社会安全感。现如今，社会变化日新月异，世界的脚步也正向多元化迈进。可是随之也出现了许多漏洞，比如：食品安全危机，社会道德的沦陷，人们信仰的缺失……这一切的一切，无不加重了人们内心紧张的情绪。而当人们得知日本核泄漏问题时，人们的心灵变得更加脆弱。因此，当人们疯狂购买食盐时，自己也义无反顾地投身于抢购大军中，去寻求一丝心灵上的慰藉。

虽然现在的“谣盐”风波已经平息，但是回想这一段由谣言而引发的抢购事件，从“非典”时抢药到现在日本核泄漏抢盐，无不让人深思：对于政府而言，应加强对网上舆论的监控。因为在如今这个现代信息科技日益发达的世界里，各种谣言都是通过手机或网络迅速传播，只有及时拦截，才不会扩大其危害程度。但是最重要的还是在于人们自身的素质、社会责任感。只有做到处事不惊，才不会在危急时刻乱了阵脚，才能做到理性思考，从而避免类似事件再度重演。只有具备社会责任感，才会从褊狭的自私中走出来，共创国民的福祉。

深思“谣盐”事件，首先要意识到，我们的生活还得更有安全感；也懂得了让谣言停止的最重要途径就是让事实说话，让谣言在信息公开、科学真理中不攻自破……我相信，只要我们全社会齐心协力，加上国民更加自信理智，没有谣言的幸福明天终将属于我们。

题（3）写作提示：

对“× 二代”的认识就要用到联系与发展的哲学观点。“× 二代”的出现是有现实背景的，比如经济发展过程中贫富差距拉大，民主政治发展还不健全等，要用联系的观点横向分析其现实原因。同时还要用发展的观点纵向看待这一现象，历史上门阀制度早已有之，正所谓“世胄蹑高位，英俊沉下僚”；今天已在历史的基础上有很大进步，例如已有相对公允的高考；将来随着社会的发展进步，这种现象也必将成为历史。我们还可以用联系和发展的观点进一步思考如何引导“× 二代”朝正确的方向发展，通过可行的办法、合理的措施扬其善、抑其恶。如此分析，对这一现象的思考就不会是片面的、孤立的、僵化的、短浅的。

第八节　实践训练7：求“同”辨“异”出新奇

1. 哲理例说：共性与个性

我们先看一篇针对“不同的符号标识不同的人，人往往被‘符号’所累”这一现象发表议论的文章：

作为“人”活着

上海市崇明中学　黄紫薇

按照哲学家海德格尔的观点，人的生存是一种“被抛”。我们每个人都被一种未知的力量抛入了先天既定的身份中；这些身份继而成为我们携带终生的“符号”，使人极易忽视自己的存在，也容易忽视人共有的本性。无数智者告诉我们，不能被“符号”遮蔽了双眼，人的自尊来源于自觉，人的相互理解也来自对本真生命的洞察。

因此，人要作为“人”而活着，并不是作为符号而活着。“农民工”“90后”“残疾人”，我们常常用这样的身份名词定义自己，结果是被它们操纵了本应属于自己的生活，失去了生命自身的意义。谁说90后就必须追随最前卫的潮流？谁说民工子弟在市场经济的今天就注定低人一等？许多残疾人认为身体缺陷就注定了一种弱势，但看看那些了不起的人们吧，作家海伦·凯勒，钢琴家刘伟……他们用自身的实践告诉我们，人成其为人，并不在于屈服于命运和符号的枷锁，而在于活出真正的自己。

顺治帝作为一国之君，最终却选择了出家，他在出家前的一首诗中写道：“未曾生我谁是我？生我之时我是谁？”这两个问句拷问的是生命真谛，即要人作为人，自觉地活着。存在主义哲学家海德格尔告诉我们，生命的意义在于不受身份符号的束缚，自发地去尝试生命的可能。

摆脱符号的蒙蔽，触摸本真的生命，也是人与人之间相互理解、相互关爱，最终达成“普世精神”的前提条件。在人类的历史上，曾发生过无数次血腥的宗教“圣战”，人们相互残杀，只因以为对方是所谓的“异教徒”。而作家赫尔曼·黑塞在《获得教养的途径》一文中说：不同民族只是在以不同的名字呼唤着同一些神明；每个人的人性和共同理想追求是相同的。《圣经》中也教导世人：和平属于世间一切良愿之人。世人常常用符号的眼光相互看待，却忽略了本质上共同的人性，这正是世间无数冲突与悲剧的根源。周国平说，生命本来没有名字，只有摆脱符号的成见，人与人之间的理解和博爱才成为一种可能。

因此，让我们超越符号的局限，作为“人”而活着吧。既为了自己生存的尊严，也为了其他人，为了这整个世界。让我们重拾人文主义对于“人”的尊重吧！

通过“符号”来认识人自有其弊端，即认识别人时容易忽视人共有的本性，认识自己时易忽视自己的存在。“人”是由个性与共性组成的，而无论个性还是共性都是人性，而人性是十分复杂的，贴标签的方法肯定是粗疏的，不利于对人的正确认识。如何看待“用符号标识人”即“通过符号来认识人、看待人这种思维方式”，作者从人的个性与共性的关系中“突出重围”，给出了很好的思考：“人要作为‘人’而活着，并不是作为符号而活着”“让我们超越符号的局限”“既为了自己生存的尊严，也为了其他人，为了这整个世界”。

“共性”与“个性”是辩证思维的一对重要范畴和概念。共性存在于个性之中，并通过个性表现出来，没有个性就没有共性。其次，矛盾的共性和个性在一定条件下可以相互转化。因此，虽说社会是共性使然，但因为共性又是个性使然，所以，从最根本的意义上说，社会乃是个性使然。最好的个性组合成最好的共性，最好的个体组合成最好的社会，最好的个人利益组合成最好的社会利益。个性并非社会的敌人，而是社会的逻辑前提。社会是人之共性和个性的统一体；共性相约，个性相得；共性是社会的基础，个性是社会的灵魂。扼制个性便是扼制了社会之根本。

正因为个性是社会的灵魂，所以模仿永远不能代替创造。当前，许多媒体所推出的形形色色的“模仿秀”有对缺乏个性粉丝的误导之嫌，即便属游戏性质，也不利于人们素质的提高，它会削弱社会的创造力。“东施效颦”的历史笑话竟演变成为当今时尚！当然，个性的塑造也需推陈出新，求异而不趋同。文学艺术史上不乏题材和风格回旋往复的情形，同样能表现出个性特征。举一个可能大家熟悉的例子，当年，在众多“前卫”流行歌手充斥的舞台上，久别复出的台湾歌唱家费玉清以其怀旧的曲目和优雅的风格又再次赢得了广大听众，究其原因难道不正是个性的魅力么？

2. 写作要领：抓住共性与个性的两面

认识“共性与个性”这一原理，对我们正确认识事物，学会科学分析事物具有重要意义。在作文的审题立意、选材构思中，我们可以灵活运用“共性和个性”的哲学观点来帮助我们的作文提升层次。

一是审题立意求同辨异。

根据这一哲学原理，我们在写作中要把“求同”和“辨异”两方面辩证地统一起来，学会既从个性中概括出普遍性，又在共性中看到个性和独特性。例如2012年上海秋季高考作文题：

> 根据以下材料，选取一个角度，自拟题目，写一篇不少于800字的文章（不要写成诗歌）。
>
> 人们对自己心灵中闪过的微光，往往会将它舍弃，只因为这是自己的东西。而从天才的作品中，人们却认出了曾被自己舍弃的微光。

材料中围绕“心灵的微光”这一话题，陈述了两类不同的人，一类是“人们”，即普通人、众人，一类是“天才”。两类人的共同之处在于他们都有属于自己的“微光”，比如灵感、念想、想法、品质等，这应该是所有人的共性所在。而不同之处在于有人舍弃了自身原有的“微光”，有人没有舍弃；前者导致自己“泯然众人”，后者让自己成为“天才”。这就是同中辨异的审题过程。

因此在审题立意时，我们要善于抓住题目或材料中共性和个性的两面，看到共性，同时发现个性。然后在求同辨异的思考中确定立意取向。对于具有正面意义的共性，我们可以发扬学习之，对于具有负面意义的共性，我们要尽力排除它的感染；对于具有正面意义的个性，我们要支持鼓励，对于具有负面意义的个性，我们要批评消除。

又如2010年上海秋季高考作文题，关于丹麦人钓鱼和我国古人捕鱼的话题。两则材料一中一外、一古一今，从材料的“共性”入手，可以谈人们不能只顾眼前小利，忽视长远的利益，不能急功近利，而要放远眼光，从长远的角度去思考问题，从而获得更大的收获。从材料的“个性”即相异性出发，同样是追求可持续发展的目标，西方人讲究的是量化的规则，是可以甚至是必须用尺子来把对象的大小界定加以精确化，从而便于依靠法律来对人的行为加以约束；但是东方人，则是用笼统的、相对的词语来描述网眼之大小，要求人们在生活中灵活掌握，更多的是借助于人自身的感悟和自觉的道德来行动。有的考生由此加以发挥，写出了《咱差鱼，更差尺》的富于独见的文章，值得肯定。

二是选材构思独具个性。

首先体现在材料安排上的同中求异。

这就要求我们在写作中写别人所未写、发别人所未发。比如命题作文《水到渠自成》，如果只想到“渠”是结果，是成功，“水”是积累，是主观努力，是机遇，那立意和选材也仅局限于大家都想到和写到的“共性”，但如果你独辟蹊径，运用逆向思维，将你平时积累的“个性化”的材料与题目关联起来思考的话，可能会自出“机杼”。如有位同学平时积累了较多的“媒体与大众”的材料，这时候，其实要做的工作便是巧妙地将“水”与“渠”和“媒体与大众”勾连起来，例如：

“水到渠自成”中的“自”是个意味深长的概念，它是“水”与“渠”关系的辩证统一，具体来说，“水”是“渠”的必要条件，即“渠”成的动因，但“水”又仅仅只是一个推力，只有恰到好处的一推，“渠”才能“自成”，而非“不得不成”。而由此类推至媒体与大众的关系，作为“水”与“渠”的具象，媒体的推力与大众文化价值的“自成”关乎着社会的舆论导向与精神内核。

这样，就自然而然地能运用个性化的材料写出你自己的文章，显得“水到渠自成”。

再比如2006年北京高考作文题《北京的符号》，考生可写的北京的“共性符号”太多了，但是如果你避开著名的名胜古迹而选择你自己所关注的“个性符号”，那文章便可能写出新意。有一位考生就选取自己最熟悉、印象最深的冰糖葫芦的吆喝声来写，地域个性鲜明，风俗淳朴，情感真挚；有位考生写的不是物而是“人”——老舍，写“作为北京符号发现者、热爱者和创造者的老舍先生，也成为了北京历史与现实的，北京人眼里与心中的一座永恒的丰碑”，这样的选材很新颖，理解也独到。

其次体现在构思（结构）上“常式”与“变式”的运用。

比如我们提倡议论文的写作按照“起承转合式”的思路，是为“常式”。但是具体到怎么“承”和“转”，又有多种方法，在“承”的时候是并列展开、对照展开还是层进展开，在“转”时是转向社会现实、转向我们，还是转向更高层面，转向辩证分析，又要因题因人因文而异，不可一概论之，是为“变式”。

最后是创新文体的运用。

近几年，高考作文中频频出现标新立异之文。文言文、小说、寓言、对话体、访谈、分镜头剧本、说明书等“新形式”轮番登场，让人面貌一新，比如2010年高考中以文言文写作的《言时事》，采用记叙文体的《当下？长远？》《稚嫩的成年》就博得了阅卷者的欢心，正如高考作文阅卷负责人周宏老师所说“文体的出新确实可以给读者以新鲜感，写得好甚至可以成为获得好评的‘奇兵’”。① 但是，需要指出的是，如果能在较短的时间内想同场应试考生之未想，写他人之未写，当然为创新之举，但如果一味追求标新立异，最终只是一些“东施效颦”之作，丢弃了文章内容而只注重外在形式，那无异于舍本逐末。所以，个性的外在形式还需内容的丰富独特，因为当人们在读一篇作品时，感同身受或心有戚戚的还是文章的立意与思想。

3. 实践训练

（1）以“我的书房”为话题，写一篇议论性的文章，自拟题目，不少于 800 字。

（2）阅读下面的材料，按要求作文。

莫言在诺贝尔文学奖获奖感言中为我们讲述了这样一个故事：

20 世纪 60 年代，学校里组织我们去参观一个苦难展览。我们在老师的引领下放声大哭。为了能让老师看到我的表现，我舍不得擦去脸上的泪水，我看到有几位同学悄悄地将唾沫抹到脸上冒充泪水，我还看到在一片真哭假哭的同学之间，有一位同学，脸上没有一滴泪，嘴巴里没有一点声音，他睁着眼看着我们，眼睛里流露出惊讶或者是困惑的神情。事后，我向老师报告了这位同学的行为。为此，学校给了这位同学一个警告处分。多年之后，每当想起他，我就深感歉疚，这件事让我悟到一个道理，那就是：当众人都哭时，应该允许有的人不哭；当哭成为一种表演时，更应该允许有的人不哭。

请你根据这则故事，自拟题目，自定主题，写一篇不少于 800 字的文章。

（3）下面两幅图可以给人丰富的联想和感悟，请联系提示文字对它们加以比较，把图给你的联想或感悟写成一篇 800 字左右的文章，要求联想

① 周宏：《考场作文，四平八稳还是标新立异？》，《文汇报》2010 年 12 月 31 日。

或想象要与两幅图都相关。

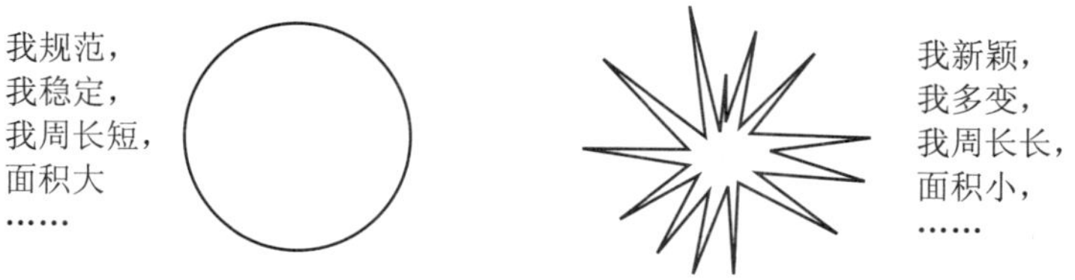

附【点拨指导及学生习作】

题（1）写作提示

看到这个题目，同学们的第一反应就是自家的那个书房。因此我们会绘声绘色地介绍自家书房的大小，藏书，以及自己或家人在其中的学习读书生活。这样立意和选材固然无可厚非，若有能触动读者心弦的“奇闻轶事”或是“平淡而有味的生活经历”，自然也能写出具有真情实感的好文章。可是，如果家里没有独立的书房怎么办？如果自家的书房平淡无奇，没有东西可写怎么办？这时我们不妨运用求异思维，避开书房的共性来写，这样你就可以写出自己极具个性化的“书房”。例如，我没有自己的书房，但我可以想象自己未来的书房，或想象梦想中的书房；我写图书馆就是我的书房，教室就是我的书房，我的家就是我的书房，等等；例如，我还可以写无形的书房，比如社区、学校、某个地方，甚至某个人，在这里我可以读到有形的书房中不能读到的东西，它一样成为我精神生命成长的摇篮，等等。如果我们撇开共性的题材和立意，我们就能写出独具一格、个性十足的“我的书房”。

题（1）学生习作：

书　房

上海市崇明中学　龚雨皓

我有一个梦想，一个从未对别人讲过的梦想，我想拥有一个大书房。

我梦想可以拥有一个大书房，木质地板散发着自然的清香，墙壁中嵌着黑色的大书柜。我的书，那些真正属于我的书，安静地背对着我，露出一目了然的书脊，等待我伸手抽取其中的一本，花上一个下午慢慢阅读。我可以在书房里待上一整天，阳光从门缝里透进我的书房，几道光束将浮游在空气中的灰尘照得毫发毕现。时光在“沙沙”的翻书声间放缓了脚步，我穿梭于书本间，就像漫步于爱丽丝的梦境中，任凭书房外的世界喧闹着向前奔走，我在我的书房里堆砌我的王国。

而现实中的我何曾有这般的乐土，拥有的书本少得可怜，更何谈拥有安妥的书柜。我喜欢去学校的图书馆，它不取分毫地任大家借走高高的一摞书，无论你是老师、同学眼中的优等生，还是默默无闻却钟情阅读的学生，它都敞开怀抱。就算不借书，在一排排高大的书架前闲步，寻找，触摸，嗅闻空气里纸页与墨字的特殊香气，想想这些书中文字从作者的脑中漂洋过海、翻山越岭来到了我的面前，就满心欢喜，满心感谢。

书房是储放书本的房间，更是承载知识的无界限的空间。古时一位母亲以土为纸、以枝为笔教出了一个欧阳修。他的书房就是这个世界，那鸟儿的百啭千啼是自由的欢畅，堤岸垂柳的袅袅摇曳是温柔的投影，一草一木，皆是他书房里灵动的书本。“始知锁向金笼听，不及林间自在啼”是你在大自然中畅快奔跑后感受到的自由吗？“我欲四时携酒去，莫教一日不花开”是你与春天秘密的约定吗？才知书房又何须以铁窗木门的禁锢来圈一方与世隔绝的安谧，窗外的学问不是更投求知之心所好嘛！

书房是行笔者将灵感付诸笔尖的房间，更是承接心底呐喊的天地。坐落于阿姆斯特丹的安妮之家是当年安妮的“书房”。二战时期，为了躲避纳粹对犹太人的斩尽杀绝，安妮一家躲进了密室。恐惧、谨慎、约束、藏匿是生活的主旋律，在那漫漫无期的日子里，安妮在这特殊的书房中写下：我经常心情沮丧，可是从来不绝望。我将我们躲藏在这里的生活看成一场有趣的冒险，充满危险与浪漫，并且将每个艰辛、匮乏当成使我日记更丰富的材料。一个活动自由受限制的小姑娘，她的灵魂并未受囚禁，反而在本就属于她的光明下昂首挺胸地迈步。才知书房又何须窗明几净，一支笔，一本日记簿，蜷缩在密室里的安妮，在天空俯瞰战争的硝烟，以笔行路。

我又何苦寻求那梦想中的书房？它终究只是一个房间，而天地之大，我徜徉其间，在读得“春江水暖鸭先知”时，去一探初春的水温不也很美？我在田野里阅读，我在人群嘈杂中思考，我在墙壁上涂写。我的书房不设一桌一椅，它自坐落于我心间。

题（2）写作提示

材料中重要的当然是最后一句话：“当众人都哭时，应该允许有的人不哭，当哭成为一种表演时，更应该允许有的人不哭。”它强调两点：一是允许个性的存在，包括异端，异己；一是强调真诚。后者是前者的前提，前者是后者的表现。总体来说，材料主张的是率性，自我，甚至是绝对的率性，即理性。当然，这句话的破绽也就在这个绝对上：面对苦难，在同情面前，我们的个性还有没有价值，或者说是否道德？表演的同情，作秀的同情是否就一定不道德？相反，真诚的冷漠（以“理性”与“中立”的面貌出现）是否值得赞美？

题（2）学生习作：

人是怎么不见的

上海市崇明中学　张佳楠

莫言告诉了我们如此一个故事：苦难展上那位异于别人，未在老师引导下放声大哭的人，因他报告，最后招致处分。

我不知那人现在如何，是否是成为了一个会在应有场合跟随别人一同哭一同笑一同感受的人，若他真成为了如此一人，那么，在某种意义上而言，他不见了，他变成了千千万万个别人，普通的别人。

那他是如何不见的呢？

中国的教育被批判了这么多年，其实很大程度上是由于在中国教育模式下“异端”是很难被允许存在的。就如同莫言所说的苦难展中很多学生在老师的引导下真哭假哭那样，如今我们又何尝不是向着老师心中趋于“同化”的好学生靠近，若是不然，“异端”分子就会被学校教育、家庭教育打压，然后很多会被同化，被重塑。在披着一层人道主义的薄纱下，一只“无形的手”就这么无情地将人变得不见了。

莫言在故事的结尾说他由此悟到了一个道理：当众人都哭时，应该允许有的人不哭，当哭成为一种表演时，更应该允许有的人不哭。而我从莫言话中所体会出的是一种无奈感。如今日渐趋同的声音，所表现的仅仅只是一种日益趋于严重的问题，这同民族和谐社会稳定实际上并无太大关联。所有人都在说同一句话时，你难道就不会感觉这时代、社会的恐怖吗？也许你不会，那是因为你已经不见了。

人不在了，可怕吗？

可怕但也不可怕。人不见在本质上而言并不是人消失了，而是指我们因为环境等因素而不得已去封存我们自己，若是当环境等因素适于人时，“人”又会出现。就如同在《你永远无法叫醒一个装睡的人》中所说：“你永远无法叫醒一个装睡的人，除非是他自己愿意醒来。”

而如何去缔造出如此环境呢？或许对于当下的中国来说，比起和谐更重要的是允许言论在真正意义上的自由，允许在合理范围内“异端”的出现，允许“人”真正存在。

人是怎么不见的，人就能怎样出现。若能像布莱克所说“一沙一世界”那样，那就是离我们真正所期待的世界一样美好了。

当然，并不是所有的“异端”都应该被允许，“异端”也是要在法律等规范的允许下才能被称为是好的“异端”，或许就如同韩寒。

我们现在感慨惊叹“人是怎么不见的”，我更期待有一天，我们会惊讶欣喜地发现，“人”，又出现了 。

题（3）写作提示：

我们先来看这两幅图：一个圆，一个星，两者各有特点，各有特长和不足，且相互之间具有相对性、互补性，彼此矛盾，又对立统一，在一定的条件下互相转化。两幅图中的“提示文字”之间相对应的句子构成了一组组矛盾：“我规范”与“我新颖”，“我稳定”与“我多变”，“我周长短、面积大”与“我周长长、面积小”。

因而，可以根据图中的提示语并从这两个抽象图形中提炼出其象征意味。“圆”可以是规范、稳定、周长短、面积大，还可以是规矩厚道、沉稳扎实、诚实朴素、淳朴本色、执着内敛、古典传统、明哲保身、墨守成规、圆润充实、凝聚力强、博大厚重、圆满完美……“星”可以是新颖、多变、周长长、面积小，还可以是张扬外露、富有个性、追求自由、锋芒毕露、热情奔放、活跃灵动、缤纷多彩、时尚现代、光怪陆离、投机善变、浮华虚夸、曲折艰辛……你对题目个性的解读只要符合题意，能自圆其说，便可让你的文章别开生面。

第九节　实践训练 8：正确认识事物的正反两面

1. 哲理例说：肯定与否定

古语有“人无远虑，必有近忧”，意在提醒人需有长远的思考与准备，未雨绸缪，防止忧愁之事侵扰。这体现了中国人的忧患意识，让人可以在有所准备的状态中从容面对生活里的种种变化。关于这一问题的思考，2014 年 2 月 28 日的《南方周末》刊有罗志田先生的《人多远虑，也有近忧》一文：

现在的大学生和研究生，按说其条件大多比以前的学生更好，却似乎都生活在重负之中，由郁闷而抑郁的，似不在少数。以前我常对学生引用“人无远虑，必有近忧”的古话，现在看来，或应改成“人多远虑，也有近忧”。

今天的学生似乎有着太多的远虑，从而带来无限的近忧，等于是预先“使用”了未来的烦恼。博士生就在为将来购买住房忧虑，那担忧随着房价的增长而日益加深。这样提前使用烦恼，不仅没了当下的快活，连博士论文也无心深究了。不过，有位年轻朋友告诉我，读博士才为购买住房忧虑，已是展缓了人生计划的责任，那些本没打算读研究生的人，在本科毕业前就已在考虑相关的问题了。

闻此言让我感动，都说现在的年轻人生活随意，真不知道他们对自己这么有责任感！同时也有些不寒而栗，盖若要在今日青年向往的“京沪广深”生活，还以自有住房为生存的基本要求，恐怕真会始而发愤，继而失望，进而怨望，终乃至于绝望！我不敢引“无恒产而有恒心者，惟士为能”来鼓励年轻人，除了提出掩耳不闻铃的建议，还真不知有什么可说。

清儒戴震曾说，“时之相去，殆无异地之相远”。对历史研究者而言，异时代的人和事，与不同空间的人事相类，都属“非我”一类。则不论往昔还是未来，都可视为“他人的”。若以观时而观空，则似此预先“使用”未来的烦恼，颇类杞人之忧天，不啻替他人担忧。

晚清朝野讨论改革之时，有一句常见的话，就是重视“外人之观听”。当年袁世凯等六疆臣要求立停科举的奏折，便明言可借此取信于外人，改变其对中国的观听，以换得外人之“推诚相与”。宗室载泽主张立宪，也说中国“一旦改行宪政，则鄙我者转而敬我”。报纸犹更直白，谓朝廷之所以改革，就是要“泯外人之藐视”。从那时起，眼光向外就成了一个重要的倾向，往往影响到国家的决策。

再以后，这一倾向由群体而个人，逐渐成为很多人的行为准则。今人似太受他人影响，有时甚至到了为他人活着的地步。生活中吃饭穿衣，往往吃他人所吃，穿他人所穿；甚至装修房屋，也把大量的钱花在给他人看而不是自己享受的部分。

现在的年轻人多为独生子女，颇有人慨叹他们生活在自己的世界中，较少为他人考虑。这大概也不错。然而我又感觉到另外的一面，或因其责任感甚强，现在很多年轻人其实颇为他人考虑。那些身上肩负着各种各样家人甚或未来家属的重托者，便是在预为他人考虑。

还有很多人，从小读书就习惯了看重他人观听。每逢考试，先想着考试成绩会得到的各方（如老师、家长、同学）“评价”，结果逢考便先紧张，反而考不好。这样的压力衍成习惯后，入大学写论文，也常先想着他人如何“评价”；无意之中，或已忘了论文自身的要求。结果是论文写不好，又增添新的烦恼。

我们虽常说“功夫在诗外”，其实学问首要专心。孔子说过，“用志不纷，乃凝于神”。武林中练内功，也先要心无旁骛，然后可以气沉丹田。若一天到晚东想西想，气不往丹田去，功自然练不成。治学者也须使自心凝敛于学问本身，才能把学问做好。

> 古之学者为己，故孟子强调“慎独”；今之学者为人，或不能不提倡“慎众”。人不能总为他人活着，有时还需要“多自珍重”——有自己的向往，过自己想过的生活。据说曼德拉曾提醒，“别让他人成为自己的牢笼”。这一箴言，值得珍重。同样，人也不能总是预为将来的责任活着，就是想要“崛起”，也还须先过眼前一关。所以我要对学生说：且丢掉烦恼，准备论文。

作者以前也以“人无远虑，必有近忧”来提醒学生有计划地处事，这是对“人之远虑”的肯定。但是接着作者又说，当今大学生有了太多的远虑，滋生了无数的近忧，又对“人多远虑”进行否定。作者认为，大学生在求学阶段“远虑”房子、生活等物质条件时，似乎对未来生活充满责任，但却对“当下”的论文、学业忽略了。此之“远虑”，只是对“外人之观听”、他人之“评价”的重视，最终会让人“失去自我”。从“否定”的角度，作者对“人多远虑”进行了创新地解读。文章涉及了辩证思维的一对重要范畴：肯定与否定。

从哲学上讲，肯定是事物中维持其存在的方面，促使事物处于量变、相对静止、平衡、稳定状态。否定是事物中促使其灭亡的方面，也就是破坏事物的稳定和平衡，使事物从量变过渡到质变。比如“让人早准备、更从容”是“人之远虑”值得肯定的方面，但“所虑之事过多、过杂而让人忽视当下”又是“人之远虑”的否定方面。遗传是生物物种的肯定方面，它促使物种的性状保持不变；变异是生物物种的否定方面，它促使物种旧的性状的灭亡和新性状的出现。

还应注意的是，肯定和否定是对立统一的关系。其对立性表现在：肯定方面力图保持事物的存在，维持质的相对稳定性；否定方面破坏事物的存在，力图使它转化为他物。统一性表现在：首先，它们在同对方的区别、相互关联中获得自身的规定性，并以对方的存在作为自身存在的前提。任何事物在肯定自身存在的同时，都包含否定、毁灭自己的因素。

其次，它们在一定条件下可以相互转化。事物自身的肯定和否定两个方面，由于内在的矛盾而彼此进行着斗争，当肯定的方面处于矛盾的主导地位时，事物保持其原来的性质和存在；当否定的方面在一定条件下取得支配地位时，事物就超越自身，转化为自身的对立面，一事物就变为他事物，新事物是对旧事物否定的标志。

其三，否定不是对事物的简单抛弃，不是纯粹的绝对的否定，而是在肯定事物积极因素的基础上对事物消极因素的否定；并且否定本身不是目的，其目的是为了肯定。事物的发展会大致经历肯定、否定、否定之否定（肯定）的过程，由此而呈现出螺旋上升的发展态势。如此来说，肯定和否定又和前面所说的联系与发展这一范畴密切相关了。

2. 写作要领：肯定、否定与肯定基础上的补充

在议论文写作的过程中，分析问题时，既不要不加分析地肯定一切，也不要随意地否定一切。对于肯定的一面，要分析事物自身的肯定性因素，辨析其存在的价值。对于否定的一面，要坚持辩证的否定观，分析其否定性因素，并在吸纳其肯定性方面的积极因素的基础上否定、发展。

尤其值得一提的是，在作文审题立意的过程中，可以运用“肯定与否定”的辩证思维来多角度思考辨析，从而确立最佳立意。多年负责上海高考作文阅卷工作的周宏老师强调：“2009 年开始，上海的高考作文题又回归到材料作文。但这种回归不是倒退，而是扭转话题作文弊端，摒弃材料作文死板的‘新材料作文’（作者按：这也是最近几年全国高考作文的主流题型）。和传统的材料作文相比，其相同之处是立意要围绕材料的内容，要明确交代观点与材料的关系，行文要有对材料的引用或分析（但不要大段甚至全部照抄材料），不同之处则是对材料内涵可以肯定，可以否定，也可以在肯定的基础上予以补充。”① 由此看来，“可以肯定，可以否定，也可以在

① 周宏：《材料作文，勿因审题而满盘皆输》，《文汇报》，2010 年 12 月 24 日。

肯定的基础上予以补充”对于我们材料作文甚至是命题作文的审题立意提供了思考的角度。

一是可以肯定。

对于材料或题目中的观点或倾向，肯定并从中生发出有意义的结论，进而证明这一结论，这是最为常规而稳妥之举。如以下作文材料：

布克利被称为“世界最差拳击手”。在过去的五年里，他未赢过一场比赛，甚至创下了连输88场的“世界记录”。但他屡败屡战，平时在体育馆刻苦训练，一旦接到比赛邀请，又会毫不犹豫地投入战斗。

布克利的目标是打满300场。在即将迎来职业生涯的最后一场比赛时，他开心地告诉记者：“当我年轻时，我是一个爱惹麻烦的野孩子，是拳击让我的生活有了奋斗目标。”在他看来，胜负早已变得无足轻重，最重要的，莫过于尽情享受拼搏的快感。

分析材料，可知“屡败屡战”“刻苦训练”“毫不犹豫地投入战斗”“尽情享受拼搏的快感”为关键词，由此推之，材料的核心意思是“坚持”“追求过程”等，从肯定的角度出发，可以得出以下立意：

（1）坚持就是一种成功；

（2）平凡，默默付出就是一种成功；

（3）胜负只是快乐的附丽，坚持与拼搏才是快乐的源泉；

（4）失败不是悲剧，放弃才是（从社会学角度来看，社会的进步往往需要布克利这样的失败者）；

（5）伟大的失败与渺小的成功；

（6）风景永远在路上（享受的过程最美，进而思考：成为拳王、将军就是成功？考上清华、北大等重点大学就是成功？战胜别人就是成功？）。

当然，从肯定角度立意也有高低深浅之别，如以上（1）（2）（3）立意较为平淡，说理容易陷入空洞和俗套，（4）（5）（6）更有思考力，更易学出现实义、当下义。

二是可以否定。

发现事物的否定性方面，不因循守旧，大胆而有理有据地否定，提出创新的想法，调动自己的独立思考，能写出独到的文章，此之谓“否定出新”。这在审题上尤其重要。

还是以上面所给材料为例来说。材料中有“是拳击让我的生活有了奋斗目标”一语，从这句话来整体看材料，布克利虽然有奋斗目标，但似乎没有具体目标（300场也只是个不具任何价值的数字），没有高远目标，也就不可能赢得一场比赛的胜利。因而布克利的奋斗实为假奋斗，布的坚持实为伪坚持，目标也只能是无效目标。这样，文章可以结合现实来辨析真假坚持、真假目标和真假奋斗等，展现思考问题的深广度。

再如以下材料：

盼望

艾青

一个海员说，
他喜欢的是起锚时所激起的
那一片洁白的浪花……

一个海员说，
最使他高兴的是抛锚时所发出的
那一阵铁链的喧哗……

一个盼望出发，
一个盼望到达。

这首诗的核心应该在最后一节的两个词语："盼望出发"与"盼望到达"。两个词语表达了两种不同的心理、愿望和人生观。盼望出发是一种享受追寻目标的过程，并从追寻过程中体验人生；盼望到达则更多的是关注实现目标到达彼岸的快乐。

根据这一核心，如果从肯定的角度我们可以确定"人生需要出发与到达""若曾出发，应盼到达"等立意，如果从否定的角度，则可以引申出"将盼望将进口袋（生活又何止是出发与到达，脚下的当下才是生命的风华）""始之美（窃以为，出发比到达更接近生命的本质）"等。

三是可以在肯定的基础上作补充。

有的时候单一的肯定或单一的否定都有可能带来片面看问题的结果，这时候，我们可以在肯定的基础上作补充，使立意体现辩证的思想。如以上"盼望"材料的立意，可以是"到达，是为了出发""到达，亦是出发""人生的终点永远只是明天""没有绝对的始与归""美的东西永远在追求的路上"等。

再如以下材料：

瑞典男孩莫尔8岁生日那天，学校允许他在班上分发自己"生日派对"的邀请函。有两个同学没有发到。校方认为，莫尔这样做有歧视同学之嫌，于是以维护同学权益为由，没收了他发出的全部邀请函。莫尔的父亲则认为，孩子有权利选择向谁发出邀请，学校无权干涉；况且那两个同学：一个过去也没有邀请莫尔参加自己的生日派对，另一个则经常欺负莫尔。

审读材料，可以分两层，第一层是讲学校教育，第二层是讲家庭教育。学校教育注重人格的培养，强调我们必须关注他人尊重他人，家庭教育则偏向于个人权利，强调个人权益高于一切。如果单从肯定学校教育、否定家庭教育，或肯定家庭教育、否定学校教育的角度来立意，都有失偏颇，这里，宜将两者融合，在肯定学校教育注重人格培养的基础上融入适当的权利教育，这样，人方能完整地成长，形成健全的人格。

以上说的是在审题立意过程中的肯定与否定，在行文分析中，思考也应体现出全面辩证。一篇议论文，总会在行文中从几个角度肯定自己的观点，而在文章结尾也会经常从肯定或否定的角度作一分为二的补充说明，使文章能更辩证。

我们在运用“肯定与否定”的哲学观点进行思考和写作的时候，要注意不可一味求新求怪，为否定而否定；要选择自己最有话可说、有理可讲的角度展开；在结构安排上不宜肯定、否定各“半壁江山”，否则容易使论述流于肤浅与表层而缺乏深度，从而削弱论证的力量。

3. 实践训练

（1）考试失败，老师鼓励：还有下一次；事业不成功，朋友安慰：还有下一次；比赛没夺冠，教练激励：还有下一次；遭受挫折，我们也会原谅自己，或给自己一个借口：还有下一次……

请以《还有下一次》为题，写一篇不少于 800 字的议论文。

（2）阅读以下三句乔布斯的名言，自选角度，自定立意，写一篇不少于 800 字的议论文。

① 你想用卖糖水来度过余生，还是想要一个机会来改变世界？

② 成就一番伟业的唯一途径就是热爱自己的事业。

③ 你的时间有限，不要浪费于重复别人的生活。不要让别人的观点淹没了你内心的声音。

（3）从下列题目中任选一个，写一篇不少于 800 字的文章。

① 语文，心中的一泓清泉

② 语文，想说爱你不容易

附【点拨指导及学生习作】

题（1）学生习作：

还有下一次

上海市崇明中学　秦佳轶

生命不息，奋斗不止。在人生这一场万人马拉松中，有着无尽的“下一次”的可能。荣耀加身的时候，并不意味着下一次你必定领先；因挫折而短暂迷落，并不意味着你会永远落后。告诉自己还有下一次，它是一种追求人生各种可能性的探索精神，也是肯定自我价值善于调整的攀登的智慧。

一个长相平凡的山东男人，在演艺圈里摸爬滚打数十载而毫无名气，衰败的前途甚至让他的生活无以为继，吃垃圾桶里的残羹剩饭，睡在北京的天桥下，过着比蚁族更无尊严更不体面的生活。但他坚持跑龙套，拍一场戏走几十遍山路磨破好几双鞋子，他都以山东汉子的坚持守着“下一次”的可能。他是黄渤，原本他打算接受自己潦倒的一生，但在这一场追逐“下一次”的珍贵却天真梦想的时候，他意外地收到了上帝的“红苹果”。

“任何人都希望梦想照进现实，但事实往往是现实摧毁理想”，但是往往有一些执着的人，在清冷处，仰望着“下一次”孤星般黯淡又明亮的光芒，抱定必败的信念，成为属于自己的人，拥有自己生命的自由。而上帝也赐予他们红苹果，因为成功永远青睐相信“下一次”的人。

因此，面对荒凉逼仄的外部世界，最令人恐惧的不是生活道路的狭窄，而是内心的卑微和迟疑。告诉自己，还有下一次，就是给自己以勇气重新面对这个充满挑战和可能的世界。贺拉斯说：“自由不在远离人世的海角天涯。”是的，敢于追求梦想不卑不亢的人，他们的自由便在自己的手中，他们的内心因为仰望星空、相信“下一次”而更有力量。

然而我们也需提醒自己，下一次不是自欺欺人的借口，把今日的任务留给明天会让“下一次”成为愚人的把戏。这种鼓励性质的转移并不能真正使内心安宁，而是做无能又滑稽的阿Q。“勤劳一日可得一日安眠，勤劳一生可得永世长眠”，这才是“下一次”的意义，真正的归属。

林语堂把人生比作航行，在某一个时间上船，也必然要在某一处上岸。然而船上的暗夜里，因为有了“下一次”的星光，生命才能整个儿尽情地舞蹈。

题（2）写作提示：

乔布斯三句话角度不一：第①句侧重于谈人生的目标理想，主张人要志存高远；第②句说的是人生态度，人要热爱自己的事业；第③句话强调的是人生行动，要有开拓创新精神。从肯定的角度来立意，关键是要用一个点来统一这三句话，如下面所举第一篇例文《此三心，彼三心》。如果从否定角度来立意，还可以细分，既可以部分否定（如“热爱是成就伟业的唯一途径？多少热爱的种子最后都没有发芽！”“重复别人有何不可？任何创新都从重复开始。”），也可以整体否定（三句话宣扬的仅是成功之学，而非成功之道，会给人误导，特别是对好高骛远的中国年轻人的误导）。下面的第二篇例文即是否定写法。

题（2）学生习作1：

此三心，彼三心

上海市崇明中学　陈　曦

小米公司又推出平板电脑了，营销手段依旧是“三板斧”：饥饿营销，亲民价和国产。但意外的是这回市场反应平平。小米失手的同时，苹果公司却长盛不衰，乔布斯虽离开了却仍有人铭记，在大家记着乔布斯的同时，却也不免怅然发问：中国的乔布斯在哪儿呢？

恕我愚见，中国要有乔布斯式的人物，首先要在青年人中间戒除这三心：不愿去梦的懒惰心、不肯苦干的浮躁心和不能自主的依赖心。有此论调完全是因为乔布斯自己就提出过三条名言：去改变世界——即有气吞山河的野心，去热爱自己的职业——有白手起家的决心，去相信自己的内心——有独立自主的坚心。有彼三心，何者不能破之？何者不能为之？

懒惰心使人目光短浅而野心则使人高瞻远瞩。小米的滑铁卢其实早有征兆，一个从起初就瞄准低端市场的商家吝于投资在创新上，这一核心竞争力的缺乏使其无法长久红火。而同样的二十世纪七八十年代却有一批目标高远的青年——上海美术制片厂的动画导演们。用他们其中一位的话讲："要做就做世界最好的片子！"能力姑且不论，正是在这种豪言壮语的激励下才有了《九色鹿》等艺术品的诞生。反倒是当今着眼于"房子""票子"的青年人，怕应羞见，刘郎才气。

而之后对于目标的完成上，浮躁心使人不肯埋头，决心却使人义无反顾。李嘉诚下商海时不是从CEO而是从底层做起，当今大学生却屡屡又有"恃才傲物"以致高不成低不就的尴尬就业情况。试问当下有谁真正有李嘉诚乔布斯那样的过人天赋？无天赋不要紧，无天赋又有浮躁心却是大忌。

最后在人生的过程中，以一俗语言之，许多青年人"耳根软"而无坚定相信自己的决心。马云创办阿里巴巴时受过多少讽刺，而他又是如何凭着一股倔劲坚持成为青年的榜样的；他不是如当今大学招生，听闻金融热门便扎堆报考金融。马克思在《青年在选择职业时的考虑》中也提及：跟从你内心的选择，并且要排除虚假热情的干扰。难，却也必须达成。

此三心，之所以需得去除才能有"中国的乔布斯"，是因其阻碍了青年人拥有他们该有的蓬勃的激情与创新能力。彼三心，呼唤的正是这样的青年去构建一个充满朝气的社会。除了青年人自身当努力让自己不成为此三心作用下的庸碌个体之外，社会各界也不该袖手旁观，应营造出一个宽容多元，而不是肆意嘲笑有志青年的环境。

若能为之，相信有一日"彼三心"不再只是乔布斯口中的名言，而能成为新的"此三心"。

题（2）学生习作2：

我想和这个世界平起平坐

上海市崇明中学　郁沛瑶

“你想用卖糖水来度过余生，还是想要一个机会来改变世界？”对于正值人生选择之际的青年来说，这似乎是个半激励半挑衅的问句，其中富含的片面嘲笑和看似强烈的对比不由让人一颤。然而，“卖糖水”与“改变世界”到底有何本质上的不同？或者说，这样“乍以为”的不同是否切实存在？不一定。

既然“成就一番伟业的唯一途径就是热爱自己的事业”，那么“改变世界”也并不一定是要令人瞻仰的；同样，“卖糖水”更并不见得是多么卑微的一件事。为了一时之名而嚷嚷着要“改变”的不乏其人，而靠着卖哨子成了富翁的也确实存在。有时，只是像“卖糖水还是改变世界”这样的浮云太多，遮住了一双双本可以望得更远的眼。“你的时间有限，不要浪费于重复别人的生活，不要让别人的观点淹没了你内心的声音。”从乔布斯口中说出这句话正是再好不过，他站在一个伟人的立场，去教会那些只追逐浮云却从不思考的人“平视”的重要。

很多时候，我们没有意识到自己所追逐的别人口中的“伟大”并不是属于自己的“伟大”，而是想当然地以为，改变世界是处于腾云驾雾的高位的，而卖糖水简直“低到尘埃里去”，这是一种被乱世熏陶缺少自信与“清明气”的典型表现。当你灰头土脸地拼命追逐一个“伟大”的高位，或者奋力去抓一根叫做“平均”的稻草，那种卑贱的渴望已让你失去了与世界平起平坐的机会。一个不懂得热爱自己真正热爱的东西的人，一个永远只眼馋于他人伟业的人，是最自卑，最浑浊，也最低下的人。

清明在躬，志气如神。通常，为了声名物质挤破了头的人是缺少了一股“清明气”的。无有清明，心光无法照亮本真，本真无法引出最爱，最爱无法赋予你平起平坐的资格。而这清明的缺失，大抵是自卑的结果。因为自卑，而被蒙住了赏识自己所爱的眼，而盲从，而丧失平静与清明，而更自卑。作为无神论者，并不是没有信仰。我们的信仰便应是自身最完美无缺的存在。若我处于所谓“高处”，我也仅是我一人的造物主，决不认为自己高人一头；若我是一个平凡的卖糖水人，世界也并无理由对我斜视，因为强大的自信与清明气告知我：作为人，作为能活出自己想要的生活的人，是足以与天比高的。

“这是一个最好的时代，这是一个最坏的时代。”这里聪明与愚蠢交织，光明与黑暗缠绕。这里有的人富可敌国，有的人家徒四壁；有的人直升天堂，有的人直下地狱……这一切的不同，从主观而言，皆源于给自己或他人的定位不同。若还能坚守思想，不为外物左右，不跟风不麻木，并将自己当做信仰，那么你就是神，没有理由不与世界平起平坐。

给自己足够的热爱与信仰、自信与清明，不张望，不睥睨，我想你就可以和这个世界平起平坐！

题（3）写作提示：

有人对语文情有独钟，情感上是肯定的，也有人会是在学习过程中障碍重重，学得比较吃力，情感上是否定的，也有人情感复杂，心中既觉得语文带来了很多乐趣、思想，但语文学习又比较吃力。无论是哪种，要调动自己的感触，扪心自问，明确心中对接触多年的语文现在到底是什么感情，同时更要上升至理性思考，从情感上肯定语文的主要原因是什么？从情感上难以走进语文的原因又是什么？如果肯定之中含有否定，或者是否定之中含有肯定，哪一方面是主要的，肯定与否定看似矛盾的情感，同时得以存在的原因也要辩证分析清楚。

第十节　实践训练 9：遵循必然规律思考问题探求本质

1. 哲理例说：必然与偶然

“有意栽花花不发，无心插柳柳成荫”说的是有些事情努力追求却没办法达到目的，而有些事情并没有刻意去做，却很好地完成了，说明生活中存在着很多偶然性的因素，影响着事物的进程和发展。但李宗贤先生却另辟蹊径，写了一篇《无心插柳》的独特文章：

这世上，一些人“有意栽花花不发”，一些人“无心插柳柳成荫”。这“栽花”和“插柳”当然是指做事。一般情形下，有意栽花花不发和无心插柳柳成荫的情形总都是属于小概率事件。但这样的小概率事件人们还是会普遍感觉到和经历到。有人做事目标清晰，追求刻意，心性坚执，事偏不济；有人做事意图漫漶，期需无何，欲念散淡，事竟大成。这有意无心之间、不济大成之间确然存在着令人无可奈何的偶然因素。坊间拿这对比强烈的联句说事，交流一份典型的无奈和揶揄之外，倒也提醒人们，除开主观能动性，还有一种叫做缘分的东西在拿捏着人们，决定着事立事溃，常让人面对匪夷所思的结局。

上述题中之趣是这副对联的一般意义，我无意再添聒噪。这里我想在另一个层面上说说“无心插柳”这种做事的状态。我很愿意把“无心插柳”看高为一种很积极的做事境界。这个境界中的“无心”，不是无所用心，而是去功利心，只问耕耘不问收获。人们做事总难以超然于功利，所以去功利心的“无心插柳”便自成境界。登临此境就意味着屏蔽了凡夫俗子丢不开忘不了的功利，成为一个纯粹的人。当然，功利也不能一概而论。以社会公众利益为功利目标无疑高尚可嘉，而以一己名利之得为功利目标则不免狭隘可叹。诚然，即使狭隘可叹，人家合规合法地做，倒也无可厚非。我所指摘的是这样一种人，他们竟然为了名利之欲而使尽弄虚作假、沽名钓誉的招数，尽显其卑琐心态。这一种人和“无心插柳”的做事境界很是南辕北辙，人所不齿。

文艺圈内常有听说被名利之欲熏坏了的人儿。看来文艺圈没办法和名利场绝缘。名利名利，利随其后，名在当前，名声一起，迅即赢得拥趸无数。唱个歌跳个舞画个画写个书，常能不由自主弄出大动静，一举成名天下闻，举手投足便会具有不同凡响的效果，利或许也就不期可得。这是不少人乐于信奉的名利逻辑。这个逻辑招引得原本唱不了歌跳不了舞画不了画写不了书的徒众，也来此道上想混出个模样混得个进身，即使混不到黄金屋颜如玉千钟粟，也多少混出个动静。混个文化人、文艺人的光环在身，赚得人间万姓仰头望，再不济，赚个平视的注目礼也好啊。此等名利之徒，不惜裸奔追逐，遮羞都不顾了。抄袭或拼凑别人的文字，把原作者名字抠出，填上自己的名讳，移花接木堂而皇之投稿发表，这风险成本几乎为零的勾当是欺世盗名者的最爱。

名利当前，便有追名逐利之众如飞蛾投火代代不息。文史学家李洁非著文提到过，20世纪50年代不少青年耽于文学梦，成名心切而铤走捷径，抄袭现象普遍而严重。十年前吧，我听说一个小伙，坐实了抄袭之控，却似乎无所谓舆论的谴责和警醒，面对经济赔偿和登报道歉的裁决，竟豪言壮语掷地有声：赔钱可以，道歉休想！这听起来很有“杀头可以，跪地不行”的英雄气概。一个码字为业者，如此这般面目，令我辈只有无语浩叹。去年我更是听得友人说起他所在地区的一件新鲜出炉的抄袭案。案主年近耳顺却邀名心切，闷声勃发少年狂，找来别人的两篇文章潇洒拼接成5000字篇幅，用移动主谓宾位置和同义词替换的方式改变了题目，署上自己的大名便发送给当地报的“大讲坛”版面整版发表，蔚为壮观。宵小形迹败露后此公并无戚戚之态羞愧之意，竟仍能持重如故、一身正气，好像做下无耻之事的不是他，而是别人。

一己名利的功利心扭曲了人的灵魂，使之变得丑陋甚至邪恶。人类社会事是要做的，文章也可以写的。写出好文章也是给社会做了贡献，但千万不要欺世盗名，做下那等苟且之事。还是要有些无心插柳的境界，去除功利心这个魔障，把人从名利的笼罩中解放出来，人才能成为纯粹的人，才不致为了发表文章署个名，做出声名狼藉之事。文章不会写或写不好，那只是能力问题；一弄虚作假搞抄袭，那就是人品问题。

（选自 2016 年 1 月 1 日《解放日报》）

文章撇开了“有意栽花花不发，无心插柳柳成荫”所包含的偶然因素，而从两句话所包含的做事的态度来阐发，认为“无心”“不是无所用心，而是去功利心，只问耕耘不问收获”，也即从“柳成荫”的偶然结果当中悟出了“去功利地耕耘”这一必然性道理。

必然性和偶然性是唯物辩证法里的重要范畴。必然性和偶然性是事物联系和发展中两种不同的趋势。必然性是指事物联系和发展中一定要发生的、不可避免的趋势，必然性与本质和规律是同等程度的概念。偶然性是指事物联系和发展中不确定的趋势，偶然的东西可以出现，也可以不出现。

必然性和偶然性的关系是对立统一的关系。一方面，必然性和偶然性是对立的，必然性源于事物内部的根本矛盾，而偶然性的产生主要是由事物的非根本矛盾或外部条件引起的；必然性在事物发展过程中居于支配地位，决定着事物发展变化的方向，而偶然性则在事物发展过程中居于从属地位，只能对事物的发展过程起加速或延缓的作用。冬天来了，春天还会远吗？雪莱的诗句里包含了季节更替的必然。如果今年的春天和冬天一样冷，那就是偶然，因为春天总是气候变暖的季节。有心栽花花不发，不必忧愁，那只是偶然，你只要再栽一次；无心插柳柳成荫，不必欢喜，那是必然，因为柳树本身耐旱、生命力强。

另一方面，必然性和偶然性又是统一的。第一，必然性总是通过大量的偶然性表现出来，没有脱离偶然性的纯粹必然性。第二，偶然性是必然性的表现形式和必要补充，偶然性背后隐藏着必然性并受其支配，没有脱离必然性的纯粹偶然性。《项链》中女主人公玛蒂尔德葬送了十年的青春，看似缘于一次偶然不慎弄丢项链，实际上却缘于她的虚荣心，缘于她对享乐奢侈的追求，这是主人公性格的必然。第三，必然性和偶然性在一定的条件下可以互相转化。林冲在山神庙里避风雪时听到了陆虞候他们的谈话，这是必然中的偶然，但这次偶然也成为林冲一生性格的重要转折点，由逆来顺受到奋起反抗，偶然转化为必然了。

必然与偶然又和现象与本质、量变与质变、原因与结果等辩证思维范畴密切相关。从某种意义上说，现象是偶然的，本质是必然的；结果是偶然的，但其中的有产生结果的必然原因；质变的出现从现象看是偶然的，从本质上看是长期量变的必然结果。

2. **写作要领：区分偶然必然，探寻转化关系**

对于包含“必然与偶然”哲学思想的作文，我们一定要区分题目或材料中的偶然与必然，并透过现象认清事物的本质；同时，要分析偶然现象背后的成因，并探寻两者相互转化的条件。

一要区分偶然必然，看清事物本质。

对于现象、事件类材料作文的写作，我们可以运用必然与偶然的方法分析偶然性现象背后隐藏着必然性的规律。

2010 年福建卷高考作文题材料讲的是《格林童话》诞生的经过，由两段话组成。前一段讲述格林兄弟试图考查探究民间故事与人类发展历史之间的联系而徒劳无果的故事；后一段讲述他们的一个朋友偶然发现了这部被搁置一旁的故事笔记并将之结集出版，从而诞生了童话经典名著《格林童话》的经过。审读这则材料会发现，《格林童话》的出版是偶然，但偶然背后却存在着必然——格林兄弟的满心努力和意志。福建省当年高考满分作文《偶然？必然！》的结尾这样写道：

众只云梵高成功是偶然，却不见那个终日于阿尔小镇拥抱阳光并付出身心的青年；众只知体操王子童非成功是偶遇名师指点，却不知年少时的他在老师门前为求一见而不停地翻跟斗；众只道周杰伦偶然被人提携而渐成为华语天王，却忘记当年的他日夜写歌，将梦积累成厚厚一叠歌词卷……

总有一种成功被误读成“偶然”，然而其背后总氤氲着“必然”的辛酸！

没有一种成功只倚仗着“偶然”，通向它的路上一定有“必然”的血汗！

没有一种成功只青睐着“偶然”，成功往往铺垫着一块又一块努力的金砖！

偶然的成功！

请用必然的意志绘就！

很明显，文章抓住了“必然与偶然”这一材料的核心，并认清了“偶然的成功”背后的“必然的意志”，既准确又深刻。

二要分析偶然原因，探寻转化关系。

对于所有看似偶然出现的现象，寻根究底，追根溯源，都能找到其背后隐藏的客观和主观原因。在分析原因时，要具体而微地分清哪些是主要原因，哪些是次要原因；哪些是客观因素，哪些是主观原因。

还是以上面的作文材料为例。《格林童话》诞生的原因在哪里？从材料来看，有格林兄弟的设想加上他们收集整理的主要原因，也有朋友偶然发现联系出版社将其印发的重要原因。这两个因素缺一不可，所以如果要全面理解材料，我们可以得出结论，《格林童话》的诞生既需要格林兄弟的不懈整理的必然条件，又需要友人的赏识帮助这一偶然因素。写作时如果能够从主观到客观层层剖析《格林童话》诞生的原因，并探寻两者的关系，也是能形成深刻立意的好文章。

必然与偶然有时候也呈现出较为复杂的关系，我们除了要善于分析偶然事件背后的必然本质和产生的原因，还要探寻两者之间相互转化的关系：必然会转化为偶然，偶然也会转化为必然。例如以下材料作文题：

> 古人说：“塞翁失马，焉知非福。”
>
> 清代诗人袁枚：“出人意外者，仍须在人意中。”
>
> 英国作家塞缪尔·约翰逊：“人生道路上不时散发出芳香的花朵，也是从偶然落下的种子自然生长起来的。”

这是一道名言类材料作文题，由三句既相互独立又有一定联系的名言组成。第一句话是我们熟悉的成语故事。“塞翁失马”本是一则寓言故事，它告诉我们世事多变，在一定条件下，坏事可以变成好事，好事也可以变成坏事，所以，无论在什么情况，我们都要善于用冷静的头脑、辩证的眼光看待问题。必须强调的是，福与祸的转化需要一定的条件，不能误解成福与祸的转化是必然的。第二句话告诉我们，生活中总有一些事情让我们感到意外，但仔细思考，就会发现每一次意外都能够找到其发生的必然原因，再意外的事，其发生也是合乎一定情理的，所以我们要见微知著，透过现象看到本质。第三句话的意思是，生活中我们可能会遇到很多的意外惊喜，尽管它们看似偶然，但背后与其他事物总有着千丝万缕的联系。这无疑告诉我们，要善于把握机遇，让意外之花散发芬芳，并成为我们生活与事业成功的转机。

三句话都在围绕着“生活中该如何面对意外（偶然）之事”这一主题，对此，不妨从以下角度立意：

> 要正确对待人生之路上的“意外”，再意外的事也是合乎一定情理的；
>
> 寻找必然与意外（偶然）的事件，并探讨其中的辩证关系；
>
> 及时把握“意外”带来的机遇与挑战，让“意外”成为我们生活与事业成功的转机。

3. 实践训练

（1）仔细体悟以下文字，自拟题目，运用“必然与偶然”的辩证思维，写一篇不少于800字的议论文。

拼命想时想不到，不想时答案却走了出来，那是常有的事。但我们可以肯定的是：在不经意中走出来的答案，一定是以前想过的老问题。所以说，以前想得越深，得来全不费功夫的机会就越大。

（2）阅读下面的材料，自拟题目，写一篇不少于800字的文章。

天下没有偶然，偶然不过是化了妆的、戴了面具的必然。——钱锺书

（3）根据以下材料，选取一个角度，自拟题目，写一篇不少于800字的议论文。

南京大学在校庆前夕将移植牛顿故乡林肯郡的苹果树枝。校庆办说，届时，“砸中牛顿的苹果也将有可能砸中南大学生”。

引进牛顿的苹果枝，并非该大学首创。天津大学校长就曾剪下“牛顿苹果树”的枝条带回校园；李嘉诚转赠的“牛顿苹果树”枝条也已落户汕头大学。

附【点拨指导及学生习作】

题（1）学生习作：

深入与浅出

上海市崇明中学　倪紫瑶

思想是人类文明最神秘而不可或缺的存在，笛卡尔说“我思故我在”，也说明了思想之于人类的重要性。而灵感亦是一种奇妙的闪光，其重要意义可以说与思想等价。思想深处能迸发出灵感的恍然大悟，灵感又将指引思想走向更深处，如此循环往复，两者构成了深入与浅出的关系。

日常生活中有这样一种现象：拼命想时想不到，不想时答案却走了出来。这恰恰就是“深入浅出”的过程。

如果没有长时间推论和演算的过程，阿基米德又如何在洗澡时意外得出浮力的计算方法？如果没有早已熟记在心的版块形状和地形地貌，魏格纳又如何在察看世界地图时无意发现非洲板块与南美洲版块的完美契合？

其实从某种意义上来说，他们不是在“不想”时发现了真理，而是“拼命想”的状态已经转化成了“不断想”的习惯，思想未曾停止，它不过是在等待一个合适的瞬间迎接那灵光一现——这才是真正的深入浅出。

纵观人类历史，思想的力量跨越百年时空仍能对社会文明产生巨大作用。15世纪欧洲的文艺复兴提出“人文主义”的理念，冲击了封建教会的地位，其历史的波澜一直延伸至数百年后的英法两国启蒙运动，“天赋人权”思想推动着专制政治的解体，理性大旗指引着欧美国家相继完成资产阶级革命走向现代化。如果没有文艺复兴和启蒙运动思想的不断深入，何来工业化现代化的浅出？

负面的例子也不在少数。近代中国面对帝国主义的侵略进行了一系列救亡图存运动，以洋务派为例，“中体西用”的论调注定其改革只能停留于“器物之学”而无法触及最根本的“制度之学”，最终即便是科技进步也拯救不了思想的停滞。洋务运动终在甲午一战的硝烟中宣告破产。然而与之同时期的明治维新却引领日本走上现代化道路，其原因便是福泽谕吉说的那句话：“他们对现代文明视而不见，恋恋于古风旧习。”正是缺失了思想深入这一过程，洋务派领导的改革运动无法得到现代化这一“浅出”的结果。

那么如何达到深入浅出的境界，则是现代人应当思考的问题。正如赵汀阳提倡的“关注心中的困惑”，而雷颐也恰有一言与之呼应：“莫让心灵在黑暗中行走。”实际上，就是呼吁人们保持思考的状态——那既不是“拼命想”也不是“不想”，而是让思考成为日常生活同步的伴随状态，让它时刻保持活力，才不会错过灵感的闪现，也只有习惯了深入的思想，才能由瞬间的浅出而彻悟。正如启蒙运动之余波超越时空席卷中国而产生的共和革命思潮，马克思主义跨越亚欧洲际唤醒了无数无产阶级的斗志……

人类社会从未停止过进步和发展，因为每个时代每个民族都有人在思考，他们或有张横渠那样“为生民立命，为万世开太平”之信念，或有拉马丁那样“人凭借思考而能变成神”的信仰，总之，思想从未停止。周国平说“思想危机最严重的形态是信仰危机”，今天的我们在一次又一次科技革命的浪潮中，在不断用高科技征服高空与深海、猛兽与珍禽的时候，是否仍然在思考？

不论答案是什么，请别停止思想，记得：深入，浅出。

题（2）学生习作：

必然成就偶然

某考生

“这天下就没有偶然，偶然是化了妆、戴了面具的必然。”钱老的一席话不知打破了多少侥幸者的清梦。我们往往把偶然当作实现人生飞跃的节点，却没有看到偶然的本质是必然的结果。决定人生成败的并非命运之棋无常的落子，而是我们内在的品质与长久的积累。

有些人相信冥冥之中真的有神明在主宰我们的命运，因为那些成败的节点大多来自于偶然——机遇的青睐、选择的岔口、突降的灾祸与幸运，它们仿佛具有太多的偶然性，不过是一个“恰好”，心跳的一瞬命运便随之改变。偶然是短暂的，人们在其前后的境遇截然不同，因此它常常会被冠以“决定因素”的谬名。

可正如质变的飞跃需要量变的长久积累，偶然的背后也并非空无一物。我们如何抓住机会，如何做出选择，如何应对突降的否泰，是由经验积累与性格品质决定的。可以说，偶然来自于必然，它需要必然的条件，是长久积累与内在品质导致的必然结果。

事实是，你的人生，并非偶然选择了你，而是你拥有了被偶然选中的品质。哥伦布发现美洲大陆绝非茫茫大海上的偶然一瞥，那两种文明的邂逅的背后，有着欧洲血脉里流淌的自由意识与冒险精神，有着日臻完善航海技术，有着在血汗中发展的造船业做基础和驱动力。当扎实的内在与条件成熟的外在相遇，两种必然相结合，宏大的新世界才在眼前徐徐展开——偶然非天降之物，它需要我们为自己打下必然成功的基础。

之所以说必然是“化了妆、戴了面具”，大抵是因为它在出现的一瞬我们往往难以见其真容。而必然所需的，则要求我们耐得住寂寞承得住苦难。J.K. 罗琳因火车上一段偶然的幻想而遇见灵感，助其《哈利波特》横空出世，征服全球。可在那魔棒一挥天旋星转的背后，是自幼就为故事痴迷成魔的罗琳十余年奇思妙想的积累，与她在穷困潦倒不被理解的困窘中对梦想的坚守——她的偶然成功是必然的结果。

反观当下，多少人怀着侥幸幻想着一夜暴富一夜成名。证券交易所里无数双饥渴的眼睛，走秀台前多少个做梦的少年——不具备必然的资质与坚忍意志的他们，也许永远也等不来偶然的幸运。“谋事在人，成事在天”，被多少人当作不走运的借口，可又有几人真正做到了尽己力去“谋”？唯有那些孜孜不倦地充实自己，创造有利条件，磨砺坚忍意志的人，才能为偶然的幸运打造必然的基础，实现生命的腾跃。

既然偶然成就于必然，那就让我们从必然做起，打造品质，积累能力，淬炼精神，从而走向必然的成功！

题（3）写作提示：

这个材料如果从正面角度行文，立意会略显单薄。从反面来写，可以运用必然与偶然的辩证关系来立意，比如：

① 机会永远留给有准备的人。砸中牛顿的苹果也许只是运气使然，人要取得成就，更多的是要依靠自己的能力。正所谓，“师傅领进门，修行靠个人”。

② 爱因斯坦说，天才在于99%的努力和1%的运气。如果一味地等待运气的眷顾，而不用心用脑去思考，那么再多的苹果枝在你身边，也无济于事。

③ 引申下去，机会对于每个人来说都是平等的。你的基础和对待事情的态度，才能决定你能不能创造更多更好的精神财富，能不能达到别人无法企及的高度。

第十一节　实践训练10：事物是内容与形式的辩证统一

1. 哲理例说：内容与形式

什么是美？这是历来哲学家和美学家争论的热点话题。英国哲学家弗朗西斯·培根在其哲理散文集《培根论人生》一书有《论美》一文，对“美”提出了通俗而不失深刻的看法：

美德好比宝石，它在朴素背景的衬托下反而更华丽。同样，一个打扮并不华贵却端庄严肃而有美德的人，是令人肃然起敬的。

美貌的人并不都有其他方面的才能。因为造物是吝啬的，他给了此就不再予彼。所以许多容颜俊秀的人却一无作为，他们过于追求外形美而放弃了内在美。但这话也不全对，因为奥古斯都、菲斯帕斯、腓力普王、爱德华四世、阿尔西巴底斯、伊斯梅尔等，都既是大丈夫，又是美男子。

仔细考究起来，形体之美要胜于颜色之美，而优雅行为之美又胜于形体之美。最高的美是画家所无法表现的，因为它是难于直观的。这是一种奇妙的美。曾经有两位画家——阿皮雷斯和丢勒滑稽地认为，可以按照几何比例，或者通过摄取不同人身上最美的特点，作画合成一张最完美的人像。其实像这样画出来的美人，恐怕只有画家本人喜欢。美是不能制订规范的，创造它的常常是机遇，而不是公式。有许多脸型，就它的部分看并不优美，但作为整体却非常动人。

有些老人显得很可爱，因为他们的作风优雅而美。拉丁谚语说过：“晚秋的秋色是最美好的。”而尽管有的年轻人具有美貌，却由于缺乏优美的修养而不配得到赞美。

美犹如盛夏的水果，是容易腐烂而难以保持的。世上有许多美人，他们有过放荡的青春，却迎受着愧悔的晚年。因此，把美的形貌与美的德行结合起来吧，只有这样，美才会放射出真正的光辉。

在《论美》一文中，作者举了大量的实例，充分论述了美的德行与美的形貌之间的辩证关系，并认为至上之美是由内在美和外在美结合而成的——“把美的形貌与美的德行结合起来吧，只有这样，美才会放射出真正的光辉。”作者对美的思辨，是基于“内容与形式”这一对哲学范畴的辩证关系而展开的，文章也成了论“美”的经典之作。

内容和形式是哲学里的一对重要概念，主要包含以下思想：

一是任何事物都是内容和形式的统一体，无一例外。肉体皮囊是我们人存在的形式，而精神才是我们人的本质内容。所以哲学家说，人最重要的是精神的安宁，而非肉体的享乐。生活中，我们许多人乐于改变自己的形式，或敷粉，或整容，或饰以名牌，结果“战士终究是战士，苍蝇毕竟是苍蝇”。对于文学作品而言，思想主题材料是内容，结构语言写法是形式，一篇好的文学作品必定是思想与语言、材料与手法的完美结合，是内容和形式的高度统一。总之，客观世界任何事物都具有一定的内容和一定的形式，两者统一不可分割。

二是内容决定形式，反过来，形式也会反作用于内容。同样以文学作品为例，钱锺书在《谈中国诗》一文中说：“中国诗是文艺欣赏里的闪电战，平均不过两三分钟。比了西洋的中篇诗，中国长诗也只是声韵里面的轻鸢剪掠。当然，一篇诗里不许一字两次押韵的禁律限制了中国诗的篇幅。可是，假如鞋子形成了脚，脚也形成了鞋子；诗体也许正是诗心的产物，适配诗心的需要。比着西洋的诗人，中国诗人只能算是樱桃核跟二寸象牙方块的雕刻者。不过，简短的诗可以有悠远的意味，收缩并不妨碍延长，仿佛我们要看得远些，每把眉眼颦蹙。外国的短诗贵乎尖刻斩截。中国诗人要使你从‘易尽’里望见了‘无垠’。”① 钱锺书先生以比喻的方式形象地

① 钱锺书：《钱锺书散文》，浙江文艺出版社，1999 年 6 月版。

说明：诗歌的内容决定了形式，形式也会反作用于内容。

三是由于时间、地点、条件不同，同一内容也可以有多种不同的形式。同样一轮夜月，却有阴晴圆缺。同样一出《梁祝》，我们可以欣赏舞台上的，也可以欣赏书上的，也可以欣赏银幕上的，便是舞台上的，也有昆剧、越剧、豫剧等不同的形式。由于形式的多样性，形式往往也就有了蒙蔽性。长头发的不都是搞艺术的，文质彬彬的也未必就是君子。

2. 写作要领：关注内容，不忽略形式

我们写作议论文，在认识事物、分析问题时，可以借助“内容和形式”这对哲学范畴做如下理解和分析。

第一是文章内容永远重于形式。

对于写作而言，思想是内容，语言是形式，材料是内容，写法是形式。明代王夫之就曾形象地说过：“意犹帅也，无帅之兵，谓之乌合。”这里的“意”就是我们通常所说的“主题”，它在文章中发挥着统帅的职能；没有一个明确的“意”，犹如兵之无帅，人之无神，只剩下一盘散沙，一具躯壳，也就没有了战斗力，没有了生命力。

评价一篇文章的优与劣，思想与材料永远比语言写法来得更为重要。对于议论文而言，就是要求观点正确，论据充分，材料准确，具体来说，主要有以下两个层面：

一是立意的深刻与新颖。这是高考作文议论类文体一类卷评分细则之一。所谓“深刻”，就是对现象、话题、命题或材料作深入全面的分析、思考，是为“入乎其内”；还应结合自身经验、体会、知识、观念，对现象、话题、命题或材料进行概括、归纳、选择、提升，给人以思维的启示和生命的启迪，是为“出乎其外”。这“出入”之间，锻炼的是思维能力，提升的是思维品质。所谓“新颖”，就是“见人所未见，发人所未发”，避免人云亦云，拾人牙慧。

二是内容的充实和翔实。这就要求论据翔实，理由充分，说理酣畅淋

漓。要做到这几点，必须注意三个方面的问题：一要合理选择论据。合理首先指论据典型，典型的论据能收到以少服多的效果；其次要论据新鲜，别人尚未用过的论据是“金子”，别人已用的论据你能变换角度去用是“银子”，别人经常用的而你又照搬照用的只能是“石子”了。二要注意呈现论据。丰富不等于堆砌，多角度证明论点才会做到充实。三要注意分析论据。不仅要有事实论据，还要有理论分析，唯有如此，说理才能透彻。

第二是看事物不被形式迷惑。

既然内容决定形式，我们在观察和处理问题时，就要着重注意事物的内容，不要为形式所迷惑，特别是要反对那种片面追求形式而忽视内容的形式主义。这对于我们认识事物的本质，看清问题的真相极为重要，也是我们在写作时分析事理的重要利器。例如下面的作文材料：

> 张艺谋《山楂树之恋》上映在即，“山楂”也随之身价倍增。老牌商家全聚德趁势推出限量版“山楂馅”月饼，并定名为“2010中国首款电影·中秋月饼礼盒·山楂树之恋”。
>
> 与此同时，《山楂树之恋》外景地湖北远安县欲让电影取景的青龙村改名为电影里的“西坪村”，远安县则直接改叫“山楂县”；当地政府还打算将山楂树定为当地的“县树”，并鼓励农户大量种植山楂树。

材料里面，全聚德和远安县的做法完全是重形式而忽视内容，其背后体现的是功利思想，短视行为，也是不自信的表现，在以质量为生命寻求内涵发展之路的当下极为不妥。据此我们可以如此立意：

（1）谈文化的不自信：我们很多时候失了自信力而只有他信力；

（2）追“风”逐“潮”要谨慎，要理性，要有选择性，要批判地吸收；

（3）优良的传统，经典的文化不能丢：我们眺望，亦需回望，我们追“风”尚，亦要保留本真，我们要发展，更须结合传统；

（4）警惕文化背后的商业现实。

第三也要辩证地看待形式。

我们要反对忽略内容过于强调形式的现象与做法，但也要认识到形式对内容也有一定的促进作用，凡是适合内容的形式，对内容的发展起积极的推动作用。如果能抱着这样的思想行文写作、分析问题，可能会显得不落窠臼而自出机杼。主要有三点：

一是严密的构思和文体的选用。

当有了独特的思考之后，我们还必须考虑：自己的独特思考怎样说服读者？因而构思也极为重要。在思考“写什么”时，“怎样写”的构思应该已经相应而生。比如在命题作文或材料作文中，“怎样写”要做的第一件事是在行文开头分析题目或材料，交代清楚你如何从中得出“独特观点”的，也就是交代清楚来龙去脉，引领读者随你的思维而去。其次，列一个包括总论点、分论点和主要论据的提纲，使总论点和分论点之间、论点和论据之间形成严密的逻辑关系。

至于文体，理论上讲，无论是材料作文，还是命题话题作文，均可选用散文、随笔、小说等形式，甚至是文言文、白话章回小说、寓言、对话体、访谈、分镜头剧本、说明书等“新形式”。需要指出的是，文体的出新确实可以给读者以新鲜感，写得好甚至可以成为“奇兵”，但假如为求新而刻意为之，而所求之新又非你所长，结果也会适得其反。而且，形式总有穷尽之时，当所有新形式都被用尽之后，我们还能剩下什么？

二是处理好“写什么”和“怎么写”之间的关系。

上海高考作文阅卷组有一个重要的思想就是，判断审题的对错不仅看考生“写什么”，更重要的还是看他“怎么写”。“写什么”写得对的文章，可能因为“怎么写”不好而变得很一般；“写什么”比较大众化的作文，也会因考生“怎么写”做得与众不同而成为好作文。上海高考作文阅卷组组长周宏教授举例说2010年高考作文题有考生问写“宽”可不可以，考生说这个材料告诉我们要有一种“宽”的态度，网、尺度均表现了一种宽，文中对宽的标准是什么、目的是什么，什么是可以宽的、什么是不可以宽的作了分析；文章里具体写宽的目的、宽的标准时和材料结合了起来，比如说分析“放小鱼抓大鱼”，提出“宽”的标准是可持续发展。周教授觉得文章写得不错，这正是强调有时（特别是写作水平中等的同学）“怎么写”比“写什么”来得重要。

作文的审题立意也不妨作点“形式”上的文章。即立意时从肯定“形式”的角度出发诠释出“形式”的新意。再以上面所举电影《山楂树之恋》的材料为例，立意时我们不妨正面肯定：能准确及时抓住商机（契机），这是做强自己，打出品牌一个好策略，实为明智之举。这样立意或许比对商家和县政府的形式化做法一谓批评和否定来得更有新意。

因而，我们强调文章的内容，但这不是完全排斥文章的形式。好的文章自然少不了语言的精练、修辞的精妙、结构的谨严，只不过，形式要求适合文章的内容。内容与形式达到完美的统一与水乳交融当为文章的至境。

3. 实践训练

（1）请全面理解下面两则材料，选一个角度，自拟题目，写一篇不少于800字的议论文。

材料一：最近，作为祖国建国60周年献礼大片的《建国大业》正在全国各地热映，这部弘扬爱国主义的主旋律电影，汇集了包括成龙、刘德华、黎明、章子怡、赵薇等等172位当红明星，时长约130分钟的电影，平均40多秒就闪现一张明星脸。《建国大业》上映三天即打破了亿元票房，成为近年来的票房冠军将毫无悬念。

材料二：日前看《建国大业》，百元的票座无虚席。平时观看这种正剧电影，影院里总会是很安静，可今天热闹极了，每换一场戏出场几个演员就会引来一场小骚动，议论纷纷：“你看你看，这不是某某某吗？这个是某某。”“不对，他不是某某某。”叽叽喳喳之声不绝于耳。整部电影看完，我只知道一个大轮廓，有些戏的台词也没有听清楚。

（2）以《我看“东施效颦”》为题，写一篇议论文，不少于800字。

（3）名与利，是人之所欲也，不经求索得之，人生无味也。名利身外物，取舍在人心。名利圈似一座围城，是看淡名利在城外隐居，还是追名逐利在城中显达，这几乎是贯穿每个俗世中人一生的人生课题。请以《走过名利圈》为题，联系实际，谈谈你的体会与思考，不少于800字。

附【点拨指导及学生习作】

题（1）学生习作：

后娱乐时代的狂欢

上海市崇明中学　陈怡菁

虚无主义者说：不能承受的便不能算作存在，只是自我的存在。事实上，谎言往往戴着真理的帽子欺世盗名。这个道理，同样适用于当下，这个后娱乐时代。

当人们花了一百元坐在电影院里看明星萃集的《建国大业》时，他们究竟看到了什么？一部主旋律电影？一段新中国历史？抑或是一部商业片几张明星脸？也许有人透过光彩照人的明星元素读出严肃的政治意义，而更多的人只是记住第几个镜头是哪个明星。当娱乐本质以主旋律面目出现在公众视线中时，这部《建国大业》已着实沦落为后娱乐时代的产物。

在文化环境愈发包容的今天，群众的眼睛已经无法辨明哪些是纯娱乐而哪些又是纯主流的了。做歌手的可以出书立著，搞学术的可以做“学术明星”，书展可以请周立波造势，周立波也可以写自传博人眼球。文化这道大餐在多次烹饪之后，已经失去原味，成为一锅杂烩烂糊。

博尔赫斯在《梦》里写道：“我是人人，我是无人，我是他人——我是他而不自觉，他曾做过另一个梦——我醒着，他置身事外而且微笑。”娱乐的本质即是全民狂欢，这种短暂如烟火爆裂的快感带来了意识的幻觉。文化的面目已经模糊，界线不再分明。后娱乐时代的人们在集体的文化失忆中陷入沉默，而《建国大业》这样的作品便是文化处于困惑时期的尴尬产物，既不能给它贴上“娱乐”的标签，但说是主旋律又谈不上。失去标签乃是文化之至哀。

诚然，我们应该承认文化多样性是社会发展的重要因素，但我们同样不该忽视其纯粹性的重要意义。我们爱看大片，这不代表话剧就该被忽略。很多人看过孟京辉的《镜花水月》后叹其晦涩难懂，实验性质太强。可我们的时代却需要这些纯粹性的作品，需要它们为文化当厚重的基石。文化恰恰是不能承受之轻的，太过娱乐性质的东西注定只能成为甜点而非主食，只因为它们太轻无法喂饱人们的心灵。

荒诞如后娱乐时代也好，前娱乐时期也罢，文化的转型期总需要承受更多压力。《建国大业》只是在这样一个特定的环境中衍生出的时代产物而已。我们应当在多样的文化中坚持纯粹性，在纯粹中寻求多样性。狂欢之后，寻找更为成熟的文化存在。

题（2）写作提示：

“东施效颦”中的东施见西施捧心，以为美，自己也捧心而行，结果更丑。东施不懂内容决定形式的道理，如果说西施捧心这个动作甚美，那也是因为西施本身美的缘故。换一个角度说，尽管西施“淡妆浓抹总相宜”，但西施也要打喷嚏，“打喷嚏”这个形式就有损西施之美了。这是形式对内容的反作用。人靠衣装，佛靠金装，这也是形式的反作用。

题（3）学生习作：

走过名利圈

上海某考生

名利圈似一座围城。是看淡名利在城外隐居，还是追名逐利在城中显达？这几乎是贯穿每个俗世中人一生的人生课题。我看，既然无从逃脱不妨潇洒走过。

总有人愤怒大骂如今矫俗干名的人潮，我说不必动怒。出名是人作为社会动物再自然不过的心理需求，是满足人心中渴望被认同被关注的普遍方式。图名本身无可指摘，以奋斗为肥料，天资为种子，名的花朵将不胜娇艳！试问哪位学子不梦想十年寒窗后的金榜题名？哪位官员不渴望半生奉献后的千古流芳？所以那些不得功名的失意者大可不必指责幸运的名人们的功利和庸俗。人人都有想要出名的心志，这是正常而自然的；那种酸葡萄的狐狸心态不免造作，只能使幸运女神不再垂青。

但反过来说，声名远播的名人们也请自爱。你们头顶上灿烂的光环是社会大众对你们过去成就的肯定，而不是对你们未来“钱途”的保障。利用声名谋取利益的行为黯淡了你们的光辉，最终使你们身陷丑闻与谎言的泥潭，不可自拔。胡乱代言含三聚氰胺奶粉的明星们，你们并不无辜，受害宝宝和他们的家庭幸福不容你们在责任面前逃避、狡辩！作为名利圈中人，名人们聚焦了平凡大众更多的目光，也理应负上更多的社会责任。

面对名利圈内外事非的不休纷争，很少有智者能一眼望穿拂袖而去。大多数的我们还应在名利圈中走一遭。假意清高的不屑一顾掩饰不了内心深处的暗流汹涌；经历尝试之后的淡泊明志才是瓦尔登湖般的宁静安谧。出世前风华绝代的才子李叔同起初并不和名誉势不两立，而是经历了万众追捧到国家动乱之后选择遁入空门，谢绝一切名闻利养。弘一法师走过名利圈完成了物质、精神到灵魂世界的升华，寻觅到人生坐标系中完美的位置。

名利圈是个大染缸，但名与利虽相生相依但绝非毒药猛兽。走入前请相信自己蓬生麻中不扶自直的定力；走出后请坚定自己宁静致远的追求。走过名利圈不是不屑，不是庸俗，而是经历人生选择，寻找重新出发原点的必修课。

名与利，是人之所欲也，不经求索舍之，人生无味也。名利身外物，取舍在人心。走过名利圈，世界天空海阔，宠辱不惊，看天上云卷云舒……

课例1：学会作点辩证分析

为了更好地开展议论文的写作训练，从高一第二学期开始，我给学生布置了一个常规作业——“校园快评”的写作，要求学生一周写两篇，每篇500字左右，并在课上交流。初衷有两个，一是培养他们观察生活、关注生活、思考生活的习惯；二是提升他们评论生活、剖析事理的能力，为高二进一步写完整的800字议论文打下扎实的基础。一段时间过后，学生中产生了不少优秀习作，但有的快评也出现了一些问题，主要集中在持论不甚公允，阐发问题有片面、孤立的倾向。本课的教学，旨在引导学生分析事理时用联系、发展的眼光看问题，能一分为二地全面分析。

一、三个成语的启示

师：各位同学，“盲人摸象”“刻舟求剑”“过犹不及”（板书）是我们熟知的三个成语，这三个成语分别是什么意思？给我们写作议论文又有什么启示呢？

生：盲人看不到大象的全貌，只用自己所摸到的那部分来代替大象的整体，犯了以偏概全、孤立片面地看问题的错误。

师：也就是说，盲人摸象的故事告诉我们看事物要看整体，要用联系的而不是孤立片面的观点来分析事物。那“刻舟求剑”的寓言呢？

生：用“刻舟”的办法是永远不可能求到剑的，因为船是在动的，而“涉江者”用的是“静止”的眼光来看“动”的船，他的思维有点僵化。

师：也就是说，“涉江者”犯了不懂得事物发展变化的道理。“过犹不及”又给了我们什么启示？

生：“过犹不及”意思是事情如果做得过头，就跟做得不够一样，都是不合适的，做事不能绝对和过头。

师：也就表明看问题做事情要一分为二，不能太绝对。把这三个成语引申到议论文写作上来，或许能给我们三点启示：“联系看事不孤立”“发展眼光思规律”“一分为二忌过火”。

（补充板书）

盲人摸象：孤立、片面→联系看事不孤立

刻舟求剑：静止、僵化→发展眼光思规律

过犹不及：绝对、过头→一分为二忌过火

联系的观点、发展的眼光、一分为二的观点是辩证思维的“三柄利剑”，它可以开拓作文思路，避免看问题时的局限和片面，使思维既深刻又严密，富有思辨性。

二、习作分析与借鉴

师：接下来请同学们花几分钟时间读一读刚印发的第一组习作，看看这些习作是怎样运用刚才我们所说的辩证思维方法的。

（几分钟后）

生：“习作一”谈的是对“转发短信可以祈福”这一现象的看法，但是文章没有停留于表面现象，而对这一现象的本质进行了挖掘，点出其实质为“一种情感上的恶性勒索”，并进一步探寻原因，认为“问题的本源在于国人脆弱且顽固的迷信思想”，这一分析很深入，能由此及彼，由表及里地分析此类垃圾短信产生的根源，文章运用了联系的观点分析问题。

师：由此及彼地分析现象背后的本质和产生的原因，其实是一种很深刻的联系观，这是表和里的联系。生活中每一种现象必定有与之相联系的原因和本质，我们由表及里地探寻其本质和原因，就可以获得有深度的思考。这篇文章给我们的启示是，同一事物的不同方面之间存在着联系，事物的表和里就是事物的两个方面，我们着眼于探究这一关系，其实就是联系观。另外，事物之间也是相互影响、相互制约和相互依存的。比如宋代的苏洵写过一篇《六国论》，认为六国面对雄心勃勃的强秦，本应是“唇亡齿寒”的依存关系，但是六国却没有认识到这一点，缺乏彼此协同、相互协作的深谋远虑，所以最后只能“自相屠灭”，苏洵分析六国灭亡的出发点与依据就是事物与事物之间是互相联系的观点。教材中的还有一篇课文《爱因斯坦与艺术》，大家还有印象吧，探讨的是爱因斯坦与艺术的关系，即科学与艺术关系之互补与相通性，同时指出杰出个人的成长离不开广阔深邃的文化背景，均体现为联系的观点。回到刚才这篇文章所谈的“转发垃圾短信”的现象，除了和转发者根深蒂固的迷信思想之外，我想，和这个时代网络、通讯工具的发达也有一定的联系，当然这仅是客观因素，主要原因还在于主观因素。

好，“习作二”是怎么进行辩证分析的？

生：“习作二”着眼于现实与未来之间的联系，用发展的眼光看待和分析“差生”，并用典型的例证雄辩地指出“差生不仅可以转变为优秀学生，而且还可以成长为社会的栋梁和科学事业的巨人”。

师：的确，看问题不仅看当下和现在，更要看事物未来的发展趋向。今年高考作文题有这样一则材料，大意是：丹麦人去钓鱼会随身带一把尺子，钓到鱼，常常用尺子量一量，将不够尺寸的小鱼放回河里，他们说：“让小鱼长大不更好吗？”我想，这里面蕴含的道理没有比“科学发展观”更准确更深刻了。我们所学韩愈的《师说》一文，也是以发展的眼光来思考师生关系的，作者说“是故弟子不必不如师，师不必贤于弟子。闻道有先后，术业有专攻，如是而已”，只要认真钻研不断精进，学生也可以超越老师。说得多精彩啊！

“习作三”哪位同学再来分析分析？

生：“习作三”中间六段文字运用了一分为二的观点，首先分析了事事追求完美带来的好处——是前进的动力，接着又分析了这种观念带来的弊端——成了一种负担。当然，为了证明文章的观点，两点没有平均用力，而是在简单肯定“让优秀成为一种习惯”后着重谈了其带来的不良影响，从而得出“让优秀成为一种精神”的结论。

师：也就是说，要“一分为二”看问题，但切又不可“凡事说两面话”，否则文章就没了重心，没了鲜明的主张和观点，仅仅是在表面滑行罢了。

谁来说说第四篇习作？

生：这篇文章正面肯定了人要有梦想，还从另一面补充说明了“但它不是自欺，亦不是迷误”，“但不是教我们深陷其中不能自拔、近乎狂热反而耽误现实，看问题全面而准确。

师：也就是说，他能做到一分为二看问题，持论公允。

生：对。

师：还有吗？

生：文章倒数第二段，作者又以发展的眼光看待梦想，认为梦想也不需要“从一而终”、一成不变，它可根据实际情况不断调整与修改，这话补充得太好了！

师：的确，这位同学的这篇文章在“不知不觉”中已经综合运用了我们刚才所讲到的这三柄利剑，分析头头是道，有理有据。还有，大家再读一读她的这段文字：

（PPT 推出）

> 需要说明的是，梦想**虽然**能使我们浮想联翩、情感激动，**但**它**不是**自欺，**亦不是**迷误。它能给我们以上进的动力，**但不是**教我们深陷其中不能自拔、近乎狂热反而耽误现实，它**不是**给我们理由以好高骛远、不切实际，**而是**帮助我们确立目标积小流以成江海、积跬步以至千里。

大家在自己的材料上圈划“虽然”“但”“不是”“亦不是”“但不是”“不是”“而是”这几个词语，是不是很有逻辑力量？为了更好地阐述对“梦想”的理解，先否定排除一些错误看法，再强调突出“我”要表达的意思，这其实是很好的一种概念界定的方法，既严密又有深度。

好，我们对刚才的内容作一总结，补充刚才的板书，大家都记一记：

（补充板书）

盲人摸象：孤立、片面→联系看事不孤立：由此及彼地分析（由果溯因）

刻舟求剑：静止、僵化→发展眼光思规律：对事物发展趋向作正确判断

过犹不及：绝对、过头→一分为二忌过火：全面、准确而严谨地分析

三、习作修改与提升

师：沿着这个思路，我们接下来看看第二组习作片段，这组片段在论述上存在一些问题，我们能不能运用辩证思维的这“三柄利剑”加以修改？大家一起动动笔。

（几分钟后）

生：我来说说片段一。只要有志向就能战胜一切困难，似乎太绝对了，显然，成功的条件不只是志向，还有恒心和毅力，科学的方法和恰当的机遇等等，如果文章能在这些方面作点补充，可能更准确。

师：如果不加其他成功的条件，就从树立志向的角度来说，应该怎么改？

生：把“只要……就……”改为“只有……才……”似乎更恰当。

师：很好，“只要……就……”是充分条件，即“就”后面的内容要实现，“只要”的条件是必备之一，但不是唯一；而“只有……才……”是必要条件，即“才”后面的内容要实现就必须做到“只有”的条件，且条件往往是唯一的。从逻辑上来讲，“只有……才……”更通。

那片段二的问题在哪里？

生：片段二在分析阅读的意义时，如果不仅关注阅读对于现在的意义，

还看到阅读对于将来甚至整个人生的意义，它是为人生打底，为生命奠基，可能更深刻。

师：也就是说，他缺少点“发展的意识”。片段三呢，有什么问题？

生：片段三好像在孤立地谈“口号”。

师：那你有没有好的修改建议，如果摒弃孤立的思维来谈“口号”，那应该联系什么？

生：可以联系“行动”，比如可以这样说：“仅有口号是不够的，我们更要看重行动。两者是相辅相成、互相促进的，口号可以给行动以方向，没有口号，往往缺乏明确的行动纲领；行动是口号的实践，没有行动，口号便成了一句空话。”

师：不错，把“口号”和“行动”联系起来，论述就更深入细致了。

四、实践运用与演练

师：接下来，请大家以“谈‘入迷’”为题构思，看看如何展开辩证分析，3 分钟后我们交流。

（几分钟后）

生：我认为对入迷不能一刀切，要一分为二来看，生活中如果对读书、学习、钻研问题入迷，那是提升自己的不二法宝，要大力提倡；对下棋、跳舞、唱歌、朗诵、画画、打球等入迷，也未尝不可，毕竟这些可以提升自己的修养和一些人生的基本技能，而沉迷于打游戏、上网、看电视，甚至是打牌、吃饭、喝酒等，那不仅有害身体，而且也算是不良嗜好了。所以，“入迷”可要擦亮眼睛，为我所用。

师：你看得很全面，观点也很鲜明。

生：我觉得对于孩子的“入迷”，做父母的要以长远的眼光来审视。比如孩子对电脑很入迷甚至是沉迷，也不一定全是坏事，如果家长能及时引导，让他去研究一点电脑硬件或软件的知识，让他深入计算机这一门科学，将来未尝不会出一位计算机天才，甚至是马云和中国的扎克伯格。这里面，家长的引导很重要，是“棒杀”还是“放任自流”，结果可能完全不一样。

师：说得好，对“入迷”，着实需要用发展的眼光来审视。

生：对于“入迷”，还可以分析其背后产生的原因，比如谈为什么有些年轻人会对麻将如此入迷而耽误了工作甚至忽略了家庭，就可以从客观上浮躁的社会风气和主观上人的“无聊和空虚”来谈，而对有些人沉迷于发明、陶醉于创作而最后走向事业的巅峰，我们或许也可以分析若干原因。总之，这里可以谈作为好事和作为坏事的“入迷”的原因，不能混为一谈。

师：你是将“入迷”作为“果”来追溯“因”，这是一种联系的观点。如果用联系的思辨方法来构思，还有更好的吗？

生：老师，我想到了跟入迷相关的另一个词语——入门。入迷与入门是人们在从事各自不同的事业上达到的两个不同程度。入门是在某件事上，寻着了门路，不必再瞎摸乱闯了，但还需要耐心和毅力，要坚持不懈，勇往直前，才会进入科学的殿堂，才会被自己所从事的事业深深吸引住，这样才有可能进入“入迷”的境地。比如伟大科学巨匠李时珍，他到35岁时，已经读了古代医学书籍800多种，单摘下的笔记就装满了好几个柜子，此时完全可以说李时珍已经进入医学的大门，尝到了其中的乐趣；但如果他只是单纯地读与记，而不着手一心一意专心致志地整理、钻研，编著成书留给后人，恐怕他读的书和记的笔记再多，也写不出医学巨著《本草纲目》。

师：很好，“入迷”和“入门”可谓是为人做事的两个过程和两种不同的状态，两者相关，但又有区别，这样一联系，很有意思。

师：好。这节课老师是想告诉你们，写作议论文的时候，一定要做到持论公允，阐发问题全面，如果我们在分析事理时能用联系、发展的眼光看问题，能一分为二地全面分析问题，我们的思维就有可能走向深入和思辨。

附学生习作（片段）示例：

第一组

习作一：令人哭笑不得的垃圾短信（唐沈琦）

打开手机，发现一条同学转发来的短信：“母亲节将至，快给母亲送上一份由衷的祝福。”乍一看，上半条短信还算人情味颇浓，可再往下看不禁令人汗颜：“如将此短信转发给二十人，你母亲将寿比南山，长命百岁；否则，你母亲将在这一年中遭遇不幸。”我立即质问那同学，谁知他也是一脸沮丧：“我也很无奈啊！万一这条短信灵验了怎么办？”

不禁对这种极端恶劣的垃圾短信油然生出一股仇视之情：三百六十行，行行都能赚到本本分分的钱，何必要利用如此卑琐的短信，揭开他人心中隐蔽的迷信与危机感，刮取如此昧心的钱？

令人哭笑不得的是，有不少人竟还相信这种拙劣的伎俩。只要有一个人相信，就有这种垃圾短信存在的理由与扩散的原动力。

而在本质上，此等垃圾短信是一种情感上的恶性勒索。几千年来，因果报应的迷信思想给中国人留下了永久性的影响，这是封建的渣滓，却无法避免地潜入了相当一部分中国人的血液，代代相传。而不良分子正是利用了人心中消极的迷信思想，向大众勒索，威吓，以达到非法赢利的目的。

所以，问题的本源在于国人脆弱且顽固的迷信思想。无论是自古以来的观念、传说、典籍等文化形态，还是当今的媒体、舆论，都有意识或无意识地传播了一些陈旧的宿命论，“这是命中注定的”“天意使然”“上天的宠儿”云云，慢慢地，不知不觉地给人打了一针毒药。

因此，垃圾短信只是顺应了部分人迷信思想的产物，从一个侧面反映了当代人精神状态的一个背面。一句话，“信不信由你”。

习作二：“差生”不差（吴新明）

听高三的学长们说，学校为了让更多的同学能在高考中冲击名校，挑选了一部分“优等生”组成了提优班“另开小灶”；而让另一部分成绩不理想的“差生”编成“补差班”，以期他们在高考中能有所进步。姑且不论学校这种做法初衷的好坏，单单把学生简单地分为优等生和差生的做法，着实有伤一部分同学的自尊。

实践表明，每个差生都不是在一切方面都很差的。有的在某些学科成绩差，但在另一些学科成绩却相当优异；有的课本知识学得不太好，但课外知识面却很宽广；有的虽然在学校学习期间成绩低下，但走上工作岗位后成绩却十分惊人。浙江金华市一位在校表现一般、成绩下等的初二学生却在全国性的美术设计征稿比赛中荣登榜首。著名科学家爱因斯坦，在做学生时，“智力不佳，反应迟钝”，被老师视为“笨头笨脑的孩子”，然而，他却以惊人的毅力勤奋攻读，潜心钻研，创立了举世闻名的“相对论”，为科学的发展开拓了深广的领域。由此可见，“聪明”和“愚笨”之间并没有不可逾越的鸿沟。差生不仅可以转变为优秀学生，而且还可以成长为社会的栋梁和科学事业的巨人。

习作三：让优秀成为一种精神（赵昕奕）

校长曾强调过一句话：在崇州中学，应该让优秀成为一种习惯。说得坚定，说得有力，但我却对此有些疑义：优秀真的需要当成一种习惯来养成吗？

事事追求完美，人人争当第一的现象固然是好，它可以促使你不断奋进向前，是你成为人上人、人中龙凤的一个重要动力。

但是这种动力，我很熟悉，它叫上进心，而不是“优秀”二字。拥有上进心，即是拥有了成功的最大秘诀。但是假如将优秀代替了上进心之后，一切就不同了。

当优秀成为一种习惯，优秀其实也就成了一种负担。因为“优秀”让我们太过于苛求完美，不让自己有喘气的机会；让我们一遍一遍地对自己的进步、成绩吹毛求疵；让我们太强求自己，太固执于结果。

那一条条学生因成绩不理想、考试失利而自杀的新闻，已经不少了。就是因为太爱完美，太固执于“优秀”二字，太执着于结果，让脆弱的心灵不堪一击，摔个破碎，从而走向了不归路。

我们是不是该反思一下人生该有的态度？精益求精是好，但有时不要把结果看太重，让自己释然些，过得轻松些吧。

我们需要追求优秀的心理，但非一味地强制自己成为佼佼者。人活着的时候，需要的是和自己比赛，完成超越自己的过程，从而走向成熟，走向成功，而不是非要脱颖而出。

容我改一下：让优秀成为一种精神吧，而不是习惯，不是负担。

习作四：我们都要心怀一个梦想（汤夏雁）

十七八岁，正是梦想蓬勃的年纪。而高中阶段的梦想，在一定程度上决定了未来的职业取向。

希尔提说："不要忽视青春时代的梦想。一般说来，那是隐性性格所显示出来的梦，因此极符合个人的使命。因为使命在最初的阶段，就是对未来的幻想。"确实，青春时代的梦想在我们的人生中确实是不可或缺的部分。它犹如黑暗中的星星之火、迷雾之上的云破日出，带来慰藉无以言喻。它是青年在生活环境以及所接受信息的耳濡目染下，内心"隐性性格"、自我认知及社会实践中所萌生的对未来的探测。

需要说明的是，梦想虽然能使我们浮想联翩、情感激动，但它不是自欺，亦不是迷误。它能给我们以上进的动力，但不是教我们深陷其中不能自拔、近乎狂热反而耽误现实，它不是给我们理由以好高骛远、不切实际，而是帮助我们确立目标积小流以成江海、积跬步以至千里。

梦想也不需要"从一而终"、一成不变，它可根据实际情况不断调整与修改。梦想是一叶扁舟，载我们泅渡至彼岸，但仍需亲手掌舵。

总之，我们需要梦想照耀生之旅程，更需将之转变为触手可及的事实。

第二组

片段一：

古今中外成功者的足迹表明：一个人只要树立了远大的志向，就会战

胜前进道路上的一切艰难险阻，结出丰硕的成果，成就一番大事业，成为一个了不起的人！(《有志者事竟成》)

片段二：

我并不是想对教辅提出什么激烈的批评。合理的使用，非但是需要，更是一种必要，但过分了总是不好的。这股应试教育之风已让莘莘学子艰难地挣扎于“题海”“题洋”中，挤压了我们阅读的时间，要知道，阅读可以增长我们的知识，扩大我们的视野，也有利于其他科目的学习。(《读书人何以成了习题人》)

片段三：

口号到底要不要？从彰显价值与精神的角度来说，口号是需要的。口号是奋斗的目标，有一种鼓舞人心的力量。我们学校的校训是“志存高远，自强不息”，这是一句非常响亮的口号；同样，服务行业的口号是“顾客至上，信誉第一”，人民公仆的口号是“为人民服务”……(《口号到底要不要》)

课例 2：在“寻因”中突围

高三的作文教学基本依照我校自编校本教材《用哲学思辨让作文“有深度”》进行，先后选择了“现象与本质”“内因与外因”“对立与统一”等内容对学生作文进行训练与指导，取得了一定成效。而作议论文说到底就是揭示生活中的因和果，对于现象成因的分析往往成为议论的主体和核心，这部分内容也最能体现学生的思维能力，也因此成为作文教学中指导学生进行哲学思辨的一个关键点。基于此，我们选择了“原因和结果”这一内容进行教学。另外，在作文教学中，我发现学生分析事物或现象往往浮于表面，缺乏深度与广度，尤其在立意上浅尝辄止，缺乏对材料的深入剖析与开掘，因而不能从题目或材料中确立最根本、最具有价值的立意角度。同时，预习作业中学生对于“原因与结果”哲学思想在写作中的运用也停留于单因单果的生硬对应，缺乏对原因的深入辨析，不能从众多原因中“突围”寻求最佳立意角度。因而在前几次辩证思维训练的基础上我们有针对性地对此开展训练与指导。

一、作业讨论，引出因果

师：昨天我给大家布置了一道写作练习，要求大家运用“原因和结果”的哲学思想对以下作文材料进行分析，并拟写一个立意。

（PPT 推出材料）

生活中经常听到这样的对话：

“你为什么闯红灯啊?”“又不是我第一个闯红灯的!”；

“你为什么要插队啊?”“我又不是第一个插队的!”；

“到了高三你为什么不好好做操了?”“又不只有我一个人这样!”；

“你是未成年人不能上网吧?”“又不是只有我一人这样啊!”

……

我选取了部分同学作业中的立意，编成了两组，请大家看第一组，这组立意你们如何评价？

（PPT 推出）

立意 1 组：

1. 规则是文明社会的基石，是文明的保证。

2. 要坚决摒除从众心理。

3. 我们应该突破小我意识，养成真正的公民意识。

4. 正是这违反规则的“第一个”成了“我”违反规则的理由，因而我们要正视“第一个”。

首先问大家，这是一则什么类型的材料？

生：现象类。

师：对于现象类的材料，我们审题的第一步就是学会用一句话概括材料。这则材料如何概括？

生：生活中诸多的“我不是第一个”现象。

师：好。下面我们一起来评一评以上四个立意。

生：从“原因结果”角度来分析，这一组立意似乎有些笼统，没有点出“我不是第一个”这种现象产生的原因。比如说第二个立意“摒除从众心理”，到底是“从”打破规则之“众”还是“从”勇担责任之“众”，不明晰，而材料所展现的恐怕是第一类“从众”。

生：我觉得除了笼统之外，这组立意还有一问题就是，忽略了材料蕴含的双向关系。材料是由质问者和答问者的话共同构成，有一个双向关系在里面，但是又有主次之分，主体应该是答问者，如果把“矛头”指向质问者，可能就要“走偏”。

师：那么，从答话来看，答问者的特性是什么？

生：我觉得有以下几点。一是答问者是跟从者，二是答问者身上有错误行为，三是答问者有知错的意识，他知道自己做错了事，但他想推脱，由此来看第四个特性就是他极力想逃避推脱责任。

师：很好，沿着你这个分析出发，我们就可以推究"我又不是第一个"现象背后的原因了。的确，这组立意对原因的分析是失当的，所以是有失笼统的。接下来我们再看一组分析和立意，这组立意如何？

（PPT 推出）

立意 2 组：

1. 中国有一句俗语："枪打出头鸟。"虽说如此，但一旦出头鸟侥幸躲开了枪眼，那么林中必然会飞出一大群之前静观其变的鸟，一时间大地震动、遮蔽天空。"不是第一个"，就是这些鸟飞出来的理由。看来，凡事要有进步，必须根除这种躲在"出头鸟"后面又怀抱侥幸心理的盲从者和保守者。

2. 面对外界指责，"我又不是第一个"这一逃避性的用语似已成当今不少国人的思想顽疾。人们也常易陷入一种"价值依附式"思维，内心的价值标杆不时地左右摆动。因此，重要的是，我们能否平衡好自己心中那把用以抉择的价值标杆，而非将"不只我一个""我又不是第一个"之类的字眼常挂嘴边，显得幼稚、粗俗。

3. "我又不是第一个""又不只有我一个人这样"为何会在社会各个角落滋长蔓延？我想，还是源于这些人缺少自律意识罢，这种自律意识表现为一种对事物价值的独立评判，一种对自我独立价值的清醒认知。

生：这组立意比刚才第一组立意更加具体，分析原因更为深入。比如第一个立意就很深刻，他从我们传统的"枪打出头鸟"的心理意识出发来分析材料中“我不是第一个”的逻辑；第二个立意着眼于背后“价值依附式”思维的挖掘，提出要平衡好心中的价值标杆这一观点，很有深度；第三个立意将这一现象归于缺少自律意识，但又不是笼统地分析，而是贴合材料对自律意识作了界定，让人信服。

师：的确，和第一组立意比起来，这组立意探究原因更为深入。其实，对原因的探究要求我们深入认识事物的本质，如果我们不能透过现象看本质，归因可能就会陷入浮光掠影和浅尝辄止。拿这个材料来说，如果你无法揣摩答问者“我又不是第一个”背后的心理和逻辑，你就无法推知这种心理和逻辑的根源，归因就只能竹篮打水一场空了。

二、回归教材，归纳思维

师：我们现在回到教材。昨天我也让大家从原因和结果的角度列出我们高中教材中议论性文章的思路和思维，也算作是一种复习吧。下面我们看看大家做得怎样。

生：我来说《跨越百年的美丽》，居里夫人的美丽之所以能跨越百年，原因在于她在科学研究的道路上持之以恒追求真理，不怕失败治学严谨，坚定自信淡泊名利。

师：文章还有没有更为深层的原因？请大家扣住标题中“跨越”这个词语来分析。

生：有，更为深层的原因在于，她跨越了工作环境和社会环境的恶劣，跨越了由自然发现到人生意义的过渡，跨越了美形和美誉之累，所以居里夫人才那么“美”，所以，居里夫人的美丽能跨越百年。

师：说得好！由此来看，这对于我们分析原因有什么启示？

生：从表面上看，严谨、忘我、坚定等等都是成就居里夫人美丽的原因，但是，更深一层的原因在于她真正实现了美形和美誉之累的跨越。如果我们立意能由浅入深、由表及里地分析原因，文章就有了纵深感和深度。

师：也就是说，我们立意时要做到：

（板书）

1. 由表及里，究深层原因

还有同学选择了哪些课文分析原因和结果？

生：我选《阿房宫赋》，从写法上看，这篇文章是典型的先叙后议，作者渲染铺陈阿房宫富丽堂皇的基础上，分析秦灭亡的原因在于“秦爱纷奢”而“不爱其民”，最后导致“楚人一炬，可怜焦土”而被“族灭”。

生：与此相类似还有《过秦论》，作者分析秦“身死人手，为天下笑者”的原因在于“仁义不施”和“以武力治天下”。

师：正好，你们两位关注的是同一个现象和结果，那就是秦国的灭亡，杜牧和贾谊对此结果的分析却“英雄所见不同”。不同的原因或许跟两位作者所处的时代有关系。杜牧处在唐末国势衰微的时期，当时唐敬宗昏愦失德，荒淫无度，闹得朝野疑惧，杜牧无不怀有危机感，于是写下《阿房宫赋》；而贾谊是汉初政治家，他写《过秦论》，是希望统治者汲取秦亡教训，实行对人民宽松的政策，来实现汉朝的长治久安。

生：老师，从一般原因来说，秦灭亡主要还是其行暴政的一面。

师：的确，一般来讲，秦的灭亡，原因当然有奢华享乐、崇尚武力统治天下等，但是，这些显然都是次要的原因，实际上作为封建统治者，更主要的原因是他们缺乏爱民、仁义的一面。因而，我们立意时要尽量做到——主次分明，重主要原因。另外，秦之灭亡，从偶然事件（也可以说是外因）来看，似乎在于“项羽之一炬”“陈涉之一呼”，实际上必然原因（内因）在于秦之不爱民、不施仁义。从这一层面来说，我们立意时又要尽量做到——偶然必然，查必然原因。

（板书补充）

1. 由表及里，究深层原因

2. 主次分明，重主要原因
3. 偶然必然，查必然原因

还有其他同学有补充的吗？

生：我们刚刚学过的《伶官传序》也是一篇典型的归因分析的议论文。欧阳修认为，唐庄宗“身死国灭，为天下笑”的重要原因即在于被伶人所困，其实也就是文章结尾总结的“积于忽微”“困于所溺”，但是作者却没有简单地将庄宗的灭国归于伶人的缘故，而是有更高的点来统摄，那就是“盛衰之理，虽曰天命，岂非人事哉”，是“人事”即国君的所作所为导致的亡国。由此来看欧阳修的眼光，他看到了治国兴衰的规律，的确发人深省。沿着刚才您的思路，我觉得这里还有一个主观原因和客观原因的区别，庄宗的误国亡国全在于“人事”即主观原因。

师：说得好！老师补充一下，也就是说，我们立意还要尽量做到——主客明辨，抓主观原因。我板书，大家都记一记。

（板书补充）

1. 由表及里，究深层原因
2. 主次分明，重主要原因
3. 偶然必然，查必然原因
4. 主客明辨，抓主观原因

我们总结一下：内在的、本质的、主观的、精神角度的原因，决定了事物的发展走向，往往成为我们最要去分析的原因，是最具有价值的原因，也是我们在议论文写作时能够获取深刻立意的原因。

三、实践运用，深度开掘

师：接下来我们再回到预习作业，请同学们结合以上方法再深入分析，提升自己的立意。几分钟后我们交流。

（几分钟后）

生：我的修改是这样的——

（实物投影）

“我又不是第一个”的谬误显而易见，为什么还有那么多人抱着这不成借口的借口为自己不正当的行为辩护呢？从表面的从众心理深究下去，更是众人侥幸心理在作祟——既然别人这样做了并且未受惩戒，那么为什么我不也如此呢？侥幸得脱的心理助长每个人内心阴暗角落的小念头，把利己主义发挥到极致，而不顾现存的普遍价值。同时，这种心态也折射出国人“以他人为榜”的心性，价值常识在扭曲的比较中丧失，这种“以他人为榜”而非“以本心为榜”也反映了社会总体上缺乏真正的理性精神。

师：你这是由表及里地推进，逐层分析原因了，尤其最后由点到面窥探社会的整体风貌，有见地。其他同学呢？

生：老师，我有自己的思考。

师：很好，说说看。

生：我先把我修改的说一说——

（实物投影）

我姑且将“第一个人”叫做“破原则者”，将之后芸芸众生叫做“追逐者”。第一个“破原则者”，固然面目可憎，但之后每一个打着“强悍公平”借口的追逐也一样面目可憎。而，前有“破原则者”后有“追逐者”的本质问题是“原则意识”的过度弱化和“公平意识”的不完整理解。“原则意识”的弱化可能由于约束力的不够，如政府约束力、公民意识约束力等。而“公平意识”的不完善理解则是简单地认为自己有维护个人公平的权利，而忘了自己还有维护他人公平的义务。因而在权利上夸大处理，在义务上视而不见就是不完善的公民意识。

师：写得很有思辨性，你想补充什么？

生：刚才您最后总结的四条固然没错，但我觉得有时候也要具体问题具体分析，比如第四条说“主客明辨，抓主观原因”，有的时候，客观原因可能和主观原因一样来得重要，甚至客观原因有时还会占上风。所以我刚才对“原则意识”弱化的原因归于约束力的不够，重在客观原因；而“公平意识”的不完善理解则主要归咎于主观原因。

师：你说得很有道理。归因的方法绝对不是束缚大家的条条框框，而是提供给大家思考问题分析整理的路径。对事理的思考与剖析，绝对没有一个固定的标准，一定要具体问题具体分析。刚才我看到俞佳儒同学这样分析：

（实物投影）

这样的现象已深入中国人的日常，究其原因，很大程度上在于人们对于一些基本价值的判断出现了偏差；当然，价值观之混乱，亦有体制方面的原因。讲人情、法不责众的传统认识，让许多人没有了模仿违规者的后顾之忧，而当下的各种体制与法律体系未能很好地纠正这样错误的认识。体制的力量被削弱，违法的成本“陡然”下降，当违规成了“更好的选择”，人们的价值观怎会正常？

施钰麟同学也这样写道：

（实物投影）

当然，“不是第一个”的对话中，看客们也难辞其咎。对于不正当行为的无视、不作为，或者对违规者隔靴搔痒、不痛不痒式的质问恰恰是助长此类行为的又一大根源。

他们在分析主观原因的时候，也同时关注到了客观原因，可谓全面辩证地看问题，体现了思维的广度和深度。这样看来，老师要对刚才的板书补充一条，那就是：

（板书补充）

1. 由表及里，究深层原因
2. 主次分明，重主要原因
3. 偶然必然，查必然原因
4. 主客明辨，抓主观原因
5. 具体原因，须深思慎取

大家对自己的笔记也再补上一条。

接下来一节课，我们的任务就是，根据自己的归因分析与立意，写一篇完整的800字的文章。下课。

附学生习作：

保守的“进取”

俞佳儒

中国有一句俗语：“枪打出头鸟。”虽说如此，但一旦出头鸟侥幸躲开了枪眼，那么林中必然会飞出一大群之前静观其变的鸟，一时间大地震动、遮蔽天空。“不是第一个”，就是这些鸟飞出来的理由。

这样的现象已深入中国人的日常。闯红灯者用自己不是第一个闯红灯的人来为自己辩护；插队者、违规者，甚至违法犯罪者也都持同样的理由。究其原因，我认为很大程度上在于人们对于一些基本价值的判断出现了偏差，以至于人们对于这些基本价值的坚守动摇了。遵纪守法，是一个现代公民价值观中必不可少的一环。个人的遵纪守法，才能构成整个社会的法治。当出现违规违法者时，正常的公民的选择应该是谴责，而非模仿。以“不是第一个”为由为自己模仿违规违法行为辩护，可见当下人们价值观的混乱。

价值观之混乱，亦有体制方面的原因。讲人情、法不责众的传统认识，让许多人没有了模仿违规者的后顾之忧，而当下的各种体制与法律体系未能很好地纠正这样错误的认识。体制的力量被削弱，违法的成本“陡然”下降，当违规成了“更好的选择”，人们的价值观怎会正常？

有人嘲笑“不敢越雷池一步”者的保守与胆小，而跟在出头鸟后耀武扬威。看似是激进、进取的典范，但实际上是保守至极的做法。真正的激进者，敢于打破陈规的牢笼，颠覆陈规，来创造自己认为好的体制。而躲在出头鸟后的人们，却只会寻找体制的漏洞，时而逃出体制外寻找一方“清静”，时而跳进体制内保护自己。以一己私利跳进跳出，不敢指出体制的不足，游走于体制内外，安于现状，以“不是第一个”为由辩护，何尝不是一种保守？

由当下观之，这种愚蠢的保守大有蔓延之势，甚至有演变为不管善恶、不为第一的趋势。这直接影响到了企业的竞争。国内某知名网络公司常年被网友指责抄袭，不敢为游戏领域的创新者，躲在先驱者的背后，坐享其成。而今年终于有受害者敢于发声，指责其无耻行径。可见，当下创新者、进取者并不少，但成果却被不敢为第一的保守者掠去，可悲。亦可看出，无论是善事恶事，中国人都更愿意做跟随者，“不是第一个的”借口，终会演变成不为第一个的全面保守。届时，少了进取者，社会怎会前进？

因而，体制要完善，要将为恶的出头鸟一网打尽，又要为为善的出头鸟提供广阔的天空，躲在为恶者后的人便失去了庇护，失去了理由。他们或许会纠正自己错误的价值观，自由地飞翔，再好不过。最差的结果，也是跟在为善者身后为善，这何尝不是一件善事？

“智”从与“稚”从

蔡春涛

“你为什么闯红灯啊？”“又不是我第一个！”“你为什么要插队啊？”“又

不是我第一个！”……“不是第一个”这种“旁敲侧击式”的应答似理直气壮，实则劣迹斑斑，发人深省。

面对外界指责，这一逃避性的用语似已成当今不少国人的思想顽疾。人们常易陷入一种“价值依附式”思维，内心的价值标杆不时地左右摆动。在人生的浩渺汪洋中，人们总爱寻求朱光潜老先生于其《谈美》一书中所言“快感”之帆，仅仅为实现自己实用所得而求快，免不了染上些“欲望”的影子。这其中或许有功利心的存在，但这一现象的真正原因也许更在于人们价值取向的“孤立感”。

这种“孤立感”也许缘于中国社会历史以来素有的“群体意识”。人们厌弃孤独，甚至害怕孤独，鲜明的“中国式围观”心态恰是其最为直接的体现。中秋期间，一则28岁男星乔某意外死亡事件，一夜登上微博热搜榜榜首，激起广大网友令人极为悲哀的“稚从”心理。不少网友不约而同地跟随那些所谓的“爆料者”的影子，更有甚者自称“不认识他”，却紧密追踪事件动态，无所谓对错，深不知人人细小的举动便可于无形间伤害到当事人。纵使在所谓大力弘扬核心价值观的今天，人们更多地趋于“稚从”，幼稚的心理及行为折射出其价值观之“稚”。

面对“稚从”，我们如何应对？就全社会这一大环境而言，我们似乎显得渺小，难以快速有效地做出积极的改变。因而，作为一个“社会人”，我们须基于“从”的“主动行为者”的自身角度，去力求细微之变，由“稚从”向“智从”转变，即明智地做出“从”的正确选择。我们首先应铲除“不只有我一个”这类谬论，此乃“智从”之基。继而端正自己理智的从者心态，在面对诸如“网络暴力”“道德绑架”之时，时时坚守初心，秉持“三思”之道，于任何决策前反复自省。若至万分踌躇之地步，不如果断“弃从”，决不可于莫测之暗径中遑遑前行。

而“从”之最高境界，也许便是“引从”，即成为引领者的角色，去引导旁人趋于相对合理的价值取向。而这必先基于自己是个良好的“从者”，且有足够的引导力、洞察力以带动旁人。这毋庸置疑显得颇为困难，因而就常人而言，做好前者，足矣。

“智从”还是“稚从”，在于我们能否平衡好自己心中那把用以抉择的价值标杆，而非将“不只我一个”“我又不是第一个”之类的字眼常挂嘴边，显得幼稚，粗俗。

唯 我

顾赛艇

人作为一个单一个体，虽生于父母，孕于天地，终究取决于自己。“不是第一个”“不是只我一个”的态度，显然悖逆人的独立性。

群体是一个大的集合，每个单一的元素在其中都显得微渺，这便容易使人轻视自己作为单一个体的存在。且鉴于群体的包容性，个体往往善于借群体为自身的罪行打掩护，在“不是第一个”“不是只我一个”的自我麻痹下，人的负罪感也会随之减少直至消弭。于是，群体的包容性就演变成包庇性，含糊其辞，却教人揪不出个正理来。

往小了说，这种群体包庇性的根源还在于个人。低强度的自律使得一人打破了规矩，众人纷纷效仿，从中也体现了人性一恶：内心渴望着颠覆，碍于怕做出头鸟遭及祸患而迟迟不敢轻举妄动，却也如坐针毡，待到一人破了底线，颠覆的潮水一开闸便无止息之势。生于俗世，为形势所迫固然要对外界压力作些圆滑的退让，但至多退守底线。若一退再退，不仅不“守底”，反而试图“翻底”，这是将自己作为个体的存在价值贬到泥里去了。要知道，群体作为一个集合，数量规模虽大，每一个元素却都具有唯一性，万不可因肉身之微小而践踏了“唯我”的价值。

“我”即“我”，存在本身取决于“我”的意志，而不为他人的意志所左右。对于悖逆人性的不合理存在，要颠覆就去颠覆，总好过吞咽一切的不耐寝食难安，落得自己憔悴不已；对于那些本不该突破的底线，该坚守的还是要坚守，纵使其他个体率先打破，自身意志不该也不必被动摇。人我非一体，意志无法被传递，若不幸受其影响，极有可能是潜意识里也盼望着被动摇而已，再者或是未将守底植本于心。

自律也好，守线也罢，说来方便，想立之于行，大抵是不能脱离了“独立价值”。前人早已说过：独立之人格，自由之思想。所谓“独立价值”，即对个体与个体之间的意志影响进行严明的分界，不含糊其辞，依附于他人，也避免他人的负面精神染指自身的信念。既不过分抬高个体价值，也不因为沧海一粟的渺小无视自己灵魂的分量，随波逐流，亦步亦趋。想来或许与人格独立、思想自由多少已沾了边。

“小我”是谦逊的，“唯我”也不该是一种骄气，而是对自我的充分肯定，未尝不是一种对孕育肉身之天地的报答，以及对存在本身的尊重。

课例 3：立意的三个角度

近年来的上海高考作文命题，命意型占主导方向。所谓命意型就是材料中隐含着命题人的某种观点或思想倾向，2011—2015 年的高考作文都如此。对于命题型材料作文如何审题，如何立意，是写好此类作文的重要前提和保障，本节课，重在引导高三学生对命意型作文审题的基础上如何从三个角度展开立意，从而有效地展开写作。

一、把握核心，理解题意

师：昨天，我们根据以下诗歌材料写了一段 300 字左右的立意，要求大家多角度思考。

（PPT 推出材料）

盼　望

艾　青

一个海员说，
他喜欢的是起锚时所激起的
那一片洁白的浪花……

一个海员说，
最使他高兴的是抛锚时所发出的
那一阵铁链的喧哗……

一个盼望出发，
一个盼望到达。

大家的立意，有些趋同，大部分同学写的是“盼望出发”与“盼望到达”对于我们追寻理想、实现抱负、抵达生命的“彼岸”的意义，这固然是不错的，但是大家如果想的都相同，说明我们的思维还没有打开，没有深入对材料进行思辨。当然，我们还有同学对审题这个“技术活”还不太熟练，比如，有一位同学只是从最后两句话中提取了一个相同的词语“盼望”，仅仅是找到了共同点，然后撇开材料笼统地谈“盼望”，“提取公因式”可不能“一招打遍天下”，有时候具体问题还得具体分析。大家还记得我们以前讲过材料作文审题的要旨吧？

生：最重要的是要抓住材料核心。

师：也就是说，对于这则材料，我们得仔细分析诗歌的主旨与核心，这首诗的核心在哪里？

生：诗歌的标题《盼望》已经揭示了材料讨论的核心。

师：但文章能笼统谈“盼望”吗？比如刚才我提到有的同学的立意，把它理解为一般性的对事物的祈盼和愿望，然后展开写我们应该有怎样的愿望，如何确立自己的愿望，怎样才能达成自己的目标和愿望，这样写对不对？

生：仅谈“盼望”是不对的。诗歌在最后一节的还有两个词语“盼望出发”与“盼望到达”，这两个概念也很重要。

师：那问题就来了，现在出现了两个概念，对这两个概念，我们要不要辨析呢？

生：应该是要辨析清楚的，否则，我们就无法准确立意了。这两个词语表达了两种不同的心理、愿望和人生观。盼望出发是一种享受追寻目标的过程，并从追寻过程中体验人生，盼望到达则更多的是关注实现目标到达彼岸的快乐；前者偏向于过程，后者则关注事物的结果。

师：也就是说，对于这则材料，我们首先必须把握材料的核心，然后要辨析材料中概念的关系，进而把握题目的指向，最后确立自己的观点。这其实是最近几年我们上海高考作文一般性的审题步骤，简要概括的话，就是要“抓核心——辨概念——判命意——立观点”。“判命意”就是对我们最近几年高考命意型作文题而言的，所谓命意型，就是材料中隐含了命题人的某种观点或思想倾向，我们首先得要把握材料中的观点或思想倾向，方能在此基础之上生产出自己的观点和想法。拿今天我们讨论的这个材料来说，艾青的意思是在引导我们每一个人要认识人生中的“盼望”这一问题，既要正确理解“出发”，又要合理看待“到达”，这两者对于人生、事业都起着至关重要的作用。抓住了材料的核心，辨析清楚了材料的相关概念，理解了材料的思想倾向，我想，立意应该不是件很难的事情了。

二、多维思考，确立观点

师：但是，如果命意型材料作文都“大一统”要求每个同学必须沿着材料的思想倾向去立意，就可能要使大家的作文立意千人一面了，这既不是命意型材料作文的初衷，也会因此扼杀同学们的写作才情。从思维的角度来看，这一类作文可以从以下几个层面去立意。

（PPT 推出）

对于材料或题目中的观点或思想倾向：

（1）可以肯定；

（2）可以否定；

（3）可以在肯定基础上作辩证补充。

你既可以认同材料的观点或思想倾向，并加以证明；也可以质疑反驳材料，发现材料思想的漏洞，进而确立自己新的观点并加以证明；当然还可以在肯定和证明材料观点的基础上加以补充和丰富。下面，大家对这个材料重新加以审视和思考，根据刚才我提供的三个维度，重新修改自己的立意及分析，注意要具体，切忌说空话和套话。待会儿我们一起交流。

（五分钟后交流）

生：人生需要出发，若曾出发，应盼到达。出发是人生的一种勇气，到达是一种人生的态度。

师：你是从肯定材料观点的基础之上立意的，不仅综合了对“出发”与“到达”的看法，还辨析了两者于人生的不同意义，有一定深度。其他人也说说。

生：我是这样写的：的确，如艾青所言，人生就是一个不断出发，继而不断到达的过程，除非生命行休，否则谁都难料真正的终点，正如一位哲人所说：“我们还来不及享受成功的喜悦，又赶忙踏上了新的征程。”那么，就让终点成为下一个起点的精神支柱与现实储备，不断向远方出发。

师：分析很具体，观点很鲜明，把对起点和终点关系的理解作了新的阐发，可以说是对材料观点的补充，不错。还有吧？

生：我也来说说：海员们以大海为依傍，有的盼望与大海一道前行，有的则盼望与大海一同落脚，但到底，都是盼望由大海获得一片净土，使心灵得以诗意地栖息在上面。“人之初，性本善”，这本性中的善，是上天赐予我们最好的“心灵鸡汤”，可惜太多时候，我们忽视了上天的这一厚赐，在无谓的欲望中泥足深陷无法自拔。人啊，不如放下那些无谓的偏执，由本性出发，在本真中到达，找回我们心灵最温暖的港湾，在此住下。

师：你的观点简单地概括就是“从本性出发，在本真到达”，“本性”和“本真”两个词语很精警，饱含情感，也有思辨力。是从“怎么办”的维度对材料观点的具体化，也是补充。

生：老师，我的观点也是对材料的补充：出发与到达，看似是“始”与“终”的两个对立面，然而，就到达而言，意味着的可能是又一次重新开始。而出发却是无穷无尽的探险与未知，甚至连能否到达还是迷。从这个角度来看，窃以为，出发比到达更具魅力，因而，“始”比“终”更接近生命的本质。

师：很好！我注意到你刚才所写使用了很多副词和关联词，并用这些词语连缀起你的分析，一步一步把最后的结论推导出来的。你是从生命本质的高度具体分析“出发”与“到达”也即“始”与“终”的区别，从而得出

“始”比“终”更接近生命本质的结论的。这可是一类卷的立意。很棒！

大家有没有发现，当材料所隐含的观点比较笼统的时候，我们抓住核心概念作深入的思考辨析，往往能补充和丰富材料的观点，从而达到对材料的超越。但话又说回来，基于材料，方能超越材料，也就是说，材料既是我们思考的起点，也是我们补充、丰富、超越材料的基点。那这个材料我们有办法质疑吗？有没有谁是从否定的角度来思考立意的？

生：老师，我把我的读一读：两个海员，一个盼望出发，因为起锚激起的洁白浪花是对他前进动力的最大激励；一个盼望到达，因为抛锚发出的铁链喧哗是对他成功凯旋的最佳认可。但，他们或许都忽略了很重要的人生要义：梦想永远在路上。介于出发与到达两点之间的这段历程才是梦想的极致之美。出发是为了更好地寻梦，它完全服务于探索道路本身。相反，到达应成为人们追求道路上的彼岸灯火，不断吸引人们为之奋斗，而不应成为一种终极意义。

师：有道理。先分析材料中观点倾向，再指出其不足，并确立了自己的观点，可以说是从否定的角度来立意的。从否定的角度来立意，关键是要找到材料观点的漏洞并加以质疑，否则为显示自己的创新而一概否定，很可能会走向偏激。质疑和否定是极高的思维水平，非有深邃的思辨力和深入的洞察力不能达成，所以，我们在命题规定的材料范围内进行一定的逻辑推导，就是很高的思维水平了，材料给我们提供的演绎空间，足够我们大有作为了。

三、主客问答，深度开掘

师：刚才我们说到，立意可以从肯定、否定和肯定基础上补充三个层面展开。但立意仅是行文的一部分，立意好不代表你的证明过程也精彩。好的文章可以是立意深刻文，但也可以是过程深刻文。什么是过程深刻？就是尽管我是一般性的观点，但我是用严密的逻辑、可信的论据来证明推导我的观点让别人信服的。在这一过程中，我们说，否定和补充可以起到很好的推进作用，真正的好作文，除了否定质疑他人，还须否定质疑自己。

（PPT 推出）

> 要学会主客问答：
>
> 我的观点对吗？有什么可以补充吗？还可不可以更严密些？
>
> ——如此方能使观点既全面又鲜明，进而使论证严密说理有力。

举个例子来说，2012 年高考作文题《心灵的微光》，材料指向似乎提示我们注意“只因为这是自己的东西”所以我们“往往会将它舍弃”，于是对比普通人和天才对微光的不同态度写出了“抓住微光要相信自己”为主题的作文，但这一观点仅仅只是证明了材料隐含观点的正确，客观上仍有失于浅，如果我们对自己的观点加以审视、质疑，来一番主客问答的话，或许能使文章的论述走向深入：

（PPT 推出）

> 抓住微光要有自信→仅此够吗→还需要有发现微光的眼睛→坚持不懈发扬微光的恒心→扎实的专业基础→似乎还不够，还需要良好的“土壤”（外部条件）→尊重爱护普通人的发现，营造使普通人的微光变成天才之光的土壤

拿第一位同学的立意“人生需要出发，若曾出发，应盼到达。出发是人生的一种勇气，到达是一种人生的态度”来进行一番“主客问答”的话，我们能怎样推进呢？

生：要追问“何谓出发”“出发是一种怎样的勇气”“何谓到达”“到达是一种怎样的人生态度”“人生开启了生命的航程，一定需要到达一个具体的目的地吗”“如果我们到不了理想的彼岸，人生是不是就失去了意义”，这样就可能使文章走向深入。

师：有概念的界定，最后用自我质疑的方式作了补充，不错。

生：在论述“若曾出发，应盼到达”的基础上，应继续追问“人生若曾出发，一定要盼到达吗”“既然‘曾出发’昭示着人生的一种勇气，你们该如何去淬炼这种出发的勇气，从而更好地看待和评价‘到达’”“在处理出发和到达的关系上，我们能达到一种怎样的平衡，继而臻于一种怎样的人生境界”。

师：这一系列的追问最后将论述引向了人生境界的思考，不错。由此看来，这种自我否定和质疑式的“自问自答”的确可以避免简单化平面化的说理，打个简单的比方，写作议论文，切忌“溜冰式”说理，宜进行“潜水式”说理，老师也没有找到更好的比喻，但“潜水”是下沉式的，要不断深入，“溜冰”是表面滑行，只在平面展开。

（PPT 推出）

写作议论文，切忌“溜冰式”说理，宜作“潜水式”说理。

今天我们的作业，请大家根据这节课所讲的写作要点再完善自己的作业，然后写成一篇完整的 800 字的文章。好，下课。

附学生习作：

终点是为了下一个起点

汤安迪

艾青笔下的两个船员，一个盼望出发，而另一个盼望到达。的确，人生就是一个不断出发，继而不断到达的过程。除非生命结束，否则谁都难料真正的终点在哪里，正如一位哲人所说：“我们还来不及享受成功的喜悦，又赶忙踏上了新的征程。”

那么，就让终点成为下一个起点的精神支柱与休整平台，不断向远方出发。

其实，佛教中很早就有轮回一说，虽不可全信，但移之于人生历程却颇有道理。从孩童到成年，最后垂老，不同人生角色的转变便是一个轮回，而每一次的变换都是前段人生的终点，同时又是以后人生的起点。我们在不断出发与到达的过程中趋于成熟，练达，不断有新的感悟与新的盼望，何其乐也！

既然如此，我们何不去用心体悟这种出发与到达的快乐？前谷歌副总裁李开复便是一位。他的很多成就，诸如微软CEO、苹果副总裁等都被常人视作人生追求的终点，而他却不拘泥于终点，将已有成就作为继续前行的资本，不断到达人生高峰。他热爱到达终点，又盼望从新的起点出发，他的快乐无人体会。而如今他又出发了，他离开谷歌，与年轻人一道创业。

然而，为何大多数人攀爬不到人生的至高峰？只因他们太沉醉于眼前“临时终点”的美好风光，有一点成就即心满意足，却不想以“临时终点”的成就为资本，重新出发。这就是为何经济兴衰有五年周期一说，为何公司企业的“极盛”便是“转衰”的前提征兆。

到达后便守着终点，固步自封，不为下一个起点作准备，那么所取得的成就也终将耗尽，其终点也定不尽如人意。

那么，如何不断出发且能不断到达？这不仅需要自身努力，同时更应抱一颗平常心，并把握一个“度”。不可消极避世，更不可急功近利，应如王安石所言“尽吾志，则无悔”。只要以持之以恒为准则，带着信念与信心，不断出发，那么终点便会在你不经意间来到你的面前。而此时，也不可拘泥于暂时成就的喜悦而固步自封，守着终点不放。

所以，终点是为了下一个起点，出发是为了下一次到达。出发与到达，都值得我们盼望。

从本性出发，在本真到达

王佳明

海员们以大海为依傍，有的盼望与大海一道前行，有的则盼望与大海一同落脚，但到底，都是盼望由大海获得一片净土，使心灵得以诗意地栖息。

古语云："人之初，性本善。"这人的本性中的善，岂非是上天赐予我们最好的"心灵鸡汤"？孟子也强调人性本善，他说"人性之善也，犹水之就下也。人无有不善，水无有不下"，说明善是人的本性，就如同水向下流一样平常，且人性的根源点是善的，有善端才会有善行。"性善"也是人之异于禽兽的本质特征，是人之为万物之灵的一大美德。

可惜的是，太多的时候，我们都忘了，或者说忽视了上天的这一厚赐，反倒在许多无谓的欲望中泥足深陷无法自拔。

当初360和腾迅为了各自的利益空间被对手挤压而斗得不可开交；当西方国家为逃避金融危机的压力而处心积虑地试图将危险留给他国；当各国甚至已经意识到了气候灾难的危机，甚至已经坐在了谈判桌前却仍在互相推诿责任、顾左右而言他时，我们沉痛地发现，在敌视的一双双昧眼中，根本没有丝毫本性、本真的影子，而本性中"美"的被遮蔽更是让贪婪的欲望峡谷愈填愈深。可见，我们由善之本性出发之后，已经在这片利、欲之苦海中迷失得太久太久了。

好在，我们之中，仍有人知道，我们应该在本真处到达，仍有人明白，应该有人去守卫那心灵的灯塔。因而我们虽然看到中学生因扶起老人而被讹，但也能看到有目击的行人不远千里赶去为中学生证明清白；即使许多人都对坎昆会议的结果和未来表示担忧，但仍有几辆完全"清洁"的太阳能交通器会开往坎昆，向世人证明，人类，终究是可以做到不去伤害自然的！

诚然，也许这些力量现在看来，仍是微不足道，但起码为我们指明了本真之路的所在。提醒我们，只有本性中的善才是唯一可靠的依傍，也只有本真中的美，才能助我们走出欲望之海。

既然如此，我们又有什么理由不愿放下那些对眼前利益的偏执，而张开双手，接受上天给予我们的厚赐呢？

不如就放下吧，放下那些无谓的偏执，由本性出发，在本真中到达，找回我们心灵最温暖的港湾，在此住下。

始之美

陈怡菁

即使是两个海员，都有着截然不同的盼望。出发还是到达？到达意味着胜利，到达意味着一次旅程的结束，到达或许意味着又一次航行即将开始。那么出发呢？等待着他们的却是一切未知。

出发与到达，看似是“始”与“终”的两个对立面，然而，就到达而言，意味着的可能是又一次重新开始。而出发却是无穷无尽的探险与未知，甚至连能否到达还是迷。从这个角度来看，窃以为，出发比到达更具魅力，因而，“始”比“终”更接近生命的本质。

蒙田说：“人的本质在于死，因而只有乐于生的人才感觉不到它的苦恼之处。”生命消逝是人生的终点，是每个人必会到达的彼岸。殊途同归的重点并不在“同归”，而是每个人走过的崎岖而别样的路。有人说，每一天都是新的开始。的确，人生就像航海，可以有许多不同的新起点。尽管充满荆棘，但即使失败，依旧可以寻找新的方向，重新出发。无法重来的的确是生命，然而生命并非转瞬即逝，随时可以找到新的起点，再次经历不曾发生过的一切，等待发现与惊奇，这就是为何“始”更为接近本质。

正如巴金在《激流总序》中说到的，生活中总有一条激流在动荡着。生活充满未知而等待被发现。鲁迅本是学医之人，却在家国临危之时弃医，开始了他的文学道路。他犀利如投枪如匕首的杂文意味着他随时可能面临被暗杀的危险。但或许，正是他重新开始的起点与出发后过程中的冒险与使命感，支撑了他坚持的勇气。纵观世界，多少人在种种情况下开始追寻他们未知的人生。

然而，始之美并不仅仅停留于此，若要使之更完美，必要一份坚持。俗话说，善始善终。既然选择了一条路，一个方向，便要义无反顾地坚持下去。并不是片面夸大开始的瞬间性。只停留于开始而不坚持探索则失去了始之美以及同样重要的终结之美。

或许人生还有许多等待发现和探索的事，它并不仅仅停留于某一次的靠岸停歇，再次启航是勇气更是信念，而这才是开始的至美之处。

附　主要参考文献

1. 夏丏尊、叶圣陶．国文百八课［M］．北京：生活·读书·新知三联书店，2008.

2. 叶黎明．写作教学内容新论［M］．上海：上海教育出版社，2012.

3. 俞发亮．走近议论文——高考议论文写作测试回望［M］．福州：福建人民出版社，2014.

4. 俞发亮．高中议论文课时写作教程（第四次修订）［M］．上海：文汇出版社，2014.

5. 徐江．新课程议论文写作实验教本［M］．上海：上海教育出版社，2009.

6. 徐贲．明亮的对话——公共说理十八讲［M］．北京：中信出版社，2014.

7. 余党绪．公民表达与写作教学［M］．上海：上海文化出版社，2012.

8. 洪宗礼．洪宗礼文集（卷五）·思维训练教材建设［M］．南京：江苏教育出版社，2008.

9. 马正平．高等写作思维训练教程（第二版）［M］．北京：中国人民大学出版社，2010.

10. 杜威．我们怎样思维［M］．北京：人民教育出版社，1991.

11. 朱行能．写作思维学［M］．北京：人民出版社，2007.

12. 谷振诣、刘壮虎．批判性思维教程［M］．北京：北京大学出版社，2006.

13. 蒋仲仁 . 思维·语言·语文教学［M］. 北京：人民教育出版社，1988.

14. 教育部普通高中思想政治课实验教材编写组 . 科学思维常识［M］. 北京：人民教育出版社，2009.

15. 吴格明 . 语文课程需要哪些逻辑知识［J］. 中学语文教学，2014（12）.

16. 卫灿金 . 高中生要学会辩证思维［J］. 语文教学通讯，2008（5）.